NO CORAÇÃO DE ROMANOS

N. T. WRIGHT

NO CORAÇÃO DE ROMANOS

Um mergulho profundo na mais importante carta de Paulo

THOMAS NELSON
BRASIL®

Título original: *Into the heart of Romans: a deep dive into Paul's greatest letter*

As citações bíblicas são do próprio autor e, quando disponíveis, foram extraídas do *Novo Testamento para todos*. Citações com indicação da versão *in loco* foram extraídas da Nova Versão Internacional (NVI), da Almeida Revista e Atualizada (ARA) e da Bíblia King James Fiel (BKJ Fiel) ou traduzidas da New Revised Standard Version (RSV), da New Revised Standard Version (NRSV) e da New Jerusalem Bible (NJB). Todo grifo nas citações bíblicas é de responsabilidade do autor.

Produção editorial	Fabiano Silveira Medeiros
Copidesque	Lucas Vasconcellos Freitas
Revisão	Gabriel Braz
Design de capa	Rafael Brum
Diagramação	Sonia Peticov

Dados Internacionais de Catalogação na Publicação (CIP)
(Câmara Brasileira do Livro, SP, Brasil)

W933c Wright, N. T. (Nicholas Thomas)
No coração de Romanos / N. T. Wright ; tradução Danny Charão. – 1.ed. – Rio de Janeiro: Thomas Nelson Brasil, 2024.
256 p.; 15,5 x 23 cm.

Título original: Into the heart of Romans.
ISBN 978-65-5217-097-2

1. Bíblia. NT. Romanos – Comentários. 2. Bíblia. NT. Romanos – Crítica e interpretação. 3. Bíblia. NT. – Teologia. I. Charão, Danny. II. Título.

07-2024/83 CDD-277.106

Índice para catálogo sistemático:
1. Romanos : Novo Testamento : Cristianismo 277.106
Bibliotecária responsável: Aline Graziele Benitez – CRB-1/3129

Rua da Quitanda, 86, sala 601A - Centro,
Rio de Janeiro/RJ - CEP 20091-005
Tel.: (21) 3175-1030
www.thomasnelson.com.br

Ao reverendo
PETER R. RODGERS.

SUMÁRIO

PREFÁCIO

O PRESENTE LIVRO oferece um estudo aprofundado do que, seguramente, é o maior capítulo da maior carta de Paulo. O capítulo 8 da Epístola aos Romanos é empolgante e dramático, mas também é denso e, às vezes, pelo menos para nós, inatingível. Algumas coisas que eram óbvias aos primeiros ouvintes de Paulo podem ter-se tornado obscuras para nós. Isso se deve, em parte, ao fato de vivermos muito tempo depois da escrita da carta, em uma cultura diferente. Mas também porque nossas várias tradições cristãs nos condicionaram a esperar que Paulo dissesse algumas coisas que ele realmente não diz e a deixar de lado outros temas que eram vitais para ele, mas que não desempenharam papel relevante no pensamento cristão moderno. A única solução é mergulhar nos detalhes do capítulo: destrinchar o texto em seus mínimos pedaços, estudar cada um dos elementos e, em seguida, juntar tudo de novo, para, finalmente, chegarmos mais perto de ouvir o que Paulo estava realmente dizendo. Foi isso que tentei fazer aqui.

Este livro deve sua origem mais longa ao meu fascínio perene por Romanos, desde os meus estudos de doutorado, na década de 1970, até vários livros e artigos, especialmente meu comentário em *New interpreter's Bible* [Bíblia do novo intérprete] (2003) e meu relato popular em *Paulo para todos: Romanos* (2020 - edição em português pela Thomas Nelson Brasil) e, em seguida, a várias discussões substanciais em *Paulo e a fidelidade de Deus*, e seu volume complementar *Pauline perspectives* [Perspectivas paulinas] (ambos de 2013). (Uma lista completa de minhas publicações relevantes pode ser encontrada no final deste livro.)

Contudo, entre 2010 e 2020, eu me vi trabalhando em temas bíblicos sobre os quais eu ainda não havia refletido previamente, em especial a temática do Templo e sua recuperação pelos primeiros cristãos, além da ênfase cristã primitiva em Jesus como o ser humano portador da imagem divina, como visto em Gênesis 1 e no salmo 8. Nessa tarefa, fui incentivado por alguns dos meus doutorandos, dois dos quais — Chris Kugler e Haley Goranson Jacob — trabalharam especificamente nessas áreas e me desafiaram a repensar algumas das minhas interpretações anteriores. Também meus velhos amigos Brian Walsh e Sylvia Keesmaat assim agiram, em conversas particulares e em seu livro *Romans disarmed* [Romanos desarmado] (2019). Tudo isso, para minha surpresa, levou-me a uma interpretação completamente diferente de Romanos 8 em relação àquela com a qual cresci, a leitura que ainda aparece nos comentários de cerca de vinte anos atrás. Espero que os novos pontos de vista se recomendem aos leitores, por mais que isso exija uma mudança de mentalidade para alguns.

A única maneira de se envolver plenamente com Paulo é lendo seu grego original. Porém, uma vez que isso estará fora do alcance de muitos leitores, forneci o texto grego transliterado, em paralelo com minha própria tradução (*O Novo Testamento para todos* [2011; edição revista, 2023; edição em português: 2024]). Aqueles que não têm conhecimento algum de grego deveriam, na medida do possível, ter pelo menos duas ou três traduções à mão, para que possam sentir quão complicado costuma ser a tarefa de compreender as nuances de Paulo. Nenhuma tradução — certamente não a minha! — é capaz de fazer jus a todas as suas sugestões e alusões.

Uma característica deste livro pode torná-lo um manual útil para um estudo mais aprofundado de outras passagens, tanto de Paulo como de outros. Em cada um dos capítulos expositivos, trabalhei com três questões. Em primeiro lugar, o que a abertura e o encerramento de cada parágrafo apontam como tema principal? Em segundo lugar, o que os pequenos conectivos de Paulo ("para", "porque", "mas" e assim por diante) revelam a respeito de sua linha de pensamento subjacente? As expressões de Paulo raramente são apenas ideias aleatórias, umas após as outras; elas formam argumentos lógicos, sugerindo a estrutura mais profunda do seu pensamento e do próprio evangelho. Em terceiro lugar, quais contextos no mundo mais amplo de Paulo — tanto seu mundo judaico como o mundo greco-romano mais vasto no qual trabalhou — proporcionariam as ressonâncias naturais para o que ele diz? Essa questão vai muito além do que seremos capazes de explorar em detalhes, mas é crucial ter alguns pontos de partida.

Aqui, como em algumas outras obras, sigo a prática de usar letra minúscula "e" para "espírito", incluindo o espírito santo. A tradição de usar maiúsculas para sinalizar divindade (o que, em qualquer caso, só funciona em nossa língua) não era uma opção para Paulo. É bom lembrar que aquilo que ele disse sobre o *pneuma* teve de abrir caminho em um mundo no qual muitos filósofos usavam essa palavra com sentidos diversos. Por razões semelhantes, adoto a mesma prática com a palavra "pai" quando se refere a Deus.

Este livro começou como uma série de palestras no outono de 2021, em Wycliffe Hall, Oxford, que se tornou minha casa acadêmica mais uma vez, após um intervalo de cinquenta anos. Sou muito grato ao diretor, dr. Michael Lloyd, aos seus colegas e alunos, por todo o apoio, e também ao instituto Friends of Wycliffe Hall, cuja ajuda me permitiu participar da vida de Hall, marcada por agradáveis amizade, oração e elevadíssima inteligência. Em seguida, ampliei e desenvolvi um pouco o material para as palestras proferidas em junho de 2022, no Seminário Truett, em Waco, Texas, cujo presidente, o dr. Todd Still, criou outro ambiente maravilhosamente acolhedor, enquanto outros velhos amigos, Carey e Leanne Newman, cuidavam de mim de uma forma magnífica, em sua casa. As palestras Truett foram coordenadas pela equipe do Centro de Estudos Cristãos de Wisconsin, liderada pelo dr. David Seemuth, que organiza os cursos em www.ntwrightonline.org.

Aos meus editores, e particularmente a Philip Law, da SPCK, e a Katya Covrett, da Zondervan Academic, devo a gratidão habitual pelos conselhos e o auxílio nas pequenas e grandes questões. À minha família, especialmente à minha amada esposa, Maggie, minha dívida aumenta a cada ano que passa e a cada novo livro. A dedicatória também reflete outra amizade de muitos anos. Peter Rodgers estudou comigo em Oxford, na década de 1970, e tem permanecido, ao longo de todos esses anos e dos quilômetros, alguém que me encoraja e que mantém o espírito de oração, um parceiro de conversação constante, exegeticamente alerta e pastoralmente sábio.

Tom Wright
Wycliffe Hall, Oxford

CAPÍTULO 1

ROMANOS 8 EM SEU CONTEXTO

EM JANEIRO DE 2000, minha família e eu nos mudamos para o centro de Londres. Eu já conhecia um pouco dessa cidade. Conhecia o Museu Britânico, a Catedral de St. Paul e a Torre de Londres. Também o Palácio de Buckingham, as casas do Parlamento, a Abadia de Westminster. Eu era capaz de encontrar o caminho entre as diferentes linhas ferroviárias e chegar a lugares tão importantes quanto o estádio de críquete. Portanto, eu não me sentia totalmente desorientado. Mas, até que eu realmente vivesse lá, não sabia como todos esses lugares se conectavam ou como transitar entre eles. Viajar de metrô, como eu costumava fazer, não nos dá uma boa noção da geografia. Os trens do metrô são um pouco como o vento em João 3: você ouve o som que eles emitem, mas não pode dizer de onde vêm nem para onde vão.

Mas, quando nos mudamos para lá, eu apreciava fazer as conexões. Costumava andar quilômetros, descobrindo como tudo se conectava. E fiquei admirado com a forma que os taxistas de Londres conheciam bem o trajeto naquele vasto e complexo sistema. Eles desprezam os sistemas de GPS. Tornam-se mapas vivos e pulsantes. Eles treinam por dois anos andando por toda parte, memorizando, tomando notas, descobrindo as vias de mão única e os atalhos, até que o conhecimento se torne algo natural. Os exames cerebrais mostraram que o cérebro dos motoristas de táxi realmente muda de formato ao longo desse processo. O hipocampo cresce à medida que a consciência espacial vai aumentando.

O sentimento de muitos cristãos a respeito da carta de Paulo aos romanos é parecido com o que eu costumava pensar a respeito de Londres. Imagino que a maioria das pessoas que pegam um livro como este para ler conhece pelo menos algumas passagens-chave. As mais óbvias podem incluir Romanos 3:23 ("todos pecaram e são devedores quanto à glória de Deus"); 5:1 (na conhecida versão ARA, diz-se: "Justificados, pois, mediante a fé, temos paz com Deus"); e 8:28, que costuma ser traduzido de maneira equivocada como "todas as coisas cooperam para o bem daqueles que amam a Deus" (ARA). A maioria, espero, deve conhecer 8:39, versículo que a falecida Rainha Elizabeth II apreciava tanto que encomendou uma peça musical baseada nessa passagem para ser apresentada pela primeira vez em seu próprio funeral: "nem altura ou profundidade, nem alguma outra criatura, nada poderá nos separar do amor de Deus que está no Messias Jesus, nosso Senhor!". Eu gostaria de pensar que muitos cristãos praticantes conhecem 12:2, a ordem de Paulo, "sejam transformados pela renovação de sua mente". Muitos estarão cientes de que a doutrina de Paulo sobre a justificação pela fé está enraizada em Romanos 3. Muitos talvez lembrem que há um enigma centenário sobre Romanos 7 se referir ou não à luta contra o pecado de um cristão ou de um não cristão. E assim por diante.

Mas quantos, pergunto-me, sabem como essas passagens-chave se conectam? Ou, por assim dizer, viajamos de metrô, de um versículo ou de um trecho isolado para o próximo? Quantos de nós conseguiriam encontrar o próprio caminho para lá e para cá acima do solo, a pé? Se um recém-convertido, ou talvez um simpatizante da igreja, viesse até nós e dissesse: "Estou lendo Romanos, e tudo me parece sem pé nem cabeça", quantos saberiam por onde começar?

Parte da razão de estudar Romanos intensamente, como faremos neste livro (com foco em seu extraordinário capítulo central, em vez de pensarmos que é suficiente dar uma rápida passada de olhos), é que a igreja como um todo precisa, se posso dizer dessa forma, de taxistas bíblicos: pessoas que passaram muito tempo andando, rua por rua, memorizando edifícios e lugares importantes e sabendo como chegar a eles, ou como passar por eles no caminho para outro lugar. Não apenas para o bem de sua missão no mundo, a igreja precisa urgentemente de líderes — tanto de ministros como de leigos — que se apaixonem pela grande cidade que chamamos escritura e queiram conhecê-la muito melhor para ajudar outras pessoas a trilharem seus caminhos por ela de forma sábia. Precisamos de pessoas cuja mente e cujo coração tenham sido transformados por esse livro incrível. Precisamos de pessoas cujo hipocampo bíblico tenha sido ampliado, cuja consciência espacial teológica tenha sido desenvolvida. Uma coisa é dizer, como muitos fazem, que acreditamos na "inspiração e na autoridade das escrituras". Isso pode ser como dizer, simplesmente: "Ah, eu tenho um mapa da cidade no carro, então eu vou encontrar o caminho". Nenhum taxista londrino que se preze se contentaria com isso.

Um dos aspectos fascinantes acerca da carta de Paulo aos Romanos é que não se trata apenas de uma parte vital da escritura; ela também traz orientações sobre como ler todo o restante, tanto do Antigo como do Novo Testamento. Ela não abarca tudo, mas cobre uma boa parte. E, dentro de Romanos, é consenso que o capítulo 8 é uma das peças mais espetaculares da escrita cristã primitiva. É o coração de Romanos — e, desse modo, poderíamos dizer que está perto de ser o coração da Bíblia como um todo e do próprio cristianismo.

A tônica geral do capítulo 8 é clara, mas seu argumento detalhado é complexo. Ele tece uma densa e maravilhosa tapeçaria de grandes temas bíblicos e teológicos. Romanos 8 é sobre Deus pai; sobre cristologia; sobre o espírito; sobre messianidade, cruz, ressurreição e ascensão de Jesus; é sobre salvação, ressurreição, redenção e adoção (que, aliás, não são apenas formas vagas de dizer a mesma coisa);

é sobre sofrimento, glória, oração e amor. É sobre santidade e esperança. É sobre o chamado para nos tornarmos seres humanos genuínos ao sermos preenchidos pela vida do próprio Deus. Reúne as várias categorias que os teólogos costumam esboçar, como, por exemplo, "aliança" e "apocalíptico", ou mesmo "justificação" e "estar em Cristo". Romanos 8 reúne Gênesis e Êxodo, Salmos e Isaías. E, no ápice de Romanos 8, podemos olhar adiante e também vislumbrar os capítulos finais de Apocalipse.

Romanos 8 é todas essas coisas porque é o argumento culminante para aquilo que os pregadores chamam de SEGURANÇA: a convicção de que "nem altura ou profundidade, nem alguma outra criatura, nada poderá nos separar do amor de Deus no Messias Jesus, nosso Senhor!" (Romanos 8:39). Mas essa segurança vem como o clímax do verdadeiro argumento que Paulo cuidadosamente construiu. Não se trata simplesmente de um sonho auspicioso isolado. Além do mais, o argumento que Paulo construiu não coincide com os tópicos que pregadores, professores e teólogos costumam imaginar desde a Idade Média e, especialmente, desde a Reforma do século 16. Mas fique tranquilo: tudo o que os reformadores estavam ansiosos por defender está aqui. Todavia (como muitos estudiosos devotos reconheceram ao longo da última geração), o argumento pertence a um quadro mais amplo, um pouco diferente do conjunto de questões medievais com que os reformadores estavam lidando. Na verdade, reconhecer essa mudança é parte do significado de seguir as próprias percepções dos reformadores de que a própria escritura deve arbitrar sobre todas as tradições, incluindo a nossa. (Isso é mais complicado do que parece; expliquei o que penso que significa em meu livro *As Escrituras e a autoridade de Deus*.) Os problemas surgem quando uma vertente específica do ensino ou da tradição da igreja se rotula como "bíblica", sem necessariamente chegar ao cerne do que a Bíblia realmente diz. Receio que isso tenha acontecido muitas vezes, sobretudo em relação à leitura de Romanos. A tarefa de cada geração de estudantes das escrituras, creio, deveria ser o aprofundamento progressivo no próprio texto dado por Deus, permitindo que ele volte a falar.

Tudo isso significa, como veremos, que temos de prestar atenção especial e cuidadosa às palavras exatas de Paulo nesse trecho. De uma forma ou de outra, esse capítulo é uma cidade que todo seguidor de Jesus deveria conhecer. Aqueles que participam com você de estudos bíblicos ou de sessões de comunhão individuais, aqueles a quem você prega ou a quem ministra precisam de que você conheça essa passagem. Assim, meu objetivo neste estudo sucinto, mas profundo, é apresentar os principais pontos de referência e as estradas e os caminhos que os unem.

Por agora faremos um sobrevoo para obter um panorama geral da área. Uma vez que tenhamos feito isso, desceremos para a rua com o caderno em mãos, andando de versículo em versículo por Romanos 8 até que, queira Deus, nossos hipocampos espirituais e teológicos se tornem capazes de encarar o desafio. Minha esperança é que isso aguce o gosto dos leitores pelo estudo detalhado das escrituras, que deve ser um deleite para toda a vida, ramificando-se de Romanos 8 para a carta como um todo e de lá para toda a grande cidade, da qual Romanos é a parte central.

Ao iniciarmos esta viagem, preciso dar três avisos. Eles estão intimamente ligados, mas será útil tratá-los de maneira distinta.

Em primeiro lugar, Romanos costuma ser lido como um livro cujo tema principal, ou mesmo único, é "eu e minha salvação". Muitos leitores estarão familiarizados com a antiga ideia da "Estrada de Romanos", usada por muitos evangelistas e conselheiros para levar as pessoas a seguirem uma narrativa por meio da qual elas podem ser levadas à fé. A narrativa em questão é assim:

1. sou pecador, merecedor da ira de Deus;
2. Jesus morreu pelos meus pecados;
3. eu creio em Jesus;
4. eu irei para o céu.

Pois bem, deixe-me ser claro: prefiro que as pessoas creiam nessa narrativa a serem ateus. Mas — tal como acontece com os taxistas que aprendem desde cedo que o caminho ao longo da cidade é mais complicado e interessante do que poderiam ter pensado à primeira vista — a verdadeira Estrada de Romanos é muito mais ampla do que esse esquema, e significativamente diferente dele.

O problema com que Paulo está lidando não é apenas o pecado humano e o perigo do castigo eterno. O problema é a crise de todo o cosmo, dentro do qual os seres humanos foram, desde o início, concebidos para desempenhar papel vital. Aqui no capítulo 8, no clímax da carta até agora, Paulo diz que toda a criação será resgatada de seu gemido, tristeza e caos quando os seres humanos forem ressuscitados dos mortos para assumir adequadamente seu papel de liderança sobre o mundo. A salvação não é apenas um dom de Deus *para* seu povo, mas um dom de Deus *por meio de* seu povo. Esse tema tem sido regularmente ignorado — com resultados drásticos. Portanto, a primeira advertência é que Romanos conta uma história maior, uma história um pouco diferente daquela que muitos aprenderam.

Isso nos conduz à segunda palavra de advertência, que destaca um ponto mais específico. Há centenas de anos os cristãos têm contado sua história sem incluir um elemento-chave. O elemento-chave em questão é o chamado e a história posterior de Israel. Não muito tempo atrás, vi um livro em que o autor se esforçou muitíssimo para dizer que precisamos compreender a *história* da escritura. Sim, é isso mesmo, pensei, mas, quando olhei para dentro do livro, a história que encontrei foi a seguinte:

1. Deus fez o mundo;
2. os seres humanos pecaram;
3. Deus enviou Jesus;
4. então, está tudo bem.

(Como veremos, essa história é muito parecida com a narrativa da "Estrada de Romanos", que acabamos de citar.) Contudo, contar a história bíblica dessa maneira deixa um grande vazio no centro: e o que dizer do chamado de Deus para Israel? E quanto à longa história que vai de (se você assim preferir) Abraão a João Batista? O que aconteceu com o Antigo Testamento, que Paulo insiste ser fundamental para o evangelho (Romanos 1:2; 1Coríntios 15:3-6)?

Quanto a isso, muitos cristãos, de diversas gerações e de diferentes tradições, disseram: "Bem, Deus fez uma primeira tentativa de resgatar as pessoas, dando-lhes a lei e tudo mais, mas isso não funcionou. Então ele teve de desfazer esse plano e tentar uma maneira completamente diferente, colocando o plano de Israel de lado e enviando Jesus". Ou, se preferir, deixando o plano da "lei" de lado e trocando-o pelo da "fé". Alguns teólogos ainda tentam forçar esse tipo de história. Mas isso acaba por reduzir o Antigo Testamento a um livro de "tipologias" distantes, "figuras" e profecias oblíquas. Por isso, eles precisam distorcer o Novo Testamento para que ele se encaixe — uma vez que o Novo Testamento em si toma os principais temas do Antigo Testamento e celebra sua consumação, não sua revogação.

Algumas pessoas realmente imaginam que, se o Novo Testamento se concentrasse no povo judeu e em suas esperanças, sua mensagem se tornaria irrelevante para os gentios daquele dia em diante (incluindo, é claro, a maioria dos cristãos). Sistemas inteiros de pensamento, especialmente de interpretação paulina, foram construídos sobre essa suposição. Mas, se quisermos compreender Paulo, não podemos nos contentar com essa ideia. Da maneira que Paulo via as coisas (como veremos em mais detalhes a seguir), os propósitos de Deus para Israel sempre foram o ponto central e o meio pelo qual sua mensagem se espalharia para o mundo inteiro. O plano de Deus para endireitar o mundo começou com o chamado de Abraão e estabeleceu seu foco na aliança que Deus fez com ele. E, quando o povo de Abraão pecou, como Deus sabia que eles fariam (já que eles próprios eram filhos de Adão e Eva), Deus *não se desfez do plano*. Ele não mudou de ideia. A aliança exigia um israelita fiel, e foi isso que Deus providenciou na pessoa de Jesus, o Messias de Israel. Na verdade, esse argumento é fundamental para entender os primeiros quatro capítulos de Romanos, embora seja difícil identificá-lo em muitas exposições desse trecho.

Perceba — e isso será importante quando avançarmos para o capítulo 8 de Romanos — que a palavra *Christos* não é apenas um nome próprio. Significa "o ungido", o Messias que resume em si mesmo a vocação e o destino de Israel. Jesus realiza, de forma enfática, impressionante e apocalíptica, o que a aliança com Israel sempre quis alcançar. Portanto, não devemos nos surpreender que a história de Israel esteja inteiramente entrelaçada na história da salvação contada por Paulo, sobretudo em Romanos 8. Isso pode tornar as coisas um pouco mais complicadas do que muitos leitores estão acostumados. No entanto, é como o que acontece quando se anda pela realidade das ruas e vielas de Londres, em vez de evitá-las usando o metrô. As coisas se tornam muito mais complicadas, mas é muito mais provável que você compreenda de que modo a cidade realmente funciona. Quando recolocamos a dimensão "Israel" em Romanos, começamos a entender a história mais ampla da salvação em sua totalidade. Vemos o plano de Deus do início ao fim.

Assim, e respirando fundo, vamos partir para a terceira palavra de advertência, que também está ligada às duas anteriores. Nosso entendimento da história da salvação está de cabeça para baixo. Pelo menos desde o início da Idade Média, a maioria dos cristãos supunha que o objetivo do evangelho cristão era permitir que as "almas" humanas salvas subissem ao "céu".[1] Lemos Romanos, sobretudo Romanos 8, da seguinte forma: quando Paulo diz, no clímax do capítulo (v. 30), "aqueles a quem justificou, também glorificou", presumimos que isso significa "pecadores justificados irão para o céu".

Mas isso não é o que "glorificou" significava para Paulo. Ele nunca menciona "ir para o céu", nem aqui, nem em outro lugar.[2] A segurança

---

[1] Veja Peter Brown, *The ransom of the soul: afterlife and wealth in early western Christianity* (Cambridge: Harvard University Press, 2015).

[2] Sobre o significado de 2Coríntios 5:1-5, Filipenses 3:20 e textos semelhantes, veja minhas obras *A ressurreição do filho de Deus* (São Paulo: Paulus, 2020) e *Surpreendido pela esperança* (Viçosa: Ultimato, 2021).

eterna do povo de Deus no Novo Testamento tem relação não com uma suposta felicidade pós-morte desencarnada, mas com a ressurreição dos mortos para entrar em uma criação resgatada e renovada, na qual esse povo terá um papel verdadeiramente humano a desempenhar. A história que a Bíblia conta — tanto no Antigo como no Novo Testamento — diz respeito a Deus criando um mundo ao qual ele pretende vir e viver com suas criaturas humanas. Afinal, a Bíblia termina não com almas salvas subindo ao céu, mas com a Nova Jerusalém descendo à terra, de modo que "o tabernáculo de Deus está com os homens, com os quais ele viverá" (Apocalipse 21:3, NVI). A "glória" de Deus vem habitar no Tabernáculo em Êxodo 40, no Templo em 1Reis 8, e, agora, no próprio Jesus e, pelo espírito, nos seguidores de Jesus. Isso lhes dá a "glória" mencionada no salmo 8, que é a autoridade humana restaurada sobre o mundo. Paulo diz exatamente isso, por exemplo, em Romanos 5:17, prenunciando a exposição mais ampla do capítulo 8. A razão pela qual Deus resgata os seres humanos do pecado e da morte é para que eles possam ocupar seu devido lugar na renovação da criação, o novo mundo no qual ele próprio habitará, para estar em casa.

Assim, aqui em Romanos 8, nós vemos a encarnação do filho de Deus e a habitação do espírito de Deus lidando com o pecado e levando as pessoas à herança prometida. Mas a "herança" de que Paulo fala aqui não é o "céu". Para reiterar, o "céu" não é mencionado nesse capítulo. A "herança" do Messias, compartilhada com todo o seu povo, é a redenção de toda a criação, com pecadores perdoados ressuscitados dos mortos para participar do governo desse novo mundo.

O terceiro ponto, em particular, precisará de algum tempo de assimilação. Mas faz muito mais sentido, no que se refere a Romanos 8, do que a leitura normal. E, quando você permite que isso se estabeleça em sua leitura de toda a Bíblia, fará mais sentido em âmbito geral do que você poderia imaginar. Dito isso, precisamos começar nosso mergulho profundo no texto de Romanos 8.

ROMANOS 8: A ESTRUTURA E A TEMÁTICA

Se, então, você sobrevoasse Romanos lentamente, o que veria ao passar por cima do capítulo 8? Quais são seus principais bairros e edifícios e como eles se relacionam entre si?

É relativamente fácil esboçar as principais divisões dentro do capítulo — e é sempre bom começar com algo assim, ainda que essas primeiras impressões tenham de ser modificadas mais tarde. Os versículos de 1 a 11 constituem uma introdução resoluta e celebratória. No outro extremo, os versículos de 31 a 39 são, obviamente, uma conclusão resoluta e celebratória. Desse modo, essas duas afirmações primorosas enquadram a longa passagem que há no meio, os versículos de 12 a 30. Dentro dessa seção, há uma transição clara no versículo 17: os versículos de 12 a 16 dão ênfase ao espírito e à filiação, enquanto os versículos de 18 a 27 falam de sofrimento e glória. Tudo isso leva à conclusão triunfante dos versículos 29 e 30, uma conclusão não apenas para o capítulo 8, mas para todo o livro de Romanos até agora: "E aqueles a quem designou antecipadamente, ele também chamou; aqueles a quem chamou, ele também justificou; aqueles a quem justificou, também glorificou". Isso dá aos versículos de 31 a 39 a sensação de um poslúdio musical, celebrando, com uma retórica elevada, o ponto ao qual chegamos. Assim, as principais divisões são os versículos de 1 a 11; os versículos de 12 a 17; em seguida, com o versículo 17 funcionando como uma ponte, os versículos de 17 a 30; e, por fim, os versículos de 31 a 39.

Então, sobre o que são essas seções? Como eu disse, Romanos 8 é um capítulo sobre *segurança*. Desde a abertura dramática ("Por isso, não há condenação para os que estão no Messias, Jesus!") até a conclusão triunfante ("nem altura ou profundidade, nem alguma outra criatura, nada poderá nos separar do amor de Deus que está no Messias Jesus, nosso Senhor!"), o objetivo do capítulo é dizer aos cristãos ansiosos, especialmente aos cristãos que sofrem e/ou são perseguidos, que sua futura salvação definitiva (resgate da própria morte na nova criação) é sólida e segura. Ela é garantida pela obra do próprio Messias (sua morte, ressurreição, ascensão e intercessão contínua) e pela obra do espírito santo, conduzindo o povo de Jesus no caminho da santidade e possibilitando que esse povo participe da obra salvadora de Deus por meio da oração que, inspirada pelo espírito, surge em meio ao sofrimento.[3]

Isso opera em diversos níveis. As pequenas comunidades de seguidores de Jesus, sobretudo em Roma, estavam constantemente ameaçadas. Muitas vezes sofriam violência ou privação porque desrespeitavam as normas sociais, culturais e, sobretudo, religiosas. Dez anos depois de os cristãos em Roma terem ouvido essa carta, Nero os transformaria em bodes expiatórios para o grande incêndio de 64 d.C. O capítulo 8 de Romanos é quase uma advertência profética, acompanhada de uma certeza: o sofrimento está chegando, mas o amor inabalável de Deus os manterá firmes. É claro, porém, que o argumento funciona em um nível mais amplo e mais geral. Os seguidores de Jesus muitas vezes ficam aflitos, mesmo tendo crido em Jesus e tendo sido batizados, pensando que ainda enfrentarão o julgamento final sobre o qual Paulo fala em Romanos 2, e alguns podem até mesmo supor que a sentença ainda poderia ser contrária a eles. Paulo assegura-lhes que o veredicto já é conhecido antecipadamente. "É Deus quem os declara endireitados", escreve ele; "quem os condenará?".

Desse modo, as três seções principais do capítulo estão em equilíbrio. Versículos de 1 a 11: não há condenação — por causa da morte do Messias e do poder vivificante do espírito. Versículos de 31 a 39: não há condenação — porque nada pode nos separar do amor de Deus manifestado na morte, ressurreição e ascensão de seu filho. Entre essas duas partes, os versículos de 12 a 30 explicam que o espírito fornece não apenas a garantia de filiação e herança, mesmo quando estamos em meio aos gemidos de toda a criação, mas também o modo presente

[3] A razão pela qual escrevo "espírito" e não "Espírito" é explicada no prefácio.

da vocação humana dada por Deus. Pelo espírito, os seres humanos redimidos têm um papel decisivo a ser desempenhado dentro dos propósitos de Deus. Assim, nos versículos de 1 a 11 e de 31 a 39, Paulo apela para a *realidade objetiva* da morte, ressurreição e ascensão do filho e do dom do espírito. E, nos versículos de 12 a 30, ele mostra a *realidade subjetiva* da obra do espírito, moldando os crentes à imagem e especialmente à morte do filho, com o objetivo de dar dignidade aos seres humanos — a "glória"! — portadores da imagem de Deus, os quais participam do projeto divino da nova criação.

Trata-se, naturalmente, de uma simplificação excessiva. Isso é inevitável nesta etapa. Vamos preencher os detalhes mais tarde. No entanto, isso nos dá uma noção de como o capítulo como um todo funciona. A salvação de Deus — isto é, o resgate final da própria morte para uma nova vida corpórea na nova criação — é assegurada pela obra do filho e do espírito, tanto *por* nós como *em* nós. E também, e não menos importante — embora isso seja frequentemente esquecido —, *por meio* de nós: por meio da nossa participação nos sofrimentos do Messias e no gemido do espírito, que desempenham papel crucial nos propósitos gerais de Deus. Romanos 8 oferece uma visão dramaticamente trinitária da salvação e da vocação humana.

Assim, os versículos de 12 a 30 enfatizam esse chamado. Aqueles que estão "no Messias", certos do amor inabalável de Deus, são chamados no tempo presente a ser o meio pelo qual sua glória é paradoxalmente revelada no mundo por meio das ações. A segurança que nos é dada ao longo de todo o capítulo é necessária não apenas porque podemos estar preocupados com nosso estado final, mas também porque somos chamados especificamente a atravessar o vale escuro do sofrimento, de uma forma ou de outra, como parte do mesmo propósito divino geral. Como Paulo diz no versículo 18, compartilhamos os sofrimentos do Messias para que possamos ser glorificados com ele. Exploraremos isso em muito mais detalhes adiante. Se Romanos 8 é o cerne de Romanos, essa passagem sobre o sofrimento e a oração é o coração sombrio, mas crucial do capítulo.

ROMANOS 8 DENTRO DE ROMANOS COMO UM TODO

Após vermos o funcionamento de Romanos 8 como um todo, podemos obter pelo menos uma noção geral de como esses temas reúnem os diversos argumentos apresentados anteriormente pela carta. Romanos é como uma sinfonia em quatro movimentos, cada qual com sua própria integridade, mas também com múltiplas relações com as outras partes. Está repleto de raciocínios interligados, sobretudo pela complexa maneira de invocar as escrituras. Os quatro movimentos são claros: 1—4, 5—8, 9—11 e, por fim, 12—16.

O argumento é cumulativo, de modo que nossa passagem, o capítulo 8, é a conclusão tanto de seu próprio "movimento", os capítulos de 5 a 8, quanto de toda a primeira metade da carta, os capítulos de 1 a 8. Com isso, ele também constitui a plataforma para a segunda metade do livro. Assim, nosso capítulo não é uma discussão autônoma de um tema isolado. Seu significado está dentro do fluxo maior da carta. Mas ele também tem sua própria integridade, seu próprio argumento, e é isso que o estamos estudando aqui.

Romanos é, acima de tudo, uma carta sobre *Deus*. Isso pode parecer óbvio, mas a palavra grega para "Deus", *theos*, ocorre proporcionalmente muito mais nessa carta como um todo do que em qualquer outro lugar em Paulo ou mesmo nos demais livros do Novo Testamento. Valeria a pena desenvolver esse ponto com mais detalhes, examinando os diferentes aspectos que Paulo diz sobre Deus nessa carta e como todas essas coisas se unem — uma tarefa para a qual Romanos 8 fornece bastante ajuda. Paulo, então, respira fundo antes de se debruçar sobre o tema da fidelidade de Deus nos capítulos de 9 a 11 e o Deus da esperança nos capítulos de 12 a 16, ambos temas vitais para o desenvolvimento da igreja em Roma — e para nós mesmos, até hoje.

Em particular, o capítulo 8 põe em evidência o tema que Paulo declarou em 1:16-17: o evangelho de Deus revela a JUSTIÇA/RETIDÃO de Deus. Aqui, enfrentamos um problema bem conhecido. A palavra grega *dikaiosynē*, que costumava ser traduzida por "justiça", traz consigo uma gama complexa de significados interligados que o termo em nossa língua não transmite no mundo de hoje. Paulo, como tantas vezes, acompanha as escrituras de perto e, em sua Bíblia grega, a palavra *dikaiosynē* e seus cognatos traduzem regularmente o termo hebraico *tsedaqah* e seus cognatos. A ironia, para nós, é que muitas pessoas agora pressupõem que a "justiça" de Deus e o "amor" de Deus são radicalmente diferentes (supondo, por exemplo, que a justiça de Deus o levaria a nos punir, mas que seu amor encontraria um meio de não fazê-lo). No entanto, ambas as ideias andam juntas no Antigo Testamento. Quando a Bíblia fala da justiça de Deus, está falando da determinação absoluta do criador, diante de sua criação em desordem, de endireitar todas as coisas. Quando ela fala do amor de Deus, fala do criador entrando em uma "aliança", em uma estreita relação pessoal com seu povo — *como o meio pelo qual ele endireitará o mundo*. Paulo se baseia nesse significado combinado, explicando ao longo da carta como Deus tem sido fiel à sua aliança e como essa fidelidade à aliança é o meio pelo qual ele está endireitando o mundo. Era essa a intenção do amor divino, e o que, como Paulo aqui explica, ele cumpriu nos acontecimentos centrais do evangelho. Poderíamos resumir isso na linguagem de João: Deus amou tanto o seu mundo que decidiu endireitá-lo. E, assim como em João, também em Paulo: a maneira pela qual Deus fez e está fazendo isso é por intermédio de Jesus e do espírito — como a concretização definitiva para a qual toda a história de Israel estava apontando —, como podemos ver em retrospecto, à semelhança dos dois discípulos no caminho de Emaús.

Tudo isso nos permite compreender a célebre doutrina da justificação, que Paulo expõe em Romanos. Não se trata apenas de os pecadores descobrirem que podem ser pessoalmente "endireitados em relação a Deus" e, assim, irem para o céu. A reconciliação pessoal com Deus continua a ser central, mas ela própria se torna parte do projeto mais vasto que Romanos 8 coloca gloriosamente em foco em sua imagem da renovação de toda a criação. Eis como isso funciona.

Nas escrituras (sobretudo em Isaías e Salmos), Deus prometeu endireitar o mundo inteiro. Por meio do evangelho (os acontecimentos relativos a Jesus e a proclamação desses eventos no poder do espírito santo), ele endireita os seres humanos— *para que possam fazer parte do seu projeto de endireitar o mundo*. Deus sempre quis operar em seu mundo *por meio* das criaturas que foram feitas à sua imagem, e isso agora se torna nítido. Por essa razão, a segurança da salvação final, que é o coração de Romanos 8, *contém em si* essa impressionante passagem sobre *vocação* que vai dos versículos 12 a 30, apresentando como, pelo espírito, somos atraídos para o sofrimento do Messias e, com isso, para a tarefa paradoxalmente gloriosa de orar a Deus pai no mesmo lugar onde o mundo está sofrendo.

Assim, ao celebrar o amor inabalável de Deus, Romanos 8, de certa forma, conclui a carta até aqui, explicando melhor de que modo a justificação funciona. Por outro lado, o capítulo 8 completa o raciocínio mais específico que começou no capítulo 5 a respeito *da maneira pela qual os seres humanos justificados são chamados a se moldarem pela obra contínua de Deus na nova criação e a participarem dela*. O resumo de Paulo para isso tudo — reitero — é "glória". Os seres humanos redimidos, como o Templo, devem ser preenchidos com a glória divina e, assim, ser postos em posição de autoridade sobre o mundo como os seres humanos genuínos que estão se tornando. Ser "glorificado" significa, simultaneamente, estar cheio da presença pessoal e do poder de Deus pelo espírito e ser capaz de exercer a vocação de seres humanos genuínos e portadores da imagem divina. "Moldados segundo a imagem de seu filho" é como Paulo resume isso no versículo 29. Esse tema da "glória", prenunciado em Romanos 2:7,10 e declarado firmemente em 5:2, retorna poderosamente no capítulo 8, unindo toda a seção.

O apelo para que sejamos seres humanos genuínos — a sermos "glorificados" nos dois sentidos que acabei de mencionar — é frequentemente minimizado, ou mesmo ignorado. O poderoso tema da salvadora e transformadora graça de Deus, que atravessa todo o livro de Romanos como um vento forte e impetuoso, algumas vezes leva os leitores a suporem que nós, seres humanos, permanecemos passivos ao longo da história da salvação. Romanos 8 tem sido frequentemente interpretado da seguinte maneira: nós temos a certeza da salvação, o espírito nos capacita a viver à maneira de Deus, e Deus nos acompanhará em qualquer sofrimento transitório. Mas isso deixa de lado uma etapa intermediária vital — que aqueles que são declarados justificados, chamados a ser o povo de Deus, são *os seres humanos renovados*, o povo que Deus sempre teve em mente ao criar as criaturas moldadas à sua imagem, o povo que agora, na era presente, tem um papel decisivo a desempenhar no nascimento da nova criação. Como vimos, Deus sempre quis operar no mundo *por meio* dos seres humanos: isso é parte do que "imagem" quer dizer em Gênesis 1:26. Esse propósito, gloriosamente cumprido naquele que é a Imagem suprema, o próprio homem Jesus, é agora compartilhado com seu povo pelo espírito.

Tudo isso está previsto na própria vocação de Israel. Como expliquei em outro lugar e como muitos antigos leitores judeus das escrituras há muito perceberam, Deus chamou Abraão para desfazer o pecado de Adão. Adão e Eva foram instruídos a ser frutíferos e se multiplicar, e a cuidar do jardim de Deus; Deus promete a Abraão e Sara que os tornará frutíferos (apesar de sua velhice) e lhes dará uma terra (apesar de serem nômades errantes). Essa promessa da terra já havia sido ampliada, particularmente em Salmos e Isaías, para incluir o mundo inteiro — como Paulo diz em Romanos 4:13. E as promessas sobre essa família já haviam sido igualmente expandidas para abarcar todas as outras nações. Paulo acreditava — e explicou com detalhes em vários lugares — que todas essas promessas se haviam tornado realidade no Messias de Israel, o Jesus de Nazaré, cuja proclamação pública como "Filho de Deus", por meio da sua ressurreição, era o próprio coração do evangelho (Romanos 1:3-5). Jesus é, portanto, o legítimo *kyrios*, "senhor", do mundo inteiro. Esse ainda é um conceito *judaico* e *bíblico* — que o Messias de Israel seria o legítimo senhor do mundo. Não era necessário "traduzir" essa ideia em termos não judaicos para torná-la relevante — desconfortavelmente relevante, é claro! — a um mundo que já tinha outros "senhores", César em particular.

Até o tempo de Jesus, poderia parecer que essas grandes promessas bíblicas tinham falhado. Deuteronômio havia advertido que Israel se rebelaria contra Deus e sofreria as consequências, ou seja, a destruição do povo e o exílio da terra. Isso é parte do argumento de Romanos 7: Israel, deixado por conta própria, parece haver falhado e, com isso, as próprias promessas são postas em dúvida. Mas, em Romanos 8, Paulo retoma o que já havia dito em 5:12-21: aqueles que estão "em Cristo", que são parte do povo renovado do Messias, "vão reinar em vida" (5:17). Eles receberão a "herança" da nova criação. Eles serão aqueles por meio de quem os propósitos de Deus para seu mundo, que devem ser postos em prática por meio de humanos obedientes, finalmente se tornarão realidade. *E essa vocação começa aqui e agora, embora sob a forma paradoxal da participação no sofrimento e na intercessão do Messias.*

A fim de preparar o caminho para nosso estudo detalhado de Romanos 8, temos de dar um passo atrás e olhar para esses grandes temas, que reúnem, nesse capítulo notável, uma boa parte da teologia bíblica como um todo. Invertendo o movimento pelo qual começamos, temos de olhar para trás a partir das ruas e das vias individuais e nos lembrar da cidade maior a que elas pertencem.

NOVA CRIAÇÃO, NOVA IMAGEM, NOVA ALIANÇA

A cidade em questão — o desígnio do Deus criador, da forma estabelecida nas escrituras de Israel e, depois, pelos primeiros cristãos — é a **nova criação**, com os *humanos renovados* cuidando dela. O capítulo de Romanos 8 como um todo oferece, como dissemos, a *segurança* da salvação definitiva. Mas a salvação significa resgate; o resgate em questão é o resgate da morte e de tudo o que leva a ela; o resgate da morte significa *ressurreição corpórea*; e Paulo declara que a própria ressurreição do povo de Deus será o meio pelo qual toda a criação será salva de sua escravidão à decadência. Os seres humanos foram feitos para atuar como agentes de Deus em seu mundo; isso é parte do significado de ser feito à imagem de Deus. Até que os seres humanos possam assumir esse papel, o mundo não será redimido. Assim, a ressurreição do povo de Deus é o que o mundo inteiro espera (8:19-21). Somos salvos não *do* mundo, mas *para* o mundo.

Essa vocação humana — ser o povo renovado de Deus, povo por meio do qual a criação terá sua tão esperada liberdade — já se tornou realidade por meio da obra do Messias e do espírito. A "glória" prometida aos humanos no salmo 8 (coroado "de glória e de honra", com todas as coisas "sob os seus pés" [NVI]) já se realizou em Jesus. Agora isso constitui um elemento-chave da vocação humana atual.

Esse tema é uma surpresa para as pessoas que há muito tempo estão acostumadas a ler Romanos 8 de forma um pouco diferente. Como vimos, na imaginação popular, Romanos 8 diz respeito ao povo de Deus finalmente indo em segurança para o céu. Corrigir essa simplificação exagerada não é simplesmente uma questão de acrescentar uma segunda fase à existência *post mortem*, com a ressurreição sendo a "vida *após* a 'vida após a morte'". Isso é crucial, mas nós temos de preencher esse cenário refletindo sobre o *objetivo* desse resgate. Devemos ser resgatados do pecado e da própria morte, para que, como insiste o livro de Apocalipse, possamos ser o "sacerdócio real", os vice-regentes portadores da imagem de Deus, intercedendo pelo mundo e governando sabiamente sobre ele, uma tarefa para a qual os seres humanos foram planejados desde o início.[4] Esse será o momento e os meios nos quais a própria criação será libertada de sua escravidão à decadência, para ganhar a liberdade que surge quando os filhos de Deus são glorificados. E, no coração de Romanos 8, descobrimos que essa vocação genuinamente humana começa já no presente, manifestando-se, de forma paradoxal, na oração que emerge do sofrimento.

[4] Veja Apocalipse 1:6; 5:10; 20:6.

Em outras palavras, Deus fez os humanos à sua própria imagem para que eles pudessem refletir a sabedoria e o governo vivificante de Deus no interior de sua criação. Para isso, eles precisam ser ressuscitados dos mortos para assumir suas responsabilidades regenciais na nova criação. O problema do pecado não é apenas que nos tornamos culpados e merecemos a ira de Deus. É que deixamos de refletir adequadamente quem Deus é, com a consequência de que, assim, a boa criação de Deus cai em corrupção e decadência. Paulo não é um platonista. Deixar este mundo e ir para o "céu" — a esperança platônica padrão de sua época, e também da nossa! — seria como negar a bondade última da própria criação. Não. A própria criação deve ser redimida; e o meio para essa redenção é o resgate e a reincorporação dos seres humanos. E se, como Paulo argumentou em Romanos 6, os cristãos batizados e crentes já são pessoas da ressurreição, vivificados pelo espírito santo, então essa obra já começou. O que isso significa na prática nos leva ao coração de Romanos 8, particularmente aos versículos de 18 a 30.

Mas, se o tema principal subjacente a Romanos 8 é a nova criação prometida por Deus (com os seres humanos sendo resgatados do pecado e da morte para desempenhar papel crucial dentro dela), devemos lembrar que, nas escrituras, a nova *criação* é sempre o resultado da nova *aliança*. As escrituras de Israel, sobretudo da forma que alguns dos contemporâneos de Paulo as entendiam, olhavam para além do desastre que era o exílio na Babilônia, para um tempo de resgate e renovação. Alguns textos clássicos, como Isaías 40—55, indicam o caminho: Deus voltaria a Jerusalém (Isaías 40, 52), lidando com os pecados de seu povo (Isaías 53), renovando, assim, a aliança (Isaías 54) e, por fim, toda a criação (Isaías 55). A história de fundo e o modelo de todo esse resgate e renovação continuam sendo a história do êxodo — uma história que permaneceu crucial para a compreensão cristã primitiva, visto que Jesus escolheu a Páscoa como o momento para realizar sua obra decisiva de trazer o reino. Romanos 8 é um exemplo central desse tema do "novo êxodo" na reflexão cristã primitiva.

Eis como isso funciona. O livro de Êxodo expõe, de forma significativa, como Deus resgata Israel da escravidão, entrega a lei (Torá) no monte Sinai e vem habitar gloriosamente em meio ao povo no Tabernáculo recém-construído. Como alguns já demonstraram, a construção e o preenchimento divino do Tabernáculo são realmente o clímax de toda a história de Gênesis—Êxodo. É como uma nova criação: um micromundo no qual Deus quer vir habitar. Foi por isso que Deus resgatou seu povo do Egito, porque não podia vir habitar naquela terra de ídolos. E é por isso que ele deu ao povo a lei: não, como muitos cristãos imaginam, para lhes dar uma escada de boas obras que suba até o céu, mas para transformá-los em um povo no meio de quem ele realmente poderia vir e habitar.

Toda essa complexa história de Êxodo responde, em tese, às duas questões não resolvidas e deixadas em suspenso no final de Gênesis. Gênesis conta a história de uma criação boa e cheia de propósitos, executada por Deus e confiada aos seres humanos portadores de sua imagem para que a administrassem. Gênesis também conta a história de como os portadores da imagem de Deus se desviaram, arrastando a boa criação de volta ao caos, e de como Deus respondeu a isso, estabelecendo sua aliança com Abraão. Mas, no fim de Gênesis, a família de Abraão está exilada no Egito — um exílio que se tornará escravidão até que Deus intervenha para reverter essa situação. O livro do Êxodo responde ao tema iminente da aliança: Deus resgata a família de Abraão da escravidão, levando-a para a terra prometida. Mas a segunda questão subjacente olha para além da aliança, focando nos propósitos de Deus para a criação como um todo. *Deus endireitará o problema de Gênesis 3—11 ao vir habitar com suas criaturas humanas, resgatando e renovando, assim, toda a sua criação*. Quando o Tabernáculo é construído e Deus vem habitar nele (Êxodo 40), esse é o sinal e uma amostra da nova criação, o mundo que Deus almeja preencher com sua presença gloriosa (Isaías 11:9). Por meio de uma vida dirigida pela Torá e centrada no Tabernáculo, o povo da *aliança* renovada é, portanto, chamado a ser uma pequena demonstração da nova *criação*.

Deus dá a Torá para Israel a fim de que eles se preparem para que ele venha habitar no meio deles. Deus, então, realmente habita no meio deles como sinal de sua intenção de preencher toda a criação com sua presença gloriosa. Esses temas baseados em Êxodo são vitais para a compreensão de Romanos 8.

Para ver como isso funciona, pense mais detalhadamente nas partes anteriores da carta de Paulo aos romanos. Em Romanos 3:21—4:25, Paulo argumenta que Deus havia sido fiel às promessas da aliança feitas a Abraão. Ele havia cumprido essas promessas, chamando à existência, por intermédio do Messias, uma família mundial cujos pecados foram perdoados. Assim, agora ele pode argumentar, nos capítulos de 5 a 8 como um todo, mais particularmente no capítulo 8, que o novo êxodo está em curso *como o meio pelo qual o novo gênesis será alcançado*.

Isso mostra em que ponto muitos leitores erram. Boa parte da tradição cristã presumiu que a linguagem do êxodo é, na melhor das hipóteses, um indicador distante do tema do resgate dos seres humanos *do* mundo (levando-os para o "céu"). Não é assim que a narrativa bíblica funciona — a narrativa que Paulo está seguindo. Paulo acreditava que Jesus havia realizado o êxodo verdadeiro e definitivo. Deus veio habitar no meio de seu povo assumindo a forma e o papel de um ser humano verdadeiramente portador da imagem divina, não apenas para renovar a aliança, mas também para, por meio dela, renovar toda a criação. E Deus estava agora habitando, pelo seu espírito, no coração e na vida de seu povo, para concretizar exatamente esse projeto. Deus prometeu a Abraão, diz Paulo, que ele herdaria não apenas a terra prometida, mas também o mundo inteiro (4:13). Essa promessa é reforçada nas escrituras por meio das promessas feitas ao Messias, no salmo 2 e em outros lugares, promessas de um governo mundial. Essa é a base da missão da igreja, a finalidade de toda a sua existência. Assim, por meio desse novo êxodo, a obra do Messias e do espírito, Deus renova a aliança, resgatando os homens, para que a própria criação possa ser resgatada e restaurada. Essa é a lógica de Romanos 1—8.

Afinal, como eu já disse, e argumentei em detalhes em outros lugares, em Gênesis, e em boa parte do pensamento judaico posterior, o propósito da aliança sempre foi a renovação da criação. *Deus chamou Abraão para desfazer o pecado de Adão e seus efeitos*. Deus ordenou a Adão: "Frutifiquem, multipliquem-se e cuidem do jardim". Depois, ele promete a Abraão: "Eu te farei frutificar e te multiplicarei e dar-te-ei a terra de Canaã". É isso que se cumpre por meio do êxodo — Deus resgata Israel da escravidão, levando seu povo à herança prometida por meio de sua presença, que habita no meio deles. Mas Canaã foi apenas uma primeira etapa, uma placa que aponta para o futuro. Agora o mundo inteiro está em vista. Isso é explicado em Romanos 8:18-28: a própria criação será redimida. *E os seres humanos redimidos supervisionarão esse processo*. Essa — e não "ir para o céu" — é a vocação do povo do Messias.

Reflita por um momento sobre o papel dos seres humanos dentro desse plano — um assunto sobre o qual os cristãos de hoje não falam muito, mas que os primeiros cristãos entendiam como certo. Em Romanos 5:17, e depois no capítulo 8, aqueles que recebem o dom de ser membros da aliança *vão reinar em vida*. Essa é a vocação humana, a vocação dos portadores da imagem divina, enfatizada em Romanos 8:18-30. Somos, diz Paulo em 8:29, "moldados segundo a imagem de seu filho, de modo que ele fosse o primogênito de uma grande família". Paulo ecoa o salmo 8, que celebra a vocação humana de ser "coroado de glória e honra", com todas as coisas colocadas sob seus pés — a vocação cumprida em Jesus *e agora compartilhada com o povo de Jesus*. Para recapitular o que dissemos sobre a justificação, Deus prometeu endireitar o mundo inteiro e, por meio do evangelho, ele endireita homens e mulheres para que possam ser aqui, agora e também no futuro parte do seu projeto de endireitar o mundo. Justificação e justiça estão estreitamente ligadas.

Mas o presente "reinado" — ou "governo" ou "glória" — do povo resgatado de Deus é paradoxal. Ele envolve sofrimento. A intercessão que o povo de Deus oferece em sua qualidade de Sacerdócio Real — a intercessão que está no ápice do capítulo 8 — é a oração no escuro, em que pessoas fiéis e que amam a Deus estão orando por motivos que nem mesmo sabem quais são. Se pensarmos na vida cristã presente como sendo moldada pelo princípio escatológico do "já e ainda não" — algo que *já* é verdade e algo que *ainda não* é verdade —, a oração de que Paulo fala em 8:26,27 junta a verdade do "já" — de que está exercendo seu propósito no mundo *através* de seu povo cheio do espírito, — com a verdade do "ainda não" — de nós, cheios do espírito para orarmos "Aba, pai", *não sabemos orar como deveríamos* e dependemos do espírito que habita em nós para interceder com gemidos inexprimíveis.

Vamos investigar um pouco mais essa ideia de novo êxodo em Romanos 5—8. É fácil "ouvir" uma passagem como esta, sobre o espírito, a filiação, a herança e assim por diante, como simplesmente "eu e minha salvação" ou "eu e minha espiritualidade". Mas isso é como andar em volta de uma galeria de arte usando óculos de lentes coloridas para que você possa enxergar apenas uma ou duas cores. Precisamos de todo o cenário bíblico — não apenas como uma "ilustração" de nossa salvação ou espiritualidade, mas como a profundidade e o significado de que elas necessitam.

Pense em como a história do êxodo funciona e observe como Paulo a recupera. O Êxodo, como vimos, tem três momentos: a libertação da escravidão, a entrega da Torá no Sinai e a vinda da glória divina para habitar no Tabernáculo, a fim de levar o povo à sua herança. Paulo obedece a essa sequência. Em Romanos 6, os pecadores escravizados chegam por meio da água do batismo ao Messias e encontram a liberdade. Em seguida, os israelitas vêm ao Sinai, onde recebem a Torá — que promete vida, mas adverte sobre a morte. Em Romanos 7, Paulo apresenta a vinda da lei e seus tristes efeitos, até o exílio. Mas, então, Deus lida com o pecado do povo, e vem em pessoa para habitar no meio deles no Tabernáculo. Em Romanos 8, Paulo explica que aquilo que a Torá não era capaz de fazer, Deus fez na morte do Messias e no dom do espírito. O espírito agora habita no povo de Jesus, como habitou no Tabernáculo do deserto, para lhes dar a vida que a lei havia prometido.

Então, a gloriosa presença divina, concedida em Êxodo 40, leva o povo de Israel à sua herança prometida, embora em vários momentos eles se sintam tentados a regressar ao Egito. Da mesma forma, Paulo declara (8:12-17) que o espírito está levando os seguidores de Jesus à sua herança, a qual (para dizer novamente, uma vez que é tão fácil voltar aos entendimentos "normais"!) não é o "céu", mas, sim, toda a criação renovada — o que conduz a uma advertência contra qualquer tendência de voltar à escravidão. A questão é que *agora o mundo inteiro é a terra santa de Deus*. Os seguidores de Jesus guiados pelo espírito devem levar o amor restaurador de Deus ao mundo que pertence a ele através de sua própria participação no caminho da cruz, de seu sofrimento e de sua oração. Esse é o coração escuro da passagem, em 8:18-27, ao qual chegaremos no devido tempo. Também isso ecoa o êxodo: o gemido de toda a criação, *e* da igreja, *e até mesmo* do espírito, ecoa o "gemido" dos israelitas em sua escravidão, com Deus ouvindo, lembrando-se da aliança e agindo.

ROMANOS 8: VERDADEIRA HUMANIDADE, VERDADEIRA DIVINDADE

Romanos 8 nos apresenta uma rica visão do que significa ser humano e uma visão ainda mais rica de quem o próprio Deus realmente é. Veremos isso mais plenamente à medida que formos avançando, mas talvez seja útil antecipar algumas dessas coisas aqui.

Comecemos pelo surpreendente significado duplo de "glorificação". "Glória" aqui, como muitas vezes em Paulo, realmente significa "dignidade" ou "valor" — o "valor" sendo a vocação de ser um verdadeiro ser humano. Mas essa glória é, naturalmente, a glória do próprio Deus. Assim como a gloriosa presença divina residia no Tabernáculo para conduzir o povo à sua herança, também o espírito habita verdadeiramente no povo de Deus, transformando-o imediatamente no povo da "glória", ainda que (como diz Paulo em 2Coríntios 3 e 4) isso muitas vezes pareça profundamente paradoxal. Por outro lado, os homens renovados recebem a "glória" da qual o salmo 8 fala: a vocação humana é ser "coroado de glória e honra" (a promessa que Paulo já havia feito em Romanos 2:7-10) para governar a criação renovada de Deus em seu nome. A "glória" é, portanto, *ambas as coisas*: a presença viva de Deus em nós *e* a verdadeira humanidade que resulta de refletirmos a imagem de Deus. E, claro, isso não é por acaso. Foi para isso que os seres humanos foram feitos: para encontrar sua própria realização em serem pessoas que refletem quem Deus é. Irineu tinha razão: a glória de Deus é um ser humano plenamente vivo, e a vida verdadeiramente humana consiste em ver a Deus.

Assim, o espírito constitui os seguidores de Jesus, coletiva e individualmente, como *pessoas-Templo*, lugares nos quais Deus vem habitar, os pontos em que céu e terra se sobrepõem. O Tabernáculo do deserto e o Templo de Jerusalém eram sinais que apontavam para a renovação de toda a criação. Portanto, por causa de Jesus e do espírito, os seguidores de Jesus são chamados a ser esse tipo de placa de sinalização, pequenas demonstrações da nova criação e, portanto, agentes ativos na renovação *presente*, que antecipa a nova criação definitiva de Deus. Em Romanos 8, isso significa santidade e esperança, sofrimento e oração — não para minar a segurança e a celebração, mas para mostrar como essas coisas funcionam na prática.

Nesse cenário de nova criação e nova aliança, em que os seres humanos são renovados para atuar como verdadeiros portadores da imagem divina no mundo de Deus, encontramos, surgindo como uma vasta montanha da névoa dos detalhes exegéticos, uma das maiores declarações de todos os tempos, de qualquer período da história teológica, naquilo que ficou conhecido como a doutrina da Trindade. O pai envia o filho e o espírito para fazer "o que a lei não podia fazer" e para conduzir os seguidores de Jesus à herança que lhes pertence. No tempo presente, o espírito geme dentro da oração inexprimível da igreja e de toda a criação — e Deus pai escuta e conhece a mente do espírito. Assim, a igreja é moldada à imagem do filho. Isso tudo diz respeito ao amor de Deus, ao amor do Messias e — pelo espírito — ao nosso amor por Deus em retribuição. É disso que se trata a "aliança". Paulo não usa a palavra "Trindade". Mas esse capítulo encarna, em uma rica argumentação, súplica e celebração, a verdade que mais tarde adquiriria essa designação.

Bem-vindo, então, ao mundo surpreendente e de múltiplas camadas de Romanos 8. Esse é o coração da carta. Nova criação; nova aliança; humanidade genuína; o amoroso Deus triúno. Essa é a cidade que vamos explorar, rua após rua. Se estudado em espírito de oração e de modo cuidadoso, o capítulo 8 de Romanos ampliará nossa mente e nosso coração não apenas para desfrutarmos essa cidade, mas também, da maneira e na ocasião em que formos chamados, para nos tornarmos guias confiáveis, capazes de conduzir outras pessoas a seus segredos vivificantes.

CAPÍTULO 2

ROMANOS 8:1-4: NENHUMA CONDENAÇÃO

Por isso, não há condenação para os
que estão no Messias, Jesus!
2E por que não? Porque a lei do espírito
da vida no Messias, Jesus, libertou-nos
da lei do pecado e da morte.

3Porque Deus fez o que a lei (que se
tornou enfraquecida por causa da carne
humana) era incapaz de fazer. Deus
enviou seu próprio filho à semelhança
da carne pecaminosa como oferta pelo
pecado; e foi exatamente ali, na carne,
que ele condenou o pecado.
4Isso aconteceu para que o veredicto
justo e apropriado da lei pudesse ser
cumprido em nós, na medida em que
vivemos não conforme a carne, mas
conforme o espírito.

Ouden ara nyn katakrima tois en
Christō Iēsou.
2*ho gar nomos tou pneumatos tēs*
zōēs en Christō Iēsou ēleutherōsen
se apo tou nomou tēs hamartias
kai tou thanatou.

3*to gar adynaton tou nomou*
en hō ēsthenei dia tēs sarkos, ho
theos ton heautou hyion pempsas
en homoiōmati sarkos hamartias
kai peri hamartias katekrinen tēn
hamartian en tē sarki,
4*hina to dikaiōma tou nomou*
plērōthē en hēmin tois mē
kata sarka peripatousin alla
kata pneuma.

"POR ISSO, não há condenação para os que estão no Messias, Jesus!" Essa esplêndida afirmação, lançando-nos aos detalhes do extraordinário capítulo que chamamos de Romanos 8, é tão conhecida quanto a famosa passagem em João 3:16: "Porque Deus amou ao mundo de tal maneira que deu o seu Filho unigênito" (ARA). Após concluir nosso sobrevoo do capítulo, agora estamos na rua, caminhando pela cidade, bairro por bairro, conhecendo os principais edifícios e as ruas e vielas que os unem.

Como vimos, a primeira seção do capítulo 8 vai até o versículo 11, chegando à incrível promessa de ressurreição corpórea. Vamos adiar a satisfação de explorar esse argumento até o próximo capítulo deste livro, pois os versículos de 5 a 11 estão firmemente posicionados no topo dos versículos de 1 a 4. Esses quatro versículos cruciais de abertura, nosso assunto de agora, exigem bastante cuidado e concentração. Neles, Paulo reúne diversas verdades centrais de uma fé viva em um denso buquê.

Para nos ajudar a mergulhar, permitam-me apresentar as três regras básicas para a compreensão de qualquer texto paulino. (Como eu disse no prefácio, estou partindo do pressuposto de que os leitores deste livro são capazes de ler o grego de Paulo ou estão dispostos a usar pelo menos duas traduções diferentes. Coloquei uma transliteração do grego ao lado da minha própria tradução.)

A primeira regra para entender qualquer texto paulino — seja um versículo, um parágrafo, um capítulo ou uma carta inteira! — é a seguinte: **esteja atento para descobrir o fluxo principal do argumento**. Não se distraia com elementos importantes, mas secundários, por mais significativos que pareçam em relação a toda sorte de discussões teológicas interessantes. Paulo está bem ciente daquilo que fica abaixo da superfície de seus argumentos, mas ele costuma amarrar os diferentes fios de um parágrafo ou de um capítulo em suas declarações de abertura e encerramento. É para tais lugares que devemos olhar em primeiro lugar, a fim de nos orientarmos. No presente caso, como acabei de observar, podemos olhar do versículo 1 até o versículo 11: não há condenação... porque o espírito de Deus que habita em nós efetuará nossa ressurreição corporal. Mas o mesmo princípio também funciona nas passagens mais curtas. Assim, nos primeiros quatro versículos do capítulo, descobrimos que a afirmação do versículo 1 ("não há condenação") é retomada no versículo 4: não há condenação ... para que *a intenção da lei* (dar vida, como Paulo havia dito em 7:10) *pudesse cumprir-se em nós por meio do espírito*. Trata-se, na verdade, de uma declaração inicial do mesmo ponto que encontramos em 8:9-11: o espírito concede a vida que a lei não era capaz de conceder. Essa é a principal afirmação desses quatro primeiros versículos, antecipando a afirmação mais completa: o espírito cumpre a intenção vivificadora da lei e, portanto, não há condenação.

Como isso aconteceu? Claramente, pela obra do Messias e do espírito. Não há condenação para aqueles "no Messias, Jesus" porque o espírito está fazendo a obra que cumpre a lei (v. 2) e porque o próprio pecado foi condenado na morte do Messias (v. 3). Assim, temos um apanhado inicial desses quatro versículos: "não há condenação", por causa da cruz e do espírito.

Isso nos dá um ponto de partida. Mas aqui, como de costume com Paulo, também há muitas outras coisas acontecendo. Para maior aprofundamento, precisamos das outras duas regras.

A segunda regra para uma exegese cuidadosa diz respeito a algo mais mecânico, mas que sempre funciona. **Preste muita atenção aos conectivos usados por Paulo** — palavras como *kai* ("e"), *de* ("mas"), *gar* ("para"), *hina* ("para que"), *ara* ("então"), *oun* ("portanto") e assim por diante. Tal como acontece com todas as traduções, o grego e o nosso idioma nem sempre têm uma correspondência exata. Uma palavra em uma língua — até mesmo uma simples conjunção! — pode muito bem não transmitir o mesmo sentido do seu equivalente mais próximo em outra língua. Mas nós temos de fazer o melhor possível. Paulo não lança essas pequenas palavras ao acaso. Veja como ele costuma argumentar: uma série de *gars*, como acontece na presente passagem, significa que ele está se aprofundando em uma verdade particular (A acontece *por causa de* B; B é assim *por causa de* C, e assim por diante); então, depois de ter aprofundado o suficiente, ele usa uma série de conectivos *de* para retraçar o caminho ("mas", no sentido lógico de "*mas*, se é assim, segue-se que..."). É assim que ele chega ao versículo 11 com um triunfante *ei de* — mas, se for esse o caso, segue-se que...". É nesse ponto que ele apresenta exatamente o argumento central do parágrafo inteiro.

Os versículos de 1 a 4 e de 1 a 11 como um todo oferecem exemplos clássicos de como Paulo costuma estruturar seus argumentos. Suas orações gramaticais não são afirmações independentes de argumentos desconectados. Elas exploram, com grande precisão, a inter-relação lógica da verdade multifacetada que ele está expondo. E são as pequenas palavras de ligação que nos mostram de que modo essa inter-relação funciona.

A terceira regra é **pense segundo a perspectiva do primeiro século**. As pessoas costumam dizer: "Bem, Paulo pode ter escrito X, mas o que ele *realmente* queria dizer era Y", produzindo uma paráfrase anacrônica — como se tivéssemos de ajudar o pobre e velho Paulo a articular um pouco mais claramente o que ele queria dizer. (Alguns estudiosos levaram esse pseudométodo ao extremo, sugerindo que há ocasiões em que podemos ver o que Paulo *deveria* ter dito, a fim de que seu argumento "funcione" da maneira que nós pensamos que deveria funcionar, um movimento que nos permite corrigir — teologicamente! — o que ele, na verdade, diz à luz daquilo que nós pensamos que ele realmente quis dizer. Esse tipo de arrogância não tem lugar em uma exegese séria.)[1] Não, o objetivo de toda a exegese deveria ser chegar ao ponto em que podemos dizer: venha *aqui* (ao mundo de um

[1] Veja a discussão sobre *Sachkritik* em *Paul and his recent interpreters* (London: SPCK; Mineápolis: Fortress), p. 33.

pensador judeu bem instruído do primeiro século); olhe para as coisas *desta* maneira; e, então, você verá que ele realmente disse exatamente o que queria dizer. *Nós* não temos de ajudar *Paulo* para que ele acerte. Temos de permitir que ele continue a nos provocar até que *nós* vejamos o objetivo que *ele* tinha para que as peças do quebra-cabeças finalmente se encaixem.

É evidente que a questão "o que isso significa para nós hoje" não desapareceu. Isso é o que costuma levar as pessoas a dizerem: "o que Paulo *realmente* queria dizer...", esperando "traduzir" o que Paulo realmente escreveu por algo que os pregadores ou professores imaginam que será significativo para seu público. Isso acontece, em parte, porque Paulo, muitas vezes, realmente não está lidando com as questões que os leitores contemporâneos trazem consigo. Quando as pessoas são precipitadas e perguntam "e agora?" cedo demais, a consequência é que, com frequência, elas não ouvirão bem o que Paulo está realmente dizendo. Isso coloca o exegeta, focado sobretudo no sentido original de Paulo, em uma posição semelhante à de Jesus no quarto evangelho, aparecendo constantemente não para responder à pergunta que tinha sido feita, mas àquela que, inadvertidamente, se escondia por trás dela. Assim, em nossa passagem atual, Paulo escreve algumas expressões bastante compactadas acerca da lei: a lei do espírito da vida, a lei do pecado e da morte, o que a lei não poderia fazer, o veredicto adequado da lei, e assim por diante. As pessoas de hoje, a menos que estejam pensando cuidadosamente no próprio mundo de Paulo, ficarão intrigadas. O que ele quer dizer com "lei"? Como isso se enquadra em nossas suposições atuais? Por que isso é tão importante para ele? Hoje, quando a maioria das pessoas ouve a palavra "lei", pensa nas leis de sua terra; ou, se estiverem familiarizadas com as discussões teológicas mais antigas, podem pensar na "lei" como um código moral estrito dado por Deus (talvez aquele dado no Sinai) e segundo o qual todos os humanos serão julgados — e que, muitos deduziram, foi então abolido por Jesus. Mas, quando entramos no mundo judaico de Paulo, no primeiro século, as coisas são significativamente diferentes. É nessa diferença que encontramos o cerne da sua explicação sobre por que "não há condenação para os que estão no Messias, Jesus!".

Este é um daqueles momentos em que aquilo que eu disse no capítulo introdutório sobre formas deficientes de contar a história bíblica realmente mostra sua face. Se esquecermos que, durante grande parte de sua jornada, a história bíblica está focada na família física de Abraão — que, nos dias de Paulo, era o povo judeu —, estaremos despreparados para a dimensão dos principais argumentos de Paulo que dizem respeito a Israel *e, consequentemente, à Torá*. Em Romanos 7, claramente estamos lidando com a lei, a Torá — que foi amplamente apresentada não apenas como um código moral abstrato, mas como o estatuto da aliança para o povo de Deus. Desde os primórdios da igreja, é fácil deixarmos de lado essa perspectiva judaica. "Agora temos o evangelho", pensavam as pessoas, "e não precisamos nos preocupar com a lei!". Mas essa nunca foi a posição de Paulo.

Isso remete para a outra questão que levantamos anteriormente, a ideia de que, para tornar o evangelho "relevante" para os não judeus, Paulo pode ter sentido a necessidade de traduzi-lo para categorias e terminologia não judaicas, ou seja, dos gentios. Não é isso que acontece. O evangelho era a notícia de que o mundo estava agora sob um novo senhorio: uma mensagem profundamente judaica *para* o mundo, escandalosa, é claro, mas também (como Paulo descobriu) poderosa. Assim, para compreendermos o "por isso" no início de Romanos 8, temos de lidar com o que Paulo diz sobre a lei no capítulo 7. Isso significa compreender, pelo menos de forma breve, de que modo ele via toda a história de Israel. Esse é o ponto no qual começamos a nos perguntar: "Por que deveríamos nos preocupar com todas as complexidades da lei?", e nos sentimos tentados a sair do caminho estreito de desenvolver um pensamento e uma vida genuinamente bíblicos para nos contentar com algo menos exigente, menos bíblico e, no fundo, menos focado em Jesus, o Messias de Israel.

COMPREENDENDO ROMANOS 8:1-4: A ESTRUTURA

Com essas advertências e esse encorajamento para perseverarmos na análise dos detalhes, leiamos os versículos de 1 a 4.

Aplicamos a primeira regra da exegese: o início e o fim. Versículo 1, "por isso, não há condenação"; versículo 4a, "isso aconteceu para que o veredicto justo e apropriado da lei pudesse ser cumprido em nós". Essa é a verdadeira conclusão. A segunda metade do versículo 4 ("na medida em que vivemos não conforme a carne, mas conforme o espírito") qualifica essa afirmação, olhando para os versículos de 5 a 8; mas devemos deixar claro que a conclusão dos versículos de 1 a 4 é "para que o veredicto justo e apropriado da lei pudesse ser cumprido". Em outras palavras, unindo o começo ao fim: a lei é *cumprida*... por isso não há condenação! É claro que ainda não perguntamos o que exatamente Paulo quer dizer com essa formulação tão densa, mas já podemos ver que é assim que os versículos de 1 a 4 devem funcionar.

Uma questão, porém, segue-se imediatamente. Muitos cristãos supõem que a linha de pensamento de Paulo flui assim: a lei nos condena como infratores da lei; mas, na morte de Jesus, Deus declarou que agora a lei era inadequada, irrelevante, demoníaca ou redundante; portanto, ela é posta de lado, e não há condenação. Essa visão deve boa parte de sua força à reação protestante do século 16 contra o moralismo católico romano da época, que tinha a mão pesada e ameaçava as pessoas de irem para o inferno. Vez ou outra, Romanos 10:4 (com frequência traduzido por "Cristo é o fim da lei") é citado em apoio a esse ponto de vista, embora não seja isso que Paulo quis dizer ali. Essa ideia da lei como estatuto de um moralista que agora foi abolida pelo evangelho tem pouca relação com o que Paulo está dizendo.[2]

Vamos, então, à segunda regra da exegese: preste atenção aos pequenos conectivos. Por que não há condenação (v. 1)? *Porque* — *gar* — a

---

[2] Sobre a visão paulina da lei, veja o tratamento completo em *Paulo e a fidelidade de Deus* (São Paulo: Paulus, 2021), cap. 10.

lei do espírito da vida os libertou da lei do pecado e da morte (v. 2). Por que *isso* acontece? Como foi alcançado? *Porque* — outro *gar* — Deus fez o que a lei não podia fazer (v. 3). Ele fez duas coisas, com a primeira servindo de base para a segunda:

1. a morte de seu filho (v. 3)
2. a obra do espírito (v. 4).

O *hina* ("para que") no início do versículo 4 mostra que a segunda (a obra do espírito) é o *objetivo* da primeira (a morte de Jesus).

Em certo sentido, isso é suficiente. Podemos pensar que há muito a analisar, sem todas as coisas complicadas ditas sobre a lei, particularmente no versículo 2. Poderíamos ficar contentes com essas instruções gerais, assim como um motorista de carro sabe que é aqui que se põe gasolina, aqui que se liga o carro e pronto! Mas nós estudamos Paulo (para mudar minhas metáforas) em parte para treinar nossa habilidade como mecânicos, a fim de consertar carros que quebraram, tanto os nossos quanto os dos outros. E, infelizmente, o motor da teologia ocidental costuma quebrar exatamente nesse ponto. O que Paulo diz sobre a lei nesses versículos é mais complexo do que costumamos admitir. E, nessa complexidade, encontraremos mais riquezas, muitas vezes ignoradas, de sua compreensão dos propósitos de Deus.

Um indicativo bastante óbvio vem na abertura do versículo 1: *por isso*! A pequena palavra *ara* (de forma mais direta, "então") nos diz que, na mente de Paulo, há uma estreita conexão lógica entre o capítulo 8 e o que acabou de acontecer no capítulo 7. Isso nos leva a um dos clichês mais antigos do manual do exegeta: *quando você vir um "por isso", pergunte-se qual é a razão para isso*. Esse "por isso" no início de Romanos 8 é um quebra-cabeça bem conhecido. Em certo sentido, é o ponto no qual deveríamos ter começado. Esse termo significa que Romanos 8:1-11 é a *conclusão* para um argumento mais longo, e não o início de um argumento completamente novo.

Mas, à primeira vista, esse "por isso" parece meio fora de lugar. Afinal de contas, Romanos 7 termina em frustração, ou mesmo em aparente desespero. O "homem miserável" clama em 7:24: "Quem me livrará do corpo dessa morte?". Paulo responde em 7:25a: "Graças a Deus — por intermédio de Jesus, nosso Rei e Senhor!". Mas o último meio versículo do capítulo 7 (7:25b), declara de forma triste que, "se deixado por conta própria, sou escravo da lei de Deus em minha mente, mas da lei do pecado em minha carne humana". Então, como ele pode imediatamente continuar dizendo: *por isso*, não há condenação para os que estão no Messias?

Para responder a essa pergunta, temos de voltar ao texto de Romanos 7. Somente então veremos de que modo o fluxo de Romanos 8:1-4 e, particularmente, as densas declarações de Paulo sobre a lei realmente funcionam.

INTERLÚDIO: ROMANOS 7 COMO PREPARAÇÃO PARA ROMANOS 8

Romanos 7 tem intrigado os leitores há muito tempo. Quem é esse misterioso — e realmente miserável! — "eu"? O Saulo pré-conversão? Paulo como é agora? Ou quem mais? E — a nossa pergunta específica neste momento — como essa descrição vívida e deprimente desse "eu", particularmente no fim do capítulo 7, leva Paulo a dizer, logo em seguida, que, *por isso,* agora não há condenação para o povo do Messias?

Temos de esclarecer quatro pontos. Cada um deles poderia ser defendido e explicado em detalhes, mas nós temos de ser breves.

Primeiro, todo o capítulo de Romanos 7 é sobre a lei — a lei judaica, a Torá mosaica. A palavra grega para "lei" é *nomos*. Não se deixe enganar por traduções que perderam a coragem e, em alguns versículos, traduzem *nomos* por "princípio", ou algo assim. Até esse ponto da carta, Paulo disse muitas coisas impressionantes e estranhas sobre a lei. É aqui que ele explica como todos elas se encaixam e como o cenário geral funciona.

Após a ilustração de abertura (7:1-3), Paulo declara, de forma concisa, seu ponto principal, como também faz em Gálatas e em outros textos: que pertencer ao Messias crucificado envolve romper com a Torá (7:4-6). Mas isso, a exemplo de vários outros breves comentários que apareceram anteriormente na carta, parece colocar a própria Torá sob uma ótica pouco favorável. Assim, Paulo escreve os dezenove versículos seguintes para esclarecer o que está acontecendo — bem como para avançar em seu argumento geral. Aqueles que chegam a Romanos 6—8 em busca de uma "teologia da vida cristã", e que acabam lutando para entender qual seria o tema do capítulo 7, ignoram sobre o que Paulo está realmente falando. E, novamente, se as pessoas dizem (como poderiam dizer), "mas as questões sobre a lei judaica não podem ser relevantes para nós hoje", elas estão simplesmente revelando sua falta de vontade de seguir a própria linha de pensamento de Paulo e, com isso, sua falta de prontidão em se envolver com a teologia absolutamente bíblica que ele explicará a seguir.

A passagem-chave (7:7-25) é enquadrada por duas perguntas: "a lei é pecado?" (7:7) e "foi essa coisa boa [a lei], então, que me trouxe a morte?" (7:13). A resposta à primeira é: não, mas o "Pecado" *usou* a boa lei para trazer a morte. Para a segunda, a resposta é: não, mas a Torá revelou o "Pecado" em todas as suas tonalidades por meio da confusão moral daqueles que queriam segui-la.

A primeira resposta (7:8-12) está no pretérito: Paulo está falando do evento passado da chegada da Torá a Israel. A segunda resposta (7:13-19) está no tempo presente, referindo-se à situação em curso de "Israel segundo a carne". Isso o leva à seguinte conclusão (7:20-25): o que ele "descobre" sobre a lei (no sentido de "descobre em consequência dessa investigação") é que ela parece estar dividida em duas, da forma que ele tinha dito em 7:10. A Torá prometia vida, mas só podia promover morte, porque a substância em que estava operando era a "carne", que se tornara o local de residência do "Pecado". Isso fez com que a Torá aparentasse cumprir duas coisas opostas (7:22-23). E isso, por sua vez, antecipa a antítese de 8:2, à qual chegaremos em breve.

Devemos lembrar que, para um judeu como Paulo, "a lei" — a *Torá* — era muito mais do que apenas os Dez Mandamentos. Eram todos os "cinco livros", o Pentateuco, de Gênesis a Deuteronômio. Esse foi, e é, o alicerce de toda a vida judaica: seu fundamento, seu estatuto da aliança. Se imaginarmos que "lei" significa simplesmente um código moral — como muitos leitores de Romanos imaginaram —, deixaremos de entender boa parte de seu objetivo.

Em segundo lugar, 7:7-25 está relatando a história de Israel em relação à lei. O personagem a que Paulo se refere como "eu" identifica todo o povo de Israel, desde antes da entrega da lei, passando pelo momento em que ela foi entregue e chegando aos dias de Paulo. Esse artifício retórico do "eu" permite a Paulo contar essa grande e complexa história como se fosse sua — o que, na verdade, é, embora seja vista em retrospecto —, em vez de se distanciar do problema e do povo de Israel por meio de termos como "eles" ou "deles". Um resultado importante disso é que estaríamos equivocados se sondássemos o capítulo em busca de elementos da "autobiografia espiritual de Paulo". O assunto não é esse. Paulo não está relatando "sua própria experiência" como tal. Trata-se de sua análise *presente* — a partir de sua posição "no Messias" — acerca de seu histórico e de seu posicionamento teológico *anterior*.

Perguntar sobre a Torá é, em última análise, perguntar sobre Israel como um todo. A Torá foi dada a Israel, de modo que, se quisermos ver como isso "funcionou na prática", devemos procurar respostas na história de Israel, conforme relatada no Pentateuco, nos livros históricos e nos proféticos posteriores. Mas, aqui, há um pequeno problema que temos de resolver. Como já vimos, em Romanos 6—8 como um todo, Paulo está obedecendo à sequência de Êxodo: atravessando o mar Vermelho (cap. 6), chegando ao Sinai (cap. 7) e então, com Deus habitando entre eles, sendo levados à herança (cap. 8). No entanto, Paulo sabe que a própria lei mosaica continha, perto do fim, uma narrativa profética para toda a história de Israel. Entre suas partes favoritas do Pentateuco, estão os capítulos finais de Deuteronômio, que se concentram particularmente nas bênçãos e maldições da aliança, listadas no capítulo 28, as quais advertem que Israel, colocada diante da escolha entre vida e morte, escolheria o caminho da rebelião, da idolatria e da morte. A maldição derradeira — refletindo a de Adão e Eva em Gênesis 3 — é o exílio. Adão e Eva foram expulsos do jardim perto do início do Pentateuco; mais perto do fim, Deuteronômio espelha isso com o aviso assustador de que a idolatria e a injustiça levarão à expulsão de Israel da terra prometida.

Assim, no contexto das alusões à história do Êxodo presentes em Romanos 6—8, quando Paulo nos conduz ao momento da entrega da lei no monte Sinai ("quando veio o mandamento", 7:9), isso lhe permite mostrar, de forma condensada, a trajetória completa da história que a lei revelou nas advertências e profecias de Deuteronômio 28 e 32. Precisamente por se apegar com lealdade ao estatuto da aliança, Paulo se vê (em sua vida anterior, como um fariseu devoto) preso entre a vocação de obedecer à Torá e o fato de os judeus, como todos os outros, estarem "em Adão" — em outras palavras, que eles compartilham a "carne pecaminosa" comum a todos os humanos. A Torá insiste em ambas as coisas e as destaca.

O resultado é uma dramática *bifurcação* na própria Torá — algo que, repito, será crucial para 8:1-4. A Torá continua sendo a lei de Deus, santa, justa e boa. Ela realmente promete "vida" (7:10). *E, em 8:1-11, Paulo mostrará como essa promessa é radicalmente cumprida por meio do Messias e do espírito*. Mas, no ponto em que a Torá trabalha sobre a "carne pecaminosa", ela está fadada a produzir a morte. E a "morte" assume exatamente a forma de "exílio" — exílio do jardim (Adão), da terra (Israel) e, agora, da própria vida. Uma palavra comum para "exílio" na versão grega das escrituras de Israel era *aichmalōtos* e seus cognatos (como, por exemplo, em Deuteronômio 28:41; 32:42 e diversas passagens em Salmos e nos profetas).[3] Isso não significava simplesmente "cativo" ou mesmo "prisioneiro de guerra", como na

[3] Exemplos óbvios: Ezequiel 40:1; Salmos 126:[LXX 125:]1, que começa: "quando YHWH trouxe de volta o cativeiro de Israel", passagem em que a LXX traduz *shibat*, "cativeiro", por *aichmalōsia*; também no v. 4.

maior parte das traduções de 7:23. Significava exílio real, "o Exílio", como o chamamos, ou seja, Israel vivendo sob o domínio pagão, uma condição que a maioria dos judeus da época de Paulo, seguindo a profecia de Daniel 9, acreditava ainda permanecer.[4] Assim, *no contexto* da história geral do "novo êxodo" em Romanos 6, 7 e 8, Paulo inseriu a história menor, mas altamente significativa, de "Israel vivendo com a Torá", a mesma Torá que prometia vida, mas que estava fadada a condenar o Israel adâmico. *Agora, em 8:3, Paulo mostrará como, do mesmo modo que a promessa de vida da Torá é cumprida por meio do espírito, essa advertência de condenação igualmente chega a seu cumprimento na ação de Deus por meio da morte do Messias.*

Terceiro, esses versículos contam a história de Israel com o fim de mostrar como Israel reencenou o pecado de Adão. Isso é exatamente o que devemos esperar depois de 5:20, versículo em que Paulo tinha dito (à sua habitual maneira densa) que "a lei veio em paralelo para que a transgressão pudesse atingir a sua dimensão total". A "transgressão" foi a de Adão. Paulo insiste em Romanos 5:20 que, quando a Torá mosaica chegou, o resultado foi amplificar essa transgressão primitiva, que se desenvolveu por completo.

Isso responde à pergunta que muitos leitores não judeus, na ocasião e agora, podem estar fazendo neste momento: mas eu sou um gentio! O que essa complicada história de Israel tem a ver comigo? Aqui entra o terceiro ponto: *Paulo está enfatizando que o fracasso de Israel, previsto na própria Torá, reencenou e colocou em destaque o pecado de Adão.* Em outras palavras, essa é a história de como Deus, conforme seus estranhos propósitos, concentrou o problema enfrentado por toda a raça humana, então e agora, nesse povo específico. A mensagem cristã não deve ignorar a história de Israel, embora, tragicamente, isso aconteça com bastante frequência. Na verdade, toda essa temática (da história de Israel como o ponto central da história humana mais

[4] Veja *Paulo e a fidelidade de Deus* (São Paulo: Paulus, 2021), cap. 2.

ampla) está entrelaçada em vários pontos de Romanos, emergindo acentuadamente em 5:20, como observamos. Vemos isso particularmente no relato que Paulo faz de como o pecado o enganou e matou (7:11), ecoando a história de Adão, Eva e da serpente.

O problema do capítulo 7, na verdade, era que Israel também era formada por seres humanos adâmicos; e tudo o que a Torá pôde fazer com a humanidade adâmica foi produzir mais pecado e morte. Assim foi quando a Torá chegou pela primeira vez a Israel, com Moisés descendo a montanha para contemplar Arão e o povo saltando ao redor do bezerro de ouro. A única resposta adequada da Torá a tamanha idolatria pagã era condená-la.

Mas, nessa passagem, começamos a ver o objetivo de tudo isso. O plano de Deus para resgatar a raça humana (e, portanto, toda a criação) estava focado em Israel; Israel descobriu estar na mesma situação de todas as outras pessoas; mas, como Paulo diz no versículo 13, tudo isso aconteceu de acordo com os propósitos divinos, a fim de atrair o "pecado" para um lugar e mostrar suas verdadeiras feições. A repetição de *hina* ("para que") no versículo 13 expressa o misterioso propósito divino ao conceder a Torá: em outras palavras, até mesmo a questão sobre a Torá aparentemente revelar "a perversidade total do pecado" tinha o propósito positivo de preparar o cenário para o momento culminante e decisivo em que Deus o condenaria de uma vez por todas (8:3). O leitor judeu de Romanos 7 e 8 poderia refletir sobre como as longas lutas de Israel haviam sido parte dessa misteriosa vocação. O leitor gentio, nos dias de Paulo e hoje, pode refletir que a impotência moral e a frustração que vemos tão vividamente no capítulo 7 correspondem (e isso talvez seja um modo sagaz de Paulo apresentar seu argumento) à frustração sentida por tantos moralistas pagãos, que reconhecem a existência de um padrão elevado, mas sabem que não conseguirão alcançá-lo.

Chegamos, então, ao **quarto** ponto, especialmente crucial para a compreensão de 8:1-4: **os vilões da história são "Pecado" e "carne"**. O problema não é a lei em si. O problema também não é o de ser humano, ou mesmo de ser Israel. Paulo usa "Pecado" (*hamartia*) aqui para indicar não apenas atos específicos, mas o poder sombrio que está por trás de toda idolatria, injustiça e imoralidade humana. Por isso usei aqui a inicial maiúscula para "Pecado", para fazer essa distinção. Desse modo, o "Pecado" nessa passagem é quase equivalente a "satanás". De maneira similar, Paulo usa "carne" para denotar seres humanos não simplesmente como seres corpóreos (isso, é claro, era uma coisa boa), mas como seres física e moralmente corruptíveis, e — um movimento essencial — para alinhar Israel "de acordo com a carne", ou seja, Israel étnico, com a natureza humana corruptível como um todo, seja de um judeu, seja de um gentio. Ao longo de todo esse processo, Paulo está pensando com a mente de um monoteísta criacional e aliancista. A criação de Deus é boa e será reafirmada apesar da corrupção e da morte. Israel é o povo de Deus e será reafirmado na transformação que foi efetuada pelo próprio Messias de Israel. A lei de Deus, a Torá, é santa, justa e boa — e será vindicada pelo evangelho (como Paulo vem enigmaticamente insistindo desde Romanos 3:31!), embora, por si só, não possa dar a vida que prometeu.

É crucial para Paulo que, embora o povo do Messias obviamente ainda seja composto de "carne" no sentido de corpo físico humano que vai decair e morrer, ele não é *controlado pela* "carne". O código que ele usa aqui para essa ideia de "ser controlado pela carne" é falar de estar "na carne", como, por exemplo, em 7:5 ou 8:9. Isso pode gerar confusão, porque, em Gálatas 2:20, ele se refere à vida física contínua comum como "essa vida que vivo agora na carne". Da mesma forma, quando ele depara com a perspectiva de morte iminente em Filipenses 1:24, garante a seus leitores que seu permanecer "na carne" é mais importante para o bem deles. Claramente, ele não quer dizer, em nenhuma dessas passagens, que é "controlado pela carne" no sentido negativo. Mas aqui, em Romanos 7 e 8, com base no que disse em Romanos 6, Paulo usa "na carne" para se referir ao estado pré-batismal de qualquer humano, e depois particularmente de qualquer judeu — embora, neste último caso, Paulo esteja ciente da pesada ironia encontrada por toda a escritura de Israel: o judeu tipicamente se deleita (e com razão!) na lei de Deus, mas descobre que o propósito vivificador da lei é bastante evasivo por causa do pecado. É a tensão, se quiserem, entre o salmo 105 ("veja que coisas esplêndidas Deus fez por nós no Egito, tudo para que pudéssemos ser seu povo e obedecer à sua lei") e o salmo 106 ("Sim, Deus nos salvou, mas nos rebelamos e pecamos, e quando Deus nos perdoou [...] voltamos a fazê-lo. Vez após outra!").

A transição entre os capítulos 7 e 8, então, é acompanhada pelo que encontramos em Gálatas 2: aqueles que são judeus de nascimento passam a perceber que pertencer àquele que a ressurreição identificou como o Messias de Israel significa *duas coisas*: o cumprimento de suas aspirações como judeus leais *e* a redefinição radical da identidade deles como povo de Deus. Quando alguém se encontra "no Messias", por meio do batismo e da fé, a única identidade que importa daí em diante é a nova, a messiânica. Somos lembrados de 2Coríntios 5:17: "se alguém está no Messias, nele há uma nova criação! As coisas antigas se foram, e veja — tudo foi feito novo".

Por isso a ressurreição é tão importante, seja em Romanos 8, seja em 2Coríntios 5, seja ainda em qualquer outro lugar. É também por isso que Paulo tem o cuidado de falar da ressurreição do *corpo*, e não da carne (compare com 1Coríntios 15:51). "Carne", para ele, significa os seres humanos e o presente mundo corruptível e decadente; a nova criação e o novo corpo, porém, serão incorruptíveis. Esse é o sentido um tanto técnico em que "carne e sangue não podem herdar o reino de Deus", embora Lucas, relatando de forma menos técnica as palavras do Jesus ressuscitado em Lucas 24, o faça declarar que um fantasma não tem carne e ossos como ele. Naquilo que Paulo está querendo comunicar, a atual "carne" vai decair e morrer, mas Deus ressuscitará seu povo dentre os mortos para um novo corpo como o do Jesus ressurreto. No contexto de Romanos 8, a ênfase principal de tudo isso está na vida moral, como em 8:5-8 e 8:12-16. Nos capítulos de 9 a 11, como também em Gálatas, Paulo trata especificamente, e da mesma forma, de

"Israel segundo a carne", o povo etnicamente identificável de Israel. Uma das características fascinantes de Romanos 7 é que parece estabelecer as bases para esse argumento adicional.

Mas tudo isso deve ser deixado para outra ocasião. Nossa preocupação agora é com a transição entre Romanos 7 e 8. Isso, por fim, nos traz de volta, depois de um longo, mas necessário desvio, à conjunção *ara*, "desse modo, então", "por isso" ou "portanto", presente no início de 8:1.

ROMANOS 8:1-4: O ESPÍRITO E A MORTE DO MESSIAS

Então: *por isso*, não há condenação para os que estão no Messias, Jesus. Como isso funciona? *Porque*, no versículo 2; *porque*, no versículo 3; *porque*, no versículo 5; *porque*, nos versículos 6 e 7; *portanto*, nos versículos de 9 a 11! Quer as diferentes traduções dessa passagem usem ou não todos esses termos específicos, é assim que os versículos de 1 a 11 funcionam. Nossa tarefa agora é analisar em minúcias os quatro primeiros versículos em particular.

✣ ✣ ✣

Comecemos com o inicialmente problemático *por isso* do versículo 1. É assim que o argumento se desenvolve:

1. eis a situação (capítulo 7);
2. por isso, não há condenação (8:1);
3. porque aqui está a forma de Deus lidar com essa situação (8:2-11).

O "por isso" no versículo 1 antecipa o "porque" no versículo 2, que explicará algo que poderia parecer ilógico. É como se eu dissesse: "Meu carro está com a bateria descarregada, os pneus estão murchos e o documento vencido; *por isso* não há problema em chegar ao meu destino, *porque* aqui está o mecânico que pode consertar a bateria e os pneus, e aqui está a pessoa credenciada para emitir um novo documento". Ou, para usar outra ilustração, é como se alguém dissesse: "Estou muito endividado com o açougueiro, o padeiro e o fabricante de velas — agora estou, *por isso*, livre de todas as obrigações financeiras, *porque* o banco concordou em amortizar todas as minhas dívidas para com os comerciantes locais". Assim, para dizer mais uma vez, o *porquê* — nesse caso, os versículos 2 a 4 e além, até o versículo 11 — explica o intrigante "por isso" que abre o versículo 1. O capítulo 7 estabelece o estado miserável em que "eu" me encontro; o versículo 8:1 declara que *por isso*, já não há condenação; e os versículos 8:2-11 explicam isso com as palavras *porque*, *porque* e *porque*.

Assim, vejamos os detalhes dos versículos 2, 3 e 4. Aqui encontramos uma sequência tipicamente paulina. Pense em uma flor desabrochando. O versículo 1 é o botão — uma declaração concisa e densa, tão densa que é enigmática, precisando se desenvolver um pouco para ser compreendida. Nenhuma condenação para o povo do Messias! O versículo 2 elucida um pouco isso: a explicação de "não há condenação" é *porque* a Torá do espírito da vida no Messias Jesus os libertou da Torá do pecado e da morte. Paulo tomou a ideia de uma Torá bilateral a partir de 7:21-23, apontando-a em uma nova direção. "A lei de Deus" — aquilo em que o judeu devoto "se deleita" em 7:22 — é agora posta em uma realidade completamente nova, permitindo-lhe finalmente realizar aquilo que sempre foi seu objetivo. Pode-se até dizer que, se a Torá "acompanha" a sequência de Adão a Messias no capítulo 5, intensificando a "transgressão" (5:20), aqui é o espírito que "acompanha" a Torá, que é boa e gera vida, dando-lhe a possibilidade de cumprir o que ela realmente queria. Paulo, assim, toma a dupla Torá (evocando as bênçãos e maldições em Deuteronômio) que reverbera em Romanos 7 e lhe dá uma nova direção: a Torá prometeu vida, que agora é concedida no Messias.[5] O versículo 2, no entanto, ainda

---

[5] Aqui, parece mais natural associar *en Christō Iēsou* à palavra *zōē*, "vida", que vem antes, não a *ēleutherōsen*, "libertar", que vem depois.

é bastante enigmático. Desse modo, como um botão de rosa, o argumento se abre ainda mais nos versículos 3 e 4, anunciando essa dupla verdade: o pecado finalmente está condenado e, portanto, o espírito pode dar — e, na verdade, dá — a vida prometida ao povo do Messias.

O versículo 2, então, declara a razão para o versículo 1 — mas o faz de um modo tão denso que ele próprio precisa ser consideravelmente mais bem explicado. Isso é típico de Paulo: primeiro dizer algo bem compactado e, após, permitir que a declaração, pouco a pouco, vá se desdobrando. Aqui está a versão bem compactada: "A lei do espírito da vida no Messias, Jesus, libertou-nos[6] da lei do pecado e da morte". Os versículos 3 e 4, em seguida, desdobram ainda mais a ideia, apontando para o argumento mais extenso de 8:1-11 como um todo.

Assim, essa passagem — que consiste na conclusão adequada para o capítulo 7, como realmente é — ainda diz respeito principalmente à lei. Juntos, os versículos 2, 3 e 4 insistem, a partir de três ângulos diferentes, que a operação de resgate efetuada por intermédio do Messias e do espírito é o resultado, por meio de uma nova ação de Deus, da intenção original da Torá. Versículo 2: "a lei [...] libertou-nos". Versículo 3: "Deus fez o que a lei [quis, mas] era incapaz de fazer". Versículo 4: "o veredicto justo e apropriado da lei [...] [é] cumprido em nós". A velha ideia, popular em grande parte do protestantismo, de que Paulo via uma antítese básica entre "a lei" (talvez como um sistema de autoajuda moralista) e o evangelho é claramente superficial e anacrônica. Contrariamente ao que muitas pessoas de forma equivocada supõem, o problema não era que a Torá fosse uma coisa ruim, precisando ser tirada do caminho para que os propósitos de Deus seguissem em frente. O problema, como Jesus diz em Marcos 10, e como Paulo diz em 2Coríntios 3, era que as pessoas a quem a Torá foi dada eram duras de coração. Assim, para Paulo, aquilo que Deus

[6] Vários manuscritos trazem "eu" neste ponto, provavelmente refletindo a suposição de um escriba antigo de que Paulo estivesse simplesmente dando continuidade à narrativa em primeira pessoa do capítulo 7.

fez por intermédio do Messias e do espírito é tão exatamente o que a lei pretendia fazer que ele pode falar, aqui no versículo 2, da própria lei como um agente ativo na obra da libertação. Se isso soa paradoxal, é o mesmo paradoxo que ele afirma em Gálatas 2:19: "por meio da lei, morri para a lei, a fim de viver para Deus". Não basta dizer apenas "morri para a lei", pois isso pode fazer com que alguém caia facilmente na velha antítese, colocando (por assim dizer) a antiga aliança contra a nova. Não: isso tudo aconteceu "por meio da lei". O que Deus fez na morte do Messias e no dom do espírito foi dar a "vida" que a Torá havia prometido desde sempre.

Assim, "a lei de Deus" em que o judeu devoto "se deleita" em 7:22 é agora revelada de um modo totalmente novo: por meio do evangelho, ela se transforma na "lei do espírito da vida no Messias, Jesus". E a "libertação" diz respeito à morte, que, embora nunca tenha sido a intenção básica da lei, foi seu efeito necessário quando aplicado a uma humanidade pecaminosa e de coração duro, à "carne" (dos judeus e dos gentios) que não pode agradar a Deus.

Por isso, para a surpresa de muitos expositores, a questão continua nos versículos de 5 a 8, aos quais chegaremos em nosso próximo capítulo. Olhando adiante apenas para fundamentar o presente argumento, encontramos no versículo 7 Paulo dizendo que "a mente centrada na carne [...] não se submete à lei de Deus; na verdade, ela não consegue". Aqui, novamente, a lei está do lado da operação de resgate de Deus. O versículo 8 ("Aqueles que são controlados pela carne não podem agradar a Deus") repete, no fundo, o que Paulo havia dito em 7:22-23, com uma antítese implícita não entre "lei" e "graça" (ou qualquer outra coisa), mas entre "lei de Deus" e "lei do pecado e da morte", essa última a sombria alternativa à Torá apresentada em 7:23 e 7:25b, que, de modo justo, embora trágico, tinha de proferir condenação sobre o mundo do pecado.

Então, voltando ao versículo 2: Paulo está declarando "a lei" — em um novo sentido recém-revelado — como o agente ativo da libertação. O que é esse sentido recém-revelado? É a lei do espírito da vida no Messias, Jesus. O restante dos versículos de 1 a 11 explica o que ele quer dizer.

1. "Vida" é o objetivo, como em 7:10 e 8:10-11;
2. essa vida é dada pelo espírito;
3. o espírito está ativamente em operação no meio do povo do Messias;
4. dar vida era o objetivo original da Torá; portanto,
5. Paulo pode juntar tudo isso falando da "lei do espírito da vida no Messias, Jesus".

Isso, naturalmente, precisa ser mais bem-desenvolvido, e é isso que ele agora oferece — embora suas declarações elucidativas ainda sejam bastante densas e demandem um tratamento cuidadoso.

O início do versículo 3, traduzido literalmente, diz: "Para o que era impossível na lei, uma vez que era fraca por meio da carne, Deus [fez] ...". A maior parte das traduções para o nosso idioma, como a minha, inverteu a ordem, começando a frase com "Deus". Mas a maneira de Paulo escrever deveria nos levar a perguntar: o que a Torá não é capaz de fazer? Muitos imaginaram que a resposta teria alguma relação com a "condenação" do pecado, no final do versículo 3. Mas isso ignora o argumento geral de Paulo — para não mencionar o fato de que a Torá não tem problema algum em condenar o pecado! Novamente a partir de 7:10, mas agora também de 8:2 e olhando adiante para 8:10-11, nós vemos que a resposta é que *a Torá não podia dar vida*. Considerando que Israel também estava "em Adão" (como em outras passagens de Paulo), então não importa quão intensamente a Torá tentasse — nem quão intensamente pessoas como Saulo de Tarso tentassem! —, ela não seria capaz de conceder a vida que prometia.

Os versículos 3 e 4 formam uma frase única e complexa, explicando como é possível que o veredicto da lei da "vida" possa ser (não apenas "pronunciado", como se estivesse a distância, mas) *cumprido* naqueles que Paulo está descrevendo. Reduzida a seus elementos básicos, o segmento de frase diz: *Deus condenou o "pecado" para que o veredicto vivificador da lei se cumprisse em nós*. Dizer isso dessa maneira faz a mensagem ecoar por todo o Novo Testamento, como, por exemplo, no comentário de João sobre a promessa que Jesus faz a respeito do espírito: "O espírito ainda não estava disponível, pois Jesus ainda não havia sido glorificado" (João 7:39). Somente depois da "glorificação" de Jesus na cruz é que o espírito pode ser soprado sobre os discípulos (João 20:22). Como ficará claro no restante de Romanos 8, o espírito constitui a nova maneira pela qual a presença viva do próprio Deus habitará em e com seu povo, estabelecendo-o como o novo "Templo". Mas, para que Deus habite no Templo, o Templo deve ser purificado de tudo o que o polui, tudo o que tem odor de morte. Como isso será feito?

Com a própria Torá, é impossível — não porque haja algo de errado com a Torá, mas porque a Torá foi dada ao povo adâmico e "carnal" de Israel. Como Moisés já havia advertido (em Deuteronômio 32 e em outras passagens) e como os profetas, uns após outros, reiteraram, o povo parecia incapaz de guardar a lei santa, justa e boa. A lei se tornara, portanto, "enfraquecida por causa da carne humana", incapaz de dar a vida que prometia (7:10). E o problema com a "carne", como Paulo analisou em 7:7-25, é o "Pecado", *hamartia*, que, como dissemos, nesse ponto é mais do que apenas a soma total de toda a transgressão humana. É o poder sombrio e quase demoníaco que usou até mesmo a lei sagrada como base de operações para, silenciosamente, nos seduzir (7:8-11). O que tinha de acontecer, portanto, é que a própria *hamartia* precisava ser "condenada" — não apenas recebendo o veredicto judicial de sua condenação, mas com essa sentença devidamente cumprida. E isso, declara Paulo, foi o que Deus fez — na morte de seu filho. "Foi exatamente ali, na carne, que [Deus] condenou o pecado."

Com isso, encontramo-nos de frente para uma das declarações cristãs mais nítidas e importantes do significado da crucificação de Jesus. Cada vez que Paulo escreve sobre a cruz, ele diz algo diferente, porque em cada passagem ele está expondo uma linha de pensamento específica, e não buscando construir um sistema abstrato. Mas o que ele diz aqui envia um sinal a todos aqueles que querem construir sistemas de teologia: "Por isso, não há condenação para os que estão no Messias, Jesus!" (v. 1), *porque*, na cruz do Messias, Deus "condenou o pecado". Nos termos de um debate muito posterior, isso é obviamente uma declaração "penal". A punição merecida pelo "Pecado" foi aplicada — no próprio "Pecado". Obviamente, também se trata de algo "substitutivo". A morte do Messias, como o meio para a condenação do pecado, resulta em "não haver condenação" para aqueles que estão "no Messias". Ele morre sob o peso do pecado; seu povo não morre. Aqui, no cerne desse argumento paulino vital, e partindo para a análise mais ampla que ele oferecerá no restante do capítulo, temos uma declaração clara e definitiva do que muitos teólogos posteriores vão caracterizar (em uma linguagem que é bem mais vaga do que muitos deles imaginam) como "expiação".

Contudo, Paulo não está construindo um esquema tão abstrato. O que ele diz aqui está a serviço de seu argumento real, que é sobre a intenção da lei sendo cumprida — a intenção que havia sido frustrada pelo "Pecado" habitando na "carne" dos humanos, a quem a lei havia sido dada. Por isso, é importantíssimo observar, contra a série de uma grande quantidade de pregações populares, que Paulo *não* diz que Deus "condenou Jesus", ou mesmo que "condenou o Messias". Deus condenou o *Pecado* — na carne do Messias! Esse mesmo evento — o horrendo e sangrento linchamento de um homem jovem inocente — carrega esse significado bem específico, relacionado diretamente ao problema tal como Paulo o tinha analisado no capítulo 7. É assim que a história do antigo Israel, a narrativa bíblica que vai de Adão a Moisés e passa pelo cativeiro, a respeito da qual Paulo escreveu em 7:23, é finalmente resolvida. (Reiterando, se tentarmos tirar a declaração de Paulo desse contexto bíblico, inevitavelmente a interpretaremos de forma incorreta.) Ao longo de todo o capítulo, o destaque está na *continuidade* dos propósitos gerais de Deus, apesar de todo o fracasso relatado no capítulo 7, revelado na *descontinuidade* causada pelos escandalosos acontecimentos do evangelho. Sem essa continuidade, nunca compreenderíamos como a imagem da redenção presente e futura elaborada no restante do capítulo 8 permanece profundamente enraizada nas escrituras de Israel, conduzindo à surpreendente conclusão da narrativa, que, conforme o argumento seguinte deixa claro, remonta à própria criação.

O segundo ponto-chave que se encaixa nisso é que, ao conceder a Torá, Deus pretendia lidar com o Pecado, mas não da maneira que normalmente pensamos. *Esse é o cerne da teologia da cruz de Paulo*, de modo que é importante não nos contentarmos com alternativas menores. Lembre-se, mais uma vez, de 5:20: a Torá entrou (isto é, na sequência histórica de Adão ao Messias) *para que a transgressão grassasse em toda a sua extensão*, mas, onde o Pecado aumentava, a graça aumentava ainda mais. Imagine o Pecado como uma pequena fotografia transparente; a Torá coloca uma luz brilhante atrás dela, e uma grande tela à sua frente. A Torá amplia o pecado adâmico até um tamanho descomunal, de forma precisa e paradoxal, em Israel, para que ele possa ser tratado ali. A relação-chave, como já dito, é 7:13, e a palavra-chave é *hina*, "de modo que", remetendo ao *hina* de 5:20. Em 7:13, Paulo declara que o propósito de Deus em conceder a Torá — indicado com essa repetição de *hina* — foi para que "o pecado se tornasse realmente bastante pecaminoso, mediante o mandamento". *O propósito da Torá*, Paulo está dizendo, *era atrair o Pecado para um só lugar, ou seja, Israel, e lá deixá-lo causar o maior dano possível, atingindo todo o seu horrível potencial*, para que, na pessoa do representante de Israel, o Messias, esse Pecado pudesse ser resolvido de uma vez por todas.

É assim que a narrativa subjacente se desenrola. O exílio do povo de Deus, sua subjugação nas mãos do mundo pagão, atingiu seu derradeiro fim na execução do rei de Israel do lado de fora da capital de seu reino. O Messias representa Israel em si mesmo; em sua crucificação, ele atrai para si toda a vocação de Israel. O pecado fez todo o dano que conseguiu, desenvolvendo-se por completo; e Deus, após planejar essa estratégia, pôde finalmente condená-lo ali mesmo. A segunda pessoa do ser de Deus, seu único filho, tomou sobre si todo o ódio, a amargura, o pecado e a morte que se amontoavam no mundo. Essa não é uma "doutrina da expiação" abstrata, uma ficção jurídica flutuando no vazio. Esse é o relato histórico do povo de Deus, a família de Abraão, chamado a ser o aliado de Deus para lidar com o problema de Adão. Esse propósito finalmente se cumpre quando a maldição da Torá cai sobre o representante ungido de Israel.[7] O fato de essa forma de interpretar Romanos 8:3 e 4 sugerir ao leitor exatamente as questões que serão trabalhadas em Romanos 9—11 é um forte argumento a seu favor.

E o que temos quando juntamos a promessa de vida com a concentração do pecado em um só lugar? A razão pela qual Deus reuniu o Pecado em um só ponto, condenando-o ali mesmo, é entregar, por meio do espírito, a vida ressurreta que a Torá, por si só, não poderia oferecer. Isso nos reconduz ao ponto anterior: Deus não poderia habitar em um local onde o Pecado ainda era poderoso e poluidor. O Pecado tinha de ser resolvido de uma vez por todas, para que a vida do próprio Deus, seu próprio espírito, pudesse habitar no povo do Messias.

As pessoas às vezes perguntam: o que acontece com a Torá na teologia do Novo Testamento? A presente passagem — e outros capítulos importantes, como Gálatas 2 ou 2Coríntios 3 — indica que ela foi cumprida e transformada em conjunto pelo Messias e pelo espírito. Paulo estava bem ciente de que a festa judaica de Pentecostes celebrava a entrega da Torá, oriunda da vitória sobre o Egito. Agora, portanto,

[7] Veja Gálatas 3:10-14 e meu comentário sobre essa passagem.

o Messias obtém a vitória sobre o pecado para que o espírito possa vir habitar e dar vida. Paulo, repito, está pensando *historicamente*. Não se trata de uma alegoria para alguma verdade de outro mundo. O plano de salvação de Deus foi elaborado por meio do povo de Abraão, realizado no Messias e agora estendido a uma família mundial, formada pelos crentes em Jesus e cheia do espírito.

Portanto, qualquer tentativa de contar a história da cruz sem levar em conta essa história israelita mais abrangente está fadada a introduzir ênfases equivocadas, como destaquei no capítulo introdutório. Já argumentei em outro lugar que essa passagem do Novo Testamento é a exposição mais clara do que poderia ser chamado de "substituição penal".[8] Mas essa expressão abrange diversos significados, e alguns dos mais populares, na melhor das hipóteses, estão aquém da Bíblia e causam engano. Em outro lugar, Paulo declara: "O Messias morreu por nossos pecados, *conforme está na Bíblia*" (1Coríntios 15:3). Isso não significa apenas que alguns textos foram tirados de seu contexto mais amplo. Significa considerar a narrativa dos propósitos de Deus para Israel por inteiro, desde a estrutura da aliança deuteronômica, com suas bênçãos e maldições que exigem cumprimento apocalíptico, até a revelação da fidelidade de Deus à aliança no Messias, o representante de Israel. Sem essa leitura narrativa das escrituras, ficamos, como muitos críticos apontam, com um Deus que age de maneira arbitrária e aparentemente injusta, querendo matar alguém e descontando em seu próprio filho inocente. Mas, quando reconstruímos a história à moda de Paulo, finalmente conseguimos ver de que modo isso funciona. A dimensão "Israel" é crucial e inegociável na narrativa cristã. Lamento que isso esteja faltando em muitas exposições populares do evangelho.

Chegamos, então, ao cerne de toda a teologia cristã. Deus fez os seres humanos para que sejam administradores de seus recursos,

---

[8] Veja *O dia em que a revolução começou* (Brasília: Chara, 2017).

refletindo sua imagem sábia no mundo, para que ele próprio venha ao mundo que lhe pertence como o administrador supremo de toda a criação. Após o pecado, Deus chamou Abraão e sua família para serem o meio de resgate dos seres humanos e, portanto, de toda a criação — *para que ele próprio viesse, como representante ungido da família de Abraão, para salvar Israel e o mundo inteiro do pecado.* Os seres humanos foram feitos como veículos apropriados para a autoexpressão de Deus em seu mundo. Israel foi chamado como o veículo para a autoexpressão do amor salvador de Deus. O messianismo davídico foi chamado à existência para concentrar a missão e o destino de Israel em uma única figura, régia, rejeitada, ressuscitada e reinante. Tudo isso está aqui em Romanos 8:1-4, de forma densa e compacta, como só Paulo seria capaz de fazer.

Está tudo, em rigor, encapsulado no segmento de frase "Deus enviou seu próprio filho", que Paulo traz aqui sem dar maior explicação. Ele aplica o importante título "filho de Deus" a Jesus em momentos-chave (Romanos 1:3; 5:10; Gálatas 2:20). Aqui, Paulo está apelando aos antigos significados desse título, ou seja, Israel (Êxodo 4:22) e o rei (Salmos 2:7; 2Samuel 7:14), e tirando nosso fôlego ao argumentar que, desde o início, essas vocações, à semelhança da vocação humana, foram planejadas para o uso do próprio Deus. O que Paulo parece deixar implícito é que essas vocações eram o veículo apropriado para a derradeira autorrevelação salvadora de Deus. O filho como Israel; como Messias; como a segunda pessoa do ser do próprio Deus: um título concebido — como Paulo percebe em retrospecto! — para uso pessoal de Deus.

O "envio" do filho de Deus, como o "envio" da sabedoria no capítulo 9 da *Sabedoria de Salomão*, é, portanto, o momento em que o desejo do criador de vir habitar com seu povo, no coração da criação, é radicalmente cumprido. Ele vem como o ser humano definitivo: a expressão "à semelhança da carne pecaminosa" ecoa a "imagem e semelhança" de Gênesis 1. Deus fez seu mundo para que "funcionasse" adequadamente *por meio da agência de suas criaturas portadoras da imagem divina, os seres humanos*. Jesus faz o que faz não simplesmente porque é a segunda pessoa do ser de Deus, mas porque — precisamente como no capítulo 5! — ele é o verdadeiro ser humano. Como veremos mais adiante, em sua encarnação, crucificação, ressurreição e intercessão ascendida, Jesus está fazendo o que Deus criou os seres humanos para fazer: refletindo o amor de Deus ao mundo e refletindo a adoração e a oração do mundo de volta ao pai.

Aqui, como no capítulo 5, a noção de Jesus como (inigualável) "filho" de Deus mantém a condição e a vocação messiânica de Jesus como aquele que havia sido prometido em 2Samuel 7:14, Salmos 2:7, entre outros, unidas à misteriosa intimidade não apenas da "relação", mas também da "identidade" entre o próprio Deus pai e o homem Jesus. Essa identidade é claramente pressuposta em Romanos 5:10, uma vez que dizer que a morte do "filho" demonstra o amor de Deus só faz sentido se o próprio Deus estiver pessoalmente envolvido, e não apenas remotamente conectado a essa morte. E, embora na ressurreição Jesus seja publicamente declarado como "filho de Deus" (1:4), nossa passagem atual (juntamente com 5:10 e Gálatas 2:20) deixa claro que Jesus já é "filho de Deus" em sua vida e morte humanas.

Assim, a partir dos versículos 3 e 4, vemos com mais clareza como a versão paulina da "expiação penal substitutiva" realmente funciona. "Não há condenação para os que estão no Messias" — porque Deus condenou o pecado na carne (abrindo, assim, o caminho para o espírito realizar a obra vivificadora que a Torá, por si só, não podia fazer). Isso certamente tem um aspecto penal; definitivamente, é substitutivo; mas não funciona da maneira arbitrária que os teólogos e pregadores muitas vezes imaginaram. Ela funciona por causa da vocação de Israel para ser o parceiro de Deus na aliança e porque Deus envia seu próprio filho para ser o Messias, levando essa vocação ao seu clímax. Percebemos, mais uma vez, que Paulo não diz que Deus condenou *Jesus*. Ele condenou *o pecado — na carne de Jesus*.

Assim, Paulo diz que, na cruz, Deus condenou o próprio Pecado. A palavra Pecado, aqui e em Romanos 7, parece ser uma maneira de se referir ao inimigo final, à força subpessoal que às vezes chamamos de "satanás". Aqui estão a delicadeza e a complexidade interior da teologia da expiação de Paulo. Na cruz, Deus tem a vitória sobre o mal, *por meio* da substituição penal. E a própria substituição penal funciona *por meio* do Messias representando seu povo, e, portanto, o mundo inteiro. E o sistema sacrificial, aqui representado pela oferta pelo pecado (veja a seguir), faz o trabalho não de punir um animal, mas de limpar o lugar no qual Deus virá habitar; no presente caso, tornando possível que o espírito de Deus encha seu povo. O pensamento posterior frequentemente jogou essas ideias umas contra as outras, com resultados frustrantes. Em Paulo, elas são mantidas firmemente juntas.

Assim, esse trecho de Romanos 8 traz ao seu ápice a doutrina da justificação que Paulo começou a desenvolver nos capítulos 2, 3 e 4. No capítulo 2, ele olhou para o futuro derradeiro, quando Deus julgará o mundo com justiça e quando corretamente condenará o mal. Nos capítulos 3 e 4, ele insiste que, no Messias, o veredicto "justificado" já foi declarado sobre todas as pessoas que depositam sua fé nele. Mas isso deixa em aberto a seguinte questão: como esse veredicto no *presente* corresponde ao veredicto a ser declarado no *futuro*, no último dia? Romanos 8 dá a resposta: "por isso, agora não há condenação [...] porque...".

A palavra grega *nyn*, "agora", é importante aqui.[9] *Agora*, portanto, não há nenhuma condenação. Essa construção é tanto lógica ("agora, portanto") quanto temporal ("no tempo presente"). O veredicto futuro pode ser anunciado no presente porque o Messias lidou com os pecados de seu povo, e o espírito habita neles para trazê-los à ressurreição. A palavra "condenação", *katakrima*, enfatiza o julgamento final (*krima*) do capítulo 2 e particularmente do capítulo 5, em que o *katakrima* é a

[9] Por alguma razão, o "agora" havia ficado fora da primeira edição da minha tradução, *The New Testament for everyone*. Na nova edição, de 2023, ele está de volta ao lugar no qual deveria estar.

condenação da humanidade adâmica. E Paulo insiste que aqueles "no Messias" escaparão disso.

Até agora, em nossa exposição, tomamos como certa a clássica expressão paulina *en Christō*, "no Messias". Ela, na verdade, gerou intensos debates: em que sentido os seguidores de Jesus estão "nele"? Estou há muito convencido de que essa expressão depende do significado explicitamente messiânico e centrado em Israel do termo *Christos*: o Messias concentra seu povo em si mesmo, de modo que o que é verdade para um também é verdade para o outro. Vemos isso em vários lugares, principalmente em Romanos 6 e Gálatas 3. Não é o momento aqui de entrar em detalhes.[10] Na presente passagem, porém, vale dizer que a história de Israel, recontada de forma dramática no capítulo 7, atinge aqui seu ponto culminante com (como veremos) o novo êxodo cumprido no Messias. De maneira semelhante, a história de Israel, da forma que foi recontada em Romanos 9:6-29, aponta diretamente para 10:4, em que o Messias é o *telos nomou*, não "o fim da lei" no sentido de abolição, mas o "fim" ou "objetivo" no mesmo sentido da presente passagem: aquilo que a Torá almejava cumprir, mas não era capaz de fazer, Deus agora cumpriu no Messias. Até mesmo os judeus do primeiro século que viam como uma blasfêmia ultrajante as afirmações messiânicas feitas a respeito de Jesus teriam concordado que, se o Messias realmente aparecesse e, de algum modo, recebesse validação divina, isso significaria que a longa história de Israel chegou ao ponto que, desde o início, Deus havia almejado.

Paulo modifica a afirmação de que "Deus enviou seu próprio filho" de duas maneiras paralelas. Em ambos os casos, ele usa uma frase curta que, sem dúvida, ele poderia ter elaborado em uma exposição que

[10] Veja *Paulo e a fidelidade de Deus* (São Paulo: Paulus, 2021), cap. 10.

ocuparia um capítulo inteiro; mas ele se contenta, dentro de seu argumento mais amplo, em delinear esses pontos de uma forma razoavelmente compreensível.

Primeiro, Deus enviou o filho "à semelhança da carne pecaminosa". A palavra "semelhança" gerou muito debate. Será que o corpo humano de Jesus era realmente "pecaminoso", ou será que era algum tipo de fingimento, uma versão similar despida da realidade do pecado? No primeiro caso, parece que estamos negando o que o próprio Paulo diz em outro lugar sobre a impecabilidade de Jesus (2Coríntios 5:21); no segundo caso, a "condenação" na cruz não teria recaído sobre o verdadeiro culpado.

Idealmente, essas questões exigem um estudo muito mais completo para o qual não há espaço aqui. Basta dizer que parece que Paulo ainda tinha Gênesis 1 e 3 em mente — como ele também fez em 5:12-21 e 7:9-12, e como ele fará novamente em 8:18-30. É crucial para seu argumento no capítulo 5 que o Messias, aquele que é verdadeiramente humano, *chegasse ao ponto no qual Adão havia chegado*. Ele não varreu para baixo do tapete (por assim dizer) o fracasso de Adão para recomeçar com uma folha em branco. Ele chegou ao cerne do problema, a fim de, ali mesmo, lidar com ele. Essa é parte do significado do trecho denso de Romanos 5:15-17. E aqui, novamente, nós vemos o argumento de 5:20, que apresenta a lei vindo "em paralelo" — ou seja, ao lado da sequência mais ampla "Adão e Messias" —, e do seu efeito de aumentar o pecado naquele lugar. Como vimos, é isso que Paulo explica melhor em 7:7-25. Assim, nossa passagem atual é uma forma abreviada de dizer o que Paulo reforçou em 5:20b: "onde o pecado aumentou, a graça aumentou ainda mais". O que significa esse "onde"? Significa que o Messias realmente veio ao lugar — a saber, a Israel sob a Torá! — onde, como em 7:13, o Pecado tinha causado todo o dano possível. Nas chocantes palavras de Paulo em 2Coríntios 5:21: ele (o Messias) não conhecia o pecado, mas Deus o tornou pecado em nosso favor.

A segunda expressão modificadora é "como oferta pelo pecado". A expressão grega *peri hamartias* que Paulo usa aqui é empregada com frequência no Antigo Testamento grego para se referir especificamente à "oferta pelo pecado", em especial dentro dos códigos sacrificiais de Levítico e Números.[11] A esse respeito, há duas coisas importantes a dizer.

Primeiro, devemos lembrar (embora muitos comentaristas de Romanos tenham ignorado isso) que, nos capítulos de 6 a 8, Paulo está pensando da perspectiva da história mais ampla do êxodo, que agora se cumpre por meio do evangelho. Nesse ponto, como veremos quando chegarmos aos versículos de 9 a 11, ele está se encaminhando para sua caracterização da igreja cheia do espírito como o novo equivalente ao Tabernáculo do deserto, o santuário no qual o próprio Deus viria habitar em glória. Mas no Pentateuco — como nós o temos agora! — a fundação do Tabernáculo, em Êxodo 40, exigiu os cuidadosos procedimentos apresentados em Levítico. Para que a gloriosa presença divina habitasse no meio do povo, sua impureza e seu pecado recorrentes teriam, de alguma forma, de ser tratados a fim de que o povo não infectasse a tenda e tornasse impossível a habitação de Deus naquele lugar.

A "oferta pelo pecado" é um dos principais meios sacrificiais para lidar com esse problema. O sangue dos animais sacrificados funciona como um agente purificador para remover qualquer contaminação. Assim, preparando o caminho para a promessa da habitação pelo espírito (8:10-11), Paulo deixa claro (sem, no entanto, mencionar o sangue, como ele havia feito em 3:25) que a morte do filho possibilitará essa habitação e a obra do espírito.

A segunda coisa a dizer sobre a "oferta pelo pecado" é que, em Levítico e Números, esse sacrifício diz respeito especificamente aos pecados de ignorância (quando uma pessoa fez algo sem saber que era proibido) ou a pecados não intencionais (eles sabiam, mas não pretendiam cometer o pecado). É fascinante observar que, em 7:13-20,

[11] Para mais informações, veja *The climax of the covenant* (Edinburgh: T&T Clark; Mineápolis: Fortress), cap. 11.

Paulo analisa o pecado vigente em Israel apenas por meio dessas duas coisas: "Não entendo o que faço. Não faço o que quero" (7:15); "Pois não faço o bem que desejo fazer, mas acabo fazendo o mal que não quero realizar" (7:19). O tema da "ignorância", então, é abordado em outro lugar, como, por exemplo, Romanos 10:3 e em passagens como Atos 3:17. Mais uma vez, essa breve expressão parece estar apontando para o tema subjacente da continuidade. O Israel cuja história Paulo está contando em Romanos 7 não é deixado para trás — longe disso! Deus ajustou o caminho da libertação precisamente ao problema que Israel experimentava nas frustrações de viver sob a Torá (como visto no salmo 106 e em tantas passagens proféticas). Por extensão, como já observamos, isso também inclui os gentios, que, desde Aristóteles, como costumam apontar os grandes moralistas pagãos, estavam bem cientes de que o bem que vislumbravam e pretendiam frequentemente lhes escapava.

Podemos, portanto, entrelaçar os fios desses quatro impressionantes versículos. A vida que a Torá prometeu, mas não pôde dar, é finalmente oferecida por causa do Messias e do espírito; portanto, não há condenação para o povo em quem o espírito do Messias habita. Diremos mais sobre o final do versículo 4 em nosso próximo capítulo, uma vez que os versículos de 5 a 8 são uma expansão desse argumento. Mas o versículo 4a é vital: isso foi feito "para que o veredicto justo e apropriado da lei [*to dikaiōma tou nomou*] pudesse ser cumprido em nós". Isolada, a palavra grega *dikaiōma*, que eu traduzi como "o veredicto justo e apropriado", é ambígua. Fora de contexto, ela pode significar os *requisitos legais* da Torá. Mas o contexto mais amplo aqui deixa claro que Paulo a está usando no mesmo sentido de 1:32, em que é o "decreto" segundo o qual "as pessoas que fazem coisas como estas merecem a morte". Aqui, o argumento, olhando adiante, para o versículo 11, é que "aqueles que fazem *estas* coisas merecem *viver*". Ou seja, o *veredicto da vida* da Torá agora é cumprido naqueles que pertencem ao Messias crucificado e ressuscitado, aqueles que agora residem e são moldados pelo espírito. Quando o espírito, derramado sobre o povo fiel do Messias, produzir neles a mudança sobre a qual os versículos de 5 a 8 falam, então o veredicto justo e apropriado da Torá é o que Paulo havia assinalado em 7:10: vida. Nesse caso, a vida da ressurreição. É assim que a unidade maior, 8:1-11, trabalha em âmbito geral. E agora vimos como a densa e bem compacta declaração de abertura de 8:1-4 serve de base tanto para esse argumento como para o restante do capítulo.

CONCLUSÃO

Imagino que, para a maioria dos meus leitores, tudo isso tenha soado tanto familiar como desconhecido. As palavras e ideias são bem conhecidas em si mesmas, mas a forma que tudo se encaixa pode parecer estranha, assim como podemos sentir certa estranheza e certa familiaridade quando caminhamos pelas ruas reais de uma cidade que antes conhecíamos apenas por meio de mapas ou fotografias distantes. Um mergulho profundo e sério nas escrituras costuma surtir esse efeito em nós. Espero que, à medida que formos prosseguindo com este estudo intenso e concentrado de um dos capítulos mais importantes de Paulo, sua lógica interior — o funcionamento da "cidade" como um todo — se torne cada vez mais familiar, empolgante e vivificante. Por ora, devemos celebrar e nos apegar com firmeza a essa linha de abertura: "Por isso, agora não há condenação para os que estão no Messias, Jesus!". Os seguidores de Jesus vivem em uma terra sem condenação. Sempre que sentimos em nosso coração o sussurro sombrio da acusação, qualquer que seja o contexto, devemos voltar para Romanos 8:1; devemos orar enquanto estivermos lendo os versículos 2, 3 e 4; e devemos louvar a Deus pela obra transformadora e vivificadora do filho e do espírito. Charles Wesley transformou essa passagem em canção: "Nenhuma condenação agora eu temo; Jesus, e tudo nele, é meu".[12]

[12] Wesley, "And can it be that I should gain" (1738).

CAPÍTULO 3

ROMANOS 8:5-11:
O ESPÍRITO DÁ VIDA

5Pensem nisso da seguinte forma: aqueles cujas vidas são controladas pela carne humana concentram sua mente nas questões relativas à carne; mas aqueles cujas vidas são controladas pelo espírito concentram suas mentes nas questões relativas ao espírito.

5hoi gar kata sarka ontes ta tēs sarkos phrounousin, hoi de kata pneuma ta tou pnematos

6Concentre a mente na carne e você morrerá. Concentre-se, porém, no espírito e terá vida e paz.

6to gar phronēma tēs sarkos thanatos, to de phronēma tou pneumatos zōē kai eirēnē.

7A mente centrada na carne, entendam bem, é inimiga de Deus. Ela não se submete à lei de Deus; na verdade, ela não consegue se submeter.

7dioti to phronēma tēs sarkos echthra eis theon, tō gar nomō tou theou ouch hypotassetai, oude gar dynatai.

8Aqueles que são controlados pela carne não podem agradar a Deus.

8hoi de en sarki ontes theō aresai ou dynantai.

9 Vocês, no entanto, não são pessoas da carne. Vocês são pessoas do espírito (se, de fato, o espírito de Deus habita em vocês. Observem que todo aquele que não tem o espírito do Messias não pertence a ele.)

9 hymeis de ouk este en sarki alla en pneumati, eiper pneuma theou oikei en hymin. ei de tis pneuma Christou ouk echei, houtos ouk estin autou.

10 Se, porém, o Messias está em vocês, o corpo na verdade está morto por causa do pecado, mas o espírito é vida por causa da justiça segundo a aliança.

10 ei de Christos en hymin, to men sōma nekron dia hamartian to de pneuma zōē dia dikaiosynēn.

11 Portanto, se o espírito daquele que ressuscitou Jesus dentre os mortos habita em vocês, aquele que ressuscitou Jesus dentre os mortos também concederá vida ao corpo mortal de vocês, por meio do espírito que habita em vocês.

11 ei de to pneuma tou egeirantos ton Iēsoun ek nekrōn oikei en hymin, ho egeiras Christon ek nekrōn zōopoiēsei kai ta thnēta sōmata hymōn dia tou enoikountos autou pneumatos en hymin.

OS PRIMEIROS QUATRO versículos de Romanos 8 são um bom e verdadeiro ponto de partida para a exposição de Paulo sobre a obra do espírito santo. Eles formam uma plataforma sobre a qual o restante do capítulo é construído e, em particular, o restante do parágrafo de abertura, ou seja, os versículos de 5 a 11.

Mas, antes de prosseguirmos, deixamos uma pendência para trás, a saber, a última frase de Romanos 8:4. Os versículos de 1 a 4 têm como tema principal a afirmação de que "não há condenação para os que estão no Messias" porque "o veredicto justo e apropriado da lei", dar vida, agora se cumpre neles. Mas a essa afirmação Paulo acrescentou o seguinte segmento de frase: "na medida em que vivemos não conforme a carne, mas conforme o espírito". E, com isso, ele aponta adiante para os versículos de 5 a 8, que são as preliminares necessárias para atingirmos o clímax da linha de pensamento unificada que se estende até o versículo 11.

Destaquei anteriormente, ao fornecer as orientações gerais para a interpretação de qualquer passagem de Paulo, que devemos observar atentamente as pequenas palavras gregas que conectam suas frases e que nos apontam para o funcionamento de sua linha de pensamento. O que devemos observar aqui, conectando o versículo 5 com aquilo que veio antes, é a pequena palavra grega de três letras, *gar*. Ela costuma ser traduzida por "pois", denotando que aquilo que vem adiante tem a intenção de explicar o que acabou de ser dito. Um segmento de frase conectado ao anterior por um *gar* foi pensado para aprofundar um pouco mais a afirmação anterior, apoiando-a com mais explicações. Mas, às vezes — e eu tenho a sensação de que essa é uma dessas ocasiões —, "pois" soa um pouco fraco diante da conexão que Paulo parece ter em mente. Por isso que, nessa ocasião, detalhei melhor esse *gar*, traduzindo-o por "Pensem nisso da seguinte forma". Como dissemos, os versículos anteriores são em si muito densos, como um botão de rosa que contém uma flor muito maior do que imaginávamos. Agora a flor está se abrindo um pouco mais, revelando aquilo que sempre esteve escondido no interior dos versículos de 1 a 4.

Os versículos de 5 a 8 estão, portanto, aprofundando a declaração de abertura, a fim de completar os fundamentos que sustentam a incisiva declaração dos versículos de 9 a 11. Esses primeiros onze versículos do capítulo desempenham papel duplo: arrematam o argumento que fala sobre a Torá, que teve início no capítulo 7, ao mesmo tempo que apresentam o tema do espírito que domina a maior parte do capítulo 8. Em particular, como vimos, a Torá queria dar vida, mas não foi capaz disso por causa da "fraqueza da carne", ou seja, porque o próprio Israel, o destinatário da Torá, ainda estava "em Adão", ainda era composto de carne humana fraca. Agora vemos como Deus realizou o que a Torá não pôde realizar: Deus enviou o filho para assumir o peso do pecado e da morte sobre si mesmo, e Deus enviou o espírito para dar a vida que a Torá prometeu, mas não foi capaz de produzir. Assim, os versículos de 1 a 11 como um todo estão enquadrados, como vimos, entre a declaração "não há condenação" do versículo 1 e a promessa de ressurreição do versículo 11. Os versículos de 2 a 10 explicam por que Paulo pode estar tão confiante.

Devemos deixar bem claro, mais uma vez, que dizer "não há condenação" não significa "fugir deste mundo e do inferno, e ir para o céu". Quando ouvimos a palavra "condenação", logo pensamos em "inferno", e estamos tão acostumados a pensar em "céu e inferno" como lugares iguais e opostos, como apresentado por boa parte da teologia cristã desde a Idade Média, que interpretamos "não há condenação" como "ir para o céu". Mas não é disso que se trata. O céu não é mencionado em Romanos 8. (Na verdade, esse termo ocorre apenas duas vezes em toda a carta, e em nenhuma das ocasiões Paulo está se referindo ao destino pós-morte do povo de Deus.) O foco de Paulo, como começamos a perceber do versículo 12 em diante, está na *herança* do povo de Deus, que, como acontece com Abraão no capítulo 4, versículo 13, se refere ao *mundo*, à criação de Deus. Deus renovará sua criação de cima para baixo, resgatando-a de sua escravidão à corrupção e nos dando uma nova vida corporal, uma vida ressurreta, dentro desse novo mundo, para que ajudemos a cuidar dele. Essa é a promessa e a esperança.

Se ainda restasse alguma "condenação", essa promessa e essa esperança seriam nulas e não teriam efeito algum. Mas não resta. Isso já foi resolvido. O Pecado com um P maiúsculo recebeu seu golpe mortal — e, como vimos, o Pecado nesse sentido não é apenas a soma dos nossos próprios pecados particulares, mas o poder sombrio que, ao nos atrair para a idolatria, está empenhado na distorção da nossa humanidade genuína e na consequente dissolução da boa criação de Deus, da qual deveríamos estar cuidando. Tudo isso — o poder das trevas e seus efeitos — foi condenado na morte de Jesus, o Messias.

Vemos isso vividamente em João 12:31-32. Caminhando para a cruz, Jesus declara: "Agora vem o julgamento deste mundo! Agora, o líder deste mundo será expulso! E, quando eu for levantado da terra, atrairei todos a mim" (João 12:31-32). Como ele diz um pouco adiante: "Digo-lhes essas coisas para que tenham paz em mim. Vocês terão aflições no mundo. Mas tenham ânimo! Eu derrotei o mundo!"

(João 16:33). Essa vitória, realizada por meio de sua morte em favor dos pecadores e no lugar deles, abriu caminho para que a própria vida de Deus fosse derramada novamente por intermédio de seu espírito. Como dito em outra passagem de João, o espírito ainda não estava disponível porque Jesus, até então, não havia sido glorificado (ou seja, exaltado na cruz) (João 7:39). A vitória da cruz remove as trevas do caminho para que, como observado em João 20:22, o espírito possa vir e habitar nos seguidores de Jesus, capacitando-os para sua vida de missão e santidade. Essa vida é a manifestação ativa, em nossa presente existência humana, do poder e da capacitação de Deus, o criador. Agora Deus vem novamente ao mundo como o recriador, concedendo vida aos lugares em que não havia vida. Essa era a questão que Paulo havia levantado sobre a fé de Abraão, no capítulo 4: Abraão e Sara tinham de crer que Deus lhes daria a nova vida de uma criança, mesmo que seus corpos fossem, em termos reprodutivos, tão aptos quanto os de pessoas já falecidas (4:19-22).

Assim, seguindo nossa primeira diretriz para a leitura de Paulo, observamos de que forma a passagem começa e termina. A segunda orientação é observar as palavras de ligação. Já vimos o termo de abertura *gar* no versículo 5. Vemos outro *gar* no versículo 6, sugerindo que o versículo 6 descompacta e explica o versículo 5. O versículo 7 nos oferece *dioti*, que costuma ser uma versão ligeiramente mais incisiva do explicativo "pois". Aqui, traduzi esse termo por um "entendam bem". O versículo 7a nos dá uma explicação adicional dos versículos 5 e 6, oferecendo um pensamento ligeiramente novo que é explicado ainda no versículo 7 com um *gar* no meio e outro no final do versículo (*oude gar dynatai*, "na verdade, ela não consegue"). Então, para trazer essas conexões (em **negrito** aqui), poderíamos traduzir os versículos 5, 6 e 7 de forma bastante rígida da seguinte forma:

> 4b... nós que não nos comportamos de acordo com a carne, mas de acordo com o espírito. 5**Deixe-me explicar** [*gar*]. As pessoas que são do tipo moldadas pela carne colocam seus pensamentos nos assuntos

> da carne, mas as pessoas que são do tipo moldadas pelo espírito colocam seus pensamentos nos assuntos do espírito. [6]**Veja bem** [*gar*], a mente da carne é a morte, mas a mente do espírito é a vida e a paz. [7]**Porque** [*dioti*] a mente da carne é hostil a Deus; **pois** [*gar*] não se submete à lei de Deus; **pois** [*gar*], na verdade, ela não consegue. [8]**Além disso** [*de*], as pessoas moldadas pela carne não podem agradar a Deus.

Isso representa muito bem os moldes e a forma desse parágrafo, antes de entrarmos em seu significado mais detalhado. Os versículos de 5 a 8 constituem uma linha curta de raciocínio, explicando a diferença entre estar "na carne" e "no espírito" e, assim, elaborando o significado dessa seção final do versículo 4, "na medida em que vivemos não conforme a carne, mas conforme o espírito".

Neste ponto, como nos versículos de 1 a 4, é perceptível que a Torá ainda faz parte do assunto — e é completamente justificada contra qualquer sugestão de que ela sempre foi parte do problema. Por causa da má fama que "a lei" tem tido em boa parte do pensamento cristão, é impressionante que Paulo, completamente coerente com tudo o que disse nos versículos 2, 3 e 4, entenda a submissão "à lei de Deus" como elemento integrante da vida moral cristã (v. 7), para, dessa forma, "agradar a Deus" (v. 8). Aqueles que foram criados na tradição antilegalista que marca boa parte do protestantismo podem achar isso difícil de compreender, mas o tema se enquadra facilmente nas declarações mais amplas de Paulo, como em Romanos 13:8-10, passagem em que o amor é o cumprimento da lei, e passagens (reconhecidamente irônicas) como 1Coríntios 7:19, em que nem a circuncisão nem a incircuncisão importam, pois o que importa é guardar os mandamentos de Deus. Mas, depois do versículo 8, não ouvimos mais falar da lei. Como poderíamos ter adivinhado observando os versículos 2, 3 e 4, o papel positivo da lei agora foi plenamente assumido pelo espírito, e é o espírito que domina a discussão desse ponto em diante. Devemos, contudo, observar que o fato de Paulo, com o *dioti* do versículo 7, pensar que "a mente centrada na carne" é incapaz de se submeter à lei de Deus oferece mais uma evidência das razões pelas quais essa mente está caminhando para a morte. Mais uma vez, a intenção final da Torá era dar vida. Uma vez que isso tenha sido feito por intermédio do Messias e do espírito, com as pessoas preocupadas não apenas com a submissão "à lei de Deus", mas também (v. 8) em "agradar a Deus" — outra ideia que tem preocupado muitos protestantes ansiosos —, a Torá pode olhar com satisfação para a realização de seu propósito.

Após ter estabelecido os fundamentos nos versículos de 5 a 8, Paulo pode voltar a construir o edifício que levará à sua desejada conclusão, nos versículos de 9 a 11. Para chegar à ressurreição prometida, ao veredicto final de que "não há condenação", não podemos fazer isso por intermédio da carne, da *sarx*, do eu humano corruptível e pecaminoso. Mas, uma vez que alguém esteja "no espírito", e não "na carne", todas as coisas são possíveis. A flexível conjunção grega *de* estrutura esse argumento, montando uma lógica que se move na direção oposta. Até aqui, Paulo tem dito "A *porque* B *porque* C", e assim por diante. Agora ele diz "mas, se ...". Em outras palavras, não há caminho para o destino prometido por meio da carne, *mas, se* o espírito de Jesus está em ação, então a afirmação "não há condenação" está garantida.

Assim, mais especificamente:

> **9a Porém,** [*de*] vocês não são pessoas moldadas pela carne. Vocês são
> pessoas moldadas pelo espírito, **9b se** [*eiper*], de fato, o espírito de
> Deus habita em vocês. **9c Mas, se** [*ei de*] alguém não tem o espírito do
> Messias, essa pessoa não pertence a ele. **10 Mas, se** [*ei de*] o Messias
> realmente está em vocês, [embora] o corpo esteja morto por causa do pecado, o espírito é vida por causa da justiça da aliança [*dikaiosynē*, geralmente traduzida por "justiça"]. **11 Portanto, se** [*ei de*] o espírito
> daquele que ressuscitou Jesus dentre os mortos habita em vocês, aquele que ressuscitou Jesus dentre os mortos também concederá vida ao corpo mortal de vocês, mediante seu espírito, que habita em vocês.

Esses três versículos transmitem a sensação de crescente entusiasmo, pois o objetivo é vislumbrado em Jesus, o Messias (v. 10), e então, pelo espírito, ele é garantido ao povo do Messias (v. 11). E isso nos permite perceber a estrutura da passagem como um todo. Os versículos de 5 a 11 começam com uma série de *gar*, levando-nos ao ponto geral de que as pessoas estão na carne ou no espírito, com os resultados — morte ou vida — desses dois caminhos. Em seguida, uma série de conjunções *de* constroem sobre o argumento anterior para nos levar à verdade a respeito do povo habitado pelo espírito do Messias. O resultado é claro: não há condenação (v. 1), por causa da promessa certa e segura da ressurreição (v. 11). Conforme ficou demonstrado.

Portanto, as regras números 1 e 2 — o início e o fim, e depois as palavras de ligação — abrem caminho para a regra número 3: tentar interpretar o texto com os significados do primeiro século em mente. Aqui, é necessário esclarecer dois pontos importantes, com um terceiro — talvez surpreendente — escondido bem no meio. Isso nos levará diretamente ao suprassumo da passagem.

O primeiro ponto importante diz respeito aos termos-chave "carne" e "espírito". A tentação natural de uma mente ocidental moderna é ouvir "carne" como "fisicalidade" — substância material sólida — e "espírito" no sentido de realidade imaterial. Mas não é assim que um judeu do primeiro século ouviria essas palavras. Na época, a palavra *pneuma*, "espírito", tinha uso filosófico generalizado, com uma ampla gama de significados possíveis, sem que necessariamente implicasse uma realidade imaterial. O mesmo vale para a palavra *sarx*, "carne", que também significava inúmeras coisas, como explicarei em breve. Assim, esse contraste entre "carne e espírito", que, para as mentes ocidentais modernas, soa como o contraste entre "material" e "imaterial", era muito mais sutil para Paulo.

Para Paulo, a regra geral é que *sarx*, que, por falta de termo melhor, traduzimos por "carne", não se refere à materialidade propriamente dita. Paulo, como um bom judeu, era um monoteísta criacional robusto. Em diversas passagens de seus escritos, fica claro que ele está celebrando a bondade criada no mundo físico presente. Em rigor, é isso que torna tão forte a rejeição cristã primitiva da idolatria e da corrupção, impulsionada pela percepção de que *adorar* qualquer aspecto da ordem criada significa errar o alvo, distorcer o significado e o propósito da criação e, com isso, corromper e distorcer nossa própria humanidade dada por Deus e, muito provavelmente, também a daqueles que nos rodeiam. Assim, "carne" se refere ao mundo corruptível e decadente; à vida humana corruptível e decadente dentro dele; e, de modo bem específico, aos judeus "segundo a carne", destacando o problema que vimos no capítulo 7, de que o povo judeu, apesar de seu grande privilégio oferecido pelo chamado de Deus e pela entrega da Torá, ainda está "em Adão".

Mas acaso não estamos todos nós, cristãos e não cristãos, ainda "na carne"? Sim, em certo sentido. Paulo confessa em Gálatas 2 que ele ainda vivia "na carne"; mas ele insiste que essa não é a fonte e o poder norteadores de sua vida. A vida carnal que ele ainda vive, diz ele, "vivo agora na carne, eu a vivo por meio da fidelidade do filho de Deus, que me amou e deu a si mesmo por mim" (Gálatas 2:20). Da mesma forma, em 2Coríntios 10:3 ele diz que, embora ainda sejamos pessoas carnais (*en sarki*), não conduzimos nossa ação de forma carnal (*kata sarka*): nesse sentido, como um humano rumo à decadência e à morte, ele pode ainda estar "na carne", mas não está vivendo "de acordo com a carne". Essa é a distinção fundamental, embora ele nem sempre seja coerente na escolha que faz das palavras. Como aqui no versículo 9, ele pode usar *en sarki*, "na carne", para dizer o que os cristãos *não* são, embora nessas outras passagens ele use *en sarki* para designar uma existência continuada na atual fisicalidade corruptível.

Esse significado básico de *sarx* é o motivo pelo qual, para Paulo, o corpo da ressurreição não é *sarx*, mas *soma*. *Soma*, que normalmente traduzimos por "corpo", é o termo de conexão para Paulo. É mais produtivo ver os termos antropológicos de Paulo como formas de se referir ao ser humano por completo, mas a partir de um ângulo específico ou de um aspecto específico, em vez de supor que se referem a diferentes *partes* do mesmo ser humano. Assim, a palavra grega *soma* remete à nossa realidade pessoal pública como um todo — todo o eu, o corpo, no fundo quase o que queremos dizer com a palavra "pessoa". Esse *soma* ainda pode ceder ao pecado. Por isso, talvez de uma forma surpreendente, Paulo fale da necessidade de "[fazer] morrer as ações do corpo" no versículo 13. Mas esse mesmo *soma* também pode ser o lugar do nosso "sacrifício vivo", como registrado em Romanos 12:1-2. O "corpo", todo o eu, é o que devemos dar a serviço de Deus e do próximo. E é o *corpo*, não a "carne", que, por fim, será ressuscitado dos mortos, conforme registra o versículo 11.

Por outro lado, quando Paulo usa a expressão "carne e sangue", ele quer dizer "humanidade em seu atual estado corruptível". Por isso, em 1Coríntios 15:50, depois de falar sobre o *corpo* da ressurreição, ele declara que "carne e sangue não podem herdar o reino". Isso causou alguma confusão, porque nem todos os escritores do Novo Testamento seguem essa distinção. Assim, em Lucas 24, Jesus ressuscitado diz aos discípulos que um fantasma "não tem carne nem ossos", *sarka kai ostea*, como ele obviamente tem. Paulo está aqui usando a palavra *sarx* em sentido mais estrito e técnico. Alguns dos primeiros pais da igreja, determinados a falar claramente da ressurreição do corpo físico, também usaram a palavra "carne" nesse contexto, como, por exemplo, quando Tertuliano escreveu sobre a *resurrectio carnis*, a ressurreição da carne. Tertuliano não se referia à carne corruptível. Isso significaria que as pessoas ressurretas teriam de morrer de novo, talvez dando voltas no infinito círculo do ser. Certamente não era nisso que os primeiros pais da igreja criam, muito menos Paulo.[1]

Voltando a Romanos 8:5-8, outra passagem paralela crucial é Gálatas 5:16-26, em que Paulo contrasta "as obras da carne" e "o fruto do espírito". Novamente, seria bastante fácil supor que "a carne" aqui tenha alguma relação com o que chamaríamos pecado e mau

[1] Sobre Tertuliano e os outros primeiros pais quanto ao significado da ressurreição, veja *A ressurreição do filho de Deus* (São Paulo: Paulus, 2020), cap. 11.

comportamento *físicos*, e que o "fruto do espírito" diz respeito ao que chamamos de coisas "espirituais", como oração, amor, sabedoria e assim por diante. Mas, na verdade, como muitos já destacaram, as "obras da carne" em Gálatas 5 poderiam muito bem ser praticadas por "um espírito descorporificado" — ciúme, malícia, feitiçaria, ambição, espírito de confusão e afins. E o "fruto do espírito" inclui várias coisas expressas nas ações corporais, como bondade, generosidade, gentileza e assim por diante. Assim, claramente, a distinção que Paulo está fazendo entre "carne" e "espírito" não pode ser facilmente equiparada à maneira que nós, no Ocidente moderno e amplamente platônico, passamos a usar essas palavras.

Agora que nos livramos dessas questões mais espinhosas, sobre o que Paulo está falando aqui? Paulo está apresentando um firme contraste entre aqueles "na carne" e aqueles "no espírito". Ele está falando sobre a *orientação básica* da vida de alguém. Em particular, ele está falando da *mentalidade básica*, do *foco* da mente e de seus *padrões habituais*. Ele claramente não imagina que os cristãos agora estejam sem pecado, ou que nunca sofram com pensamentos errantes ou ações rebeldes. Se eles não manifestassem pecado, Paulo não teria de fazer exortações morais tão frequentes.

Paulo está obviamente muito preocupado, nessa carta e em outras passagens, com o comportamento corporal externo. No entanto, aqui, ele está pensando especificamente na mente, nos pensamentos. Versículo 5: aqueles na carne — em minha tradução, tornei esse conceito palpável como "aqueles cujas vidas são controladas pela carne humana" — *pensam*, ou seja, concentram a mente nos assuntos relacionados à carne. Em outras palavras, eles concentram sua atenção nas coisas que Paulo lista em Gálatas 5 como "obras da carne", aspectos como facções e partidarismo, ciúme e inveja, bem como bebedeiras, imoralidade sexual, e assim por diante. No mundo de hoje, os meios de comunicação querem ter a certeza de que estamos concentrando nossa atenção nessas coisas — nas facções e no partidarismo, no ciúme e na inveja direcionados particularmente às pessoas conhecidas, e depois, é claro, na imoralidade, que se torna uma fonte interminável (e entusiasmada) de fofocas. É preciso empreender um esforço constante para afastar a mente dessas coisas e, em vez disso, concentrar-se nas "coisas do espírito" (bondade, generosidade e assim por diante) e em como colocá-las em prática. Parte do argumento de Paulo, tanto aqui como constantemente na carta aos filipenses, é que a vida cristã não acontece simplesmente. É preciso haver o que chamamos de *esforço mental*, um exercício concentrado da mente para nos concentrarmos na maneira que Deus deseja que sejamos humanos. Está tudo lá, de forma resumida, no versículo 5.

Então, no versículo 6, Paulo retoma a ideia da necessidade de aprender como e o que pensar usando, em uma explicação, o abstrato termo *phronēma*, "mentalidade", que tornei palpável em minha tradução como as coisas nas quais a mente habitualmente *se concentra*. Obviamente, ele não quer dizer que, desde que sua mente esteja concentrada no que é certo, você pode fazer o que quiser com seu corpo! Pelo contrário: como no início do capítulo 12, a forma em que vocês apresentam a si mesmos por completo, em que apresentam seus *corpos*, é precisamente pelo ato de serem, como ele diz, "transformados pela renovação de sua mente". Aquilo em que vocês aprenderem a pensar, por meio de uma prática regular e disciplinada, aparecerá em seu comportamento exterior.

Isso nos leva à explicação adicional no versículo 6. Eis o grande "isto ou aquilo" de Deuteronômio e Josué aparecendo de forma clara: escolha a vida, e não a morte![2] Aqui, especificamente, ele conclama seus leitores a escolherem o *phronēma tou pneumatos*, a "mentalidade do espírito", em vez de *phronēma tes sarkos*, "a mentalidade da carne".

Evidentemente, isso não é fácil: exige o esforço da escolha, vez após vez. Seu *phronēma*, sua mentalidade, é um hábito que tem raízes profundas. A virtude cristã inclui o treinamento constante dos hábitos do

[2] Deuteronômio 30:15-20; Josué 24:15.

coração e da mente; requer as milhares de escolhas cotidianas e difíceis de se concentrar na bondade, na gentileza, no amor e na paz, e não na inveja, malícia, partidarismo ou licenciosidade do corpo. Precisamos continuar fazendo essas escolhas até que elas se tornem, como dizemos, nossa "segunda natureza", o *phronēma* bem-formado e orientado pelo espírito. Ainda assim, haverá novos desafios. A recompensa por escalar uma montanha moral deve ser a recompensa de escalar uma ainda mais íngreme da próxima vez. Especialmente aqueles que estão na liderança cristã precisam deixar essa realidade bastante clara.

Paulo oferece ainda mais explicações sobre tudo isso no versículo 6. Aqui, o *phronēma tou pneumatos* não é apenas vida, versículo 6b; é vida *e paz*. Isso tem um eco aliancista, quiçá sacerdotal. Em Malaquias 2:5, a aliança de Deus com Levi era para "vida e paz", talvez acompanhando a teologia do novo Templo, que descobriremos a seguir.[3] Mas, antes que possamos chegar a isso, os versículos 7 e 8 vinculam o contraste entre carne e espírito à questão da Torá, que Paulo tinha em mente desde o início do capítulo 7, embora agora a obra do espírito esteja assumindo a autoridade, cumprindo aquilo que a Torá não era capaz de fazer por conta própria. O *phronēma tēs sarkos*, a mentalidade da carne, diz Paulo, é "hostil a Deus". Deus é o Deus da *vida*. A morte é uma afronta, um tapa na cara, para Deus, o bondoso criador. Portanto, a carne, que está a caminho da morte, é uma pequena versão dessa afronta. Por isso todo o sistema sacrificial em Levítico e em outros lugares é projetado para manter o lugar santo livre de qualquer lembrança da morte, para que Deus possa habitar ali. No entanto, a Torá prometia vida: como vimos em 7:10 e 8:4, esse era o veredicto correto e adequado da lei, que foi cumprido no povo cheio do espírito. Portanto, a mente-carne não pode se submeter à Torá! Esse era o argumento de 7:7-25. Essa é a última menção à Torá nessa longa linha de raciocínio.

[3] Veja também a "aliança de paz" em Números 25:12; Isaías 54:10; Ezequiel 34:25; 37:26.

O trabalho dela está terminado. Ela passou o bastão ao Messias e a seu espírito, e eles estão dando a vida que a Torá não podia dar.

O resultado negativo disso (v. 8) é que aqueles que estão, nesse sentido, *en sarki* não podem agradar a Deus. Trata-se de uma afirmação notável, que implica seu inverso: que aqueles que estão no espírito *podem e, na verdade, agradam* a Deus, como Paulo diz em vários outros lugares.[4] Há uma vertente da espiritualidade pós-reforma que está tão ansiosa para evitar qualquer aparência de "obras/retidão" que se esquiva de qualquer sugestão de que algum dos nossos atos possa realmente agradar a Deus. O melhor que podemos fazer é evitar problemas. Mas, se o espírito de Deus está agindo dentro de nós, então é claro que devemos agradar a Deus! Naturalmente, seremos tomados em seu amor e em seus propósitos, como veremos mais adiante no capítulo. Voltaremos a tudo isso depois.

Assim, como já mencionado, o primeiro aspecto importante que devemos reconhecer — e que exigirá reeducar nosso pensamento para tentarmos mergulhar na mentalidade dos judeus do primeiro século, em vez de permanecer na mentalidade da modernidade ocidental recente — é que essa "carne", *sarx*, não significa apenas "fisicalidade material", e que espírito, *pneuma*, não significa "realidade imaterial". Esse equívoco platônico tem sido defendido com bastante frequência. O mesmo erro costuma ser cometido até hoje, às vezes sob o pretexto de recuperar a "espiritualidade" em meio à secularidade. Mas Platão é um delírio. Ele e os platonistas posteriores não tinham qualquer desejo de ressurreição corporal. Temos de aprender a pensar com a mente judaica — ainda que muitos judeus da época, como Fílon de Alexandria, tenham procurado ajuda em Platão. Não era o caso de Paulo. Para ele, a ressurreição é crucial; e as escolhas morais implícitas nos versículos de 5 a 8 são, elas mesmas, *parte integrante da promessa de ressurreição*. Trata-se do novo modo de vida com que

[4] Por exemplo, Romanos 12:1-2; 1Coríntios 7:32; Colossenses 1:10; 1Tessalonicenses 4:1.

Deus nos presenteia, uma forma de antecipação do futuro definitivo. A ética não é apenas uma questão de aprender a se comportar, embora também seja isso. Trata-se, principalmente, de uma questão de escatologia inaugurada. O espírito vem até nós do futuro de Deus, capacitando-nos a viver como seres humanos já renovados, mesmo em meio a um mundo de pecado e morte.

O segundo tema importante a respeito do qual precisamos pensar como judeus do segundo Templo — transformados em torno do Messias crucificado e ressuscitado — é a teologia do Templo inerente aos versículos de 9 a 11. Facilmente deixamos de perceber isso porque não entendemos os ecos nem seguimos o fluxo narrativo implícito. Precisamos dar mais atenção a ambos.

Em primeiro lugar, os ecos. Procure a palavra "habita", embora uma tradução simples possa ser "vive". Primeiramente, no versículo 9: vocês não estão *en sarki*, mas *en pneumati*, não na carne, mas no espírito, se o espírito de Deus *habita* em vocês, se vive em vocês (*oikei en hymin*). Essa é uma pequena frase vital que é repetida no versículo 11, ao falar do espírito daquele que ressuscitou Jesus dos mortos *habitando* em vocês, *oikei en hymin*. De forma mais completa, no final do versículo 11, a ressurreição do corpo resulta do espírito *habitando* (literalmente, *habitando dentro de*) *em vocês* (*dia tou enoikountos autou pneumatos en hymin*). Ora, é claro que o verbo *habitar* e a sua forma *habitar em* são relativamente comuns. Mas um dos usos bíblicos mais comuns é em relação ao próprio YHWH "habitando" no Tabernáculo do deserto e depois no Templo em Jerusalém.[5] Mas por que Paulo gostaria que seus leitores percebessem *esse* eco aqui?

---

[5] A LXX costuma utilizar a raiz *katoikein* (p. ex., o salmo 132 [LXX 131]:14, *hōde katoikēsō*, "aqui habitarei"; 135 [LXX 134]:21 (YHWH *katoikōn Ierousalem*, "habita em Jerusalém"). Paulo ecoa essa raiz, por exemplo, em Efésios 2:22 (*katoikētērion*, veja, p. ex., o salmo 76 [LXX 75]:2; veja Mateus 23:21). Nos dias de Paulo, a diferença entre *katoikein*, *enoikein* e simplesmente *oikein* parece ter sido achatada; mas o significado mais preciso do prefixo *kata-*, alguém *vindo para habitar* em um lugar, talvez pela primeira vez, era menos adequado para o que ele queria dizer.

A resposta, em segundo lugar, está na metanarrativa de êxodo, que Paulo deixa implícita. Pense em como o êxodo original se deu. Deus resgatou seu povo do Egito para que eles pudessem deixar uma terra cheia de ídolos e adorá-lo no deserto. A ideia era que, depois de passar pelo mar Vermelho e receber a Torá no monte Sinai, Deus pudesse estabelecer seu Tabernáculo no meio deles e, então, vir para *habitar* ali em pessoa, vivendo ao lado do seu povo, conduzindo-o à herança que pertencia a eles. Êxodo-Torá-Tabernáculo-herança. Para repetir o que eu já disse, Romanos 6 fala do êxodo: os escravos atravessam pela água rumo à liberdade. Romanos 7 os leva ao Sinai, com todos os seus enigmas e problemas, mas com sua promessa contínua de vida para aqueles que realmente guardarem a Torá. Mas como isso é possível (considerando que, como em 7:17, o "Pecado" habita dentro deles)? A resposta de Paulo é o espírito — e agora o espírito realmente *habita* nos próprios humanos, e não apenas em uma tenda fora dos portões do acampamento. Esse é o novo Tabernáculo. Então, como descobriremos na passagem seguinte, o espírito *guia* o povo redimido de Deus à sua *herança* — que não é o "céu", mas toda a criação renovada.

Paulo, assim como vários dos seus contemporâneos, está relendo a história do êxodo à luz de tudo o que dera errado com o povo de Israel desde então. Jesus havia escolhido a Páscoa — o momento do êxodo — para fazer o que tinha de ser feito. Ele tinha dado a seus seguidores uma nova versão da refeição do êxodo, a Páscoa. Os primeiros cristãos naturalmente viam a si mesmos como o povo do novo êxodo. E parte da expectativa judaica do segundo êxodo era o desejo de que o Deus de Israel, YHWH, voltasse pessoalmente, como ele havia prometido desde o início. Os judeus reconstruíram o Templo após o retorno de alguns deles da Babilônia. Eles tinham reiniciado os sacrifícios. Todavia, a glória divina, que residia no meio deles, não havia retornado. Isaías 52 havia prometido o retorno visível de Deus. Isso não havia acontecido. Tampouco haviam sido cumpridas as promessas similares de Zacarias ou Malaquias. Mas *Paulo, como todos os outros cristãos primitivos, acreditava que, com Jesus e o espírito, a promessa realmente havia sido cumprida de maneira definitiva*. O próprio Jesus era a personificação viva do Deus de Israel, aquele que veio para ser e fazer de uma vez por todas aquilo que o Templo foi e fez. E agora — exatamente como acontece na cena de Pentecostes, em Atos 2 — o espírito vem para constituir os seguidores de Jesus como o povo do novo Templo, aqueles em quem a gloriosa presença divina realmente habita. O Templo era o lugar de união entre o céu e a terra. Em Atos 1, a ascensão de Jesus significa que, agora, parte da "terra" está firmemente estabelecida no "céu"; em Atos 2, o sopro do céu começa a obra da nova aliança e da nova criação na "terra". Paulo explica tudo isso em outras passagens, em especial na correspondência à igreja em Corinto, e posteriormente, de maneira dramática, em sua carta aos efésios. Mas isso está lá o tempo todo, subjacente a tantos de seus pensamentos. Como ocorre com frequência nos escritos de Paulo, a conclusão de uma seção explicando um argumento importante é repetida, depois de ter sido mais bem-explicada na seção seguinte: o versículo 11 corresponde a Romanos 8:30: "aqueles a quem justificou, também glorificou". A gloriosa presença divina já habita em todo o povo de Jesus.

Tal como acontece com o Templo destruído pelos babilônios, também ocorre com o Templo do nosso corpo. Deus prometeu que o Templo seria reconstruído. Bem, se Deus já habitou em nosso corpo atual, ele certamente reconstruirá esse Templo. Versículo 11: "[ele] concederá vida ao corpo mortal de vocês, por meio do espírito que habita em vocês". A promessa de nossa ressurreição final, dentro da nova criação que um dia virá, está enraizada na antiga história da Páscoa e nas esperanças em forma de Templo dos judeus do segundo Templo. Está tudo lá nos capítulos finais de Ezequiel, que — sem surpresa — vêm logo após a dramática profecia da "ressurreição" no capítulo 37. Há muito sobre o que refletir naqueles capítulos.

Tudo isso nos permite ler esses versículos densos, de 9 a 11, com seu significado tridimensional. O versículo 9a é o ponto de partida. Se o espírito de Deus habita em vocês, então sua identidade básica não está "na carne", mas "no espírito". Existe o perigo de uma confusão inicial aqui, pois Paulo pode falar quase no mesmo fôlego de estarmos "no espírito" e também de o espírito estar "em nós". Qual dessas duas situações ele tem em mente? A resposta parece ser: ambas! Em parte porque Paulo talvez tenha formulado a expressão *en pneumati* em face da analogia de *en sarki*; mas também porque é óbvio que o espírito de Deus não se limita à vida interior dos crentes, mas está vivo e ativo à nossa volta, de modo que, quando o espírito habita em nós, estamos em sintonia com os propósitos da nova criação de Deus que estão prosperando de mil maneiras, as quais, em geral, não vemos. Esse também é um tema que merece mais atenção do que podemos dispensar neste momento.

A essa declaração básica no versículo 9a, Paulo acrescenta uma nota de advertência: repare que todo aquele que não tem o espírito do Messias não pertence a ele. Isso acompanha outras advertências, que aparecem particularmente em 1Coríntios, contra alguém supor que tudo está bem apenas por estar associado a outras "pessoas de Jesus". Paulo não para aqui para lidar com as questões pastorais que surgem ou com as preocupações que alguns podem ter a respeito de seu próprio estado ou condição. Mas perceba como, de forma fascinante, ele se refere de várias maneiras diferentes à obra do espírito. O versículo 9a fala do espírito de Deus; o versículo 9b, do espírito do Messias. Então, no versículo 10, ele simplesmente diz que o Messias, *Christos*, está habitando em vocês. Isso corresponde a várias outras passagens, como, por exemplo, Gálatas 2:19-20, texto em que, após dizer que ele mesmo foi crucificado com o Messias, Paulo também diz que está vivo — não ele, mas o Messias que vive nele. Ou pense em Filipenses 1:21: "para mim, viver significa o Messias". Ou Colossenses 1:27: "o Messias, vivendo em vocês como a esperança da glória!".

Em cada uma dessas passagens, Paulo fala do magnífico fenômeno que está no cerne da experiência cristã: uma nova vida, um novo vigor, borbulhando em nosso íntimo, levando-nos ao louvor, exortando-nos à oração, alertando-nos contra o comodismo ou o pecado, impelindo-nos a praticar atos de amor e mansidão, dando-nos novos vislumbres de sabedoria e iluminação anteriormente inimagináveis, conduzindo-nos a lugares e tarefas que podem parecer loucura, mas que talvez sejam apenas nossa verdadeira vocação. Essa vida interior, essa existência de novo Templo, é o que importa. Para falar de mim por um momento: quando passei por minha confirmação de fé, em meu décimo quinto aniversário, e comecei a participar regularmente da ceia do Senhor, eu costumava orar este velho refrão:

> Purifica-me do meu pecado, Senhor;
> põe dentro de mim o teu poder, Senhor;
> toma-me como eu sou, Senhor,
> e faze-me ser somente teu.
> Guarda-me a cada dia, Senhor,
> andando em teus caminhos, Senhor;
> faze do meu coração o teu palácio
> e o trono da tua majestade.[6]

(A única coisa equivocada com esse refrão, aliás, é o uso da palavra "Senhor" como se fosse um ponto-e-vírgula. Esse é um hábito a ser evitado, se possível, especialmente na oração extemporânea.) O objetivo era — e é — fazer um convite humilde ao próprio Jesus para que ele venha e habite em nós por seu espírito. É uma oração do Templo.

Agora finalmente vemos como a passagem maior funciona. Parte do objetivo do Templo em Jerusalém era representar um sinal que apontava para a nova criação, que viria um dia. Era uma estrutura entre o céu e a terra, apontando para a promessa de novos céus e de nova terra. Da mesma forma, nós, os "templos" humanos, individualmente e em conjunto, devemos ser sinais que apontam para a nova criação definitiva, da qual Paulo fala no versículo 18 em diante. Assim, Romanos 8:1-11 estabelece a base de operação — a promessa

---

[6] Atribuído a R. Hudson Pope (1879-1967).

da ressurreição corporal — para que, do versículo 12 em diante, Paulo possa explicar que, no final de tudo, aquilo que Deus promete fazer em seu povo e para ele também fará em toda a criação e em prol dela.

Mas nós não somos apenas sinais mudos, apontando para essa realização vindoura. Recebemos um papel ativo no trabalho de trazer essa criação. De fato, como Paulo explicará em breve, nós somos tomados, no meio do processo e muitas vezes em meio às nossas dores, como agentes ativos, suplicantes e sofredores. Isso, na verdade, acaba por ser parte do que Paulo apontará como "glorificação". Deus havia prometido que sua glória divina voltaria para habitar no Templo. Bem, assim como acontece com a própria "glorificação" de Jesus, é dessa forma que isso acontecerá.

Observe como Paulo explica isso no versículo 10. Se o Messias está em vocês — bem, o corpo está morto por causa do pecado, mas o espírito é vida por causa da *dikaiosynē*. Aqui, eu traduzi esse termo denso por "justiça segundo a aliança", em parte porque (para ser franco), nos dias de hoje, a tradução normal "justiça" pode significar qualquer coisa e nada ao mesmo tempo. Mas esse tema da vida por causa da *dikaiosynē* remete a 5:1-11, tendo como pano de fundo para tudo isso o versículo 1:17: *ho dikaios ek pisteōs zēsetai*, "o *justo* viverá pela fé". Vida e retidão. Se nos afastássemos da presente passagem e lêssemos rapidamente todo o livro de Romanos (algo muito bom a ser feito, aliás), ficaria claro que a "justificação pela fé" depende da obra do espírito por meio do evangelho para estabelecer sua própria lógica interna. Isso deveria ter ficado claro em Gálatas, em que Paulo entremeia o argumento da obra do espírito ao longo de toda a sua discussão sobre a justificação; mas as exigências retóricas de seu argumento mais amplo em Romanos significam que ele postergou a entrada do espírito em cena (por assim dizer) até 5:1-5, 7:4-6 e, agora, até o próprio capítulo 8, para o qual essas passagens anteriores apontam.[7]

[7] Outra antecipação desse argumento é encontrada em 2:25-29.

Isso, então, é o que Paulo quer dizer em Filipenses 1 quando ele fala da "boa obra" que Deus começou, por meio da aproximação inicial de um convertido com a fé, e, depois, a certeza de que Deus concluirá essa "boa obra" no Dia do Messias. A questão é que o corpo presente caminha para a morte porque tem sido o lugar da idolatria e da injustiça, errando o alvo da humanidade genuína. A palavra para se referir a isso é *hamartia*, pecado. Todos nós participamos dele, em conluio com as forças anticriacionais da morte. Mas o espírito — e nesse ponto, para aumentar ainda mais o potencial de confusão, Paulo parece estar se referindo ao espírito *humano*, como ele fará no versículo 16 —, o espírito *já é* "vida" por causa do veredicto declarado por Deus, "endireitado", o veredicto da justiça segundo a aliança. Deus justificou tal pessoa, declarando que ela está "endireitada"; assim, aqueles que são justos pela fé terão vida. (Falarei mais sobre a interação entre o espírito humano e o espírito de Deus quando chegarmos ao versículo 16.) Há, portanto, um sentido em que Romanos 8:9-11 fornece uma espécie de conclusão para a declaração de abertura presente em Romanos 1:16-17.

Caso alguém tenha pensado que a passagem estava ficando muito direta (se Paulo de vez em quando pode usar ironia, quem sabe nós também não possamos fazê-lo?), aqui também encontramos uma pequena e surpreendente janela para entender a visão de Paulo sobre aquilo que, em geral, chamamos de "vida após a morte". Após deixarmos o platonismo para trás, juntamente com sua visão de alma imortal — algo nunca mencionado no Novo Testamento —, ficamos com a questão de onde estamos, quem somos, o que somos no intervalo entre nossa morte corporal e nossa ressurreição corporal? Como podemos falar sábia e humildemente desse estado intermediário, dessa realidade aparente que, mais uma vez, raramente é mencionada nas escrituras? Parte da resposta parece ser que, conforme o espírito de Deus passa a habitar dentro de nós, vivificando nosso próprio espírito, o próprio espírito de Deus permanecerá em nós daqui em diante até o tempo da ressurreição. Observo que, em certos argumentos-chave apresentados pelo próprio Jesus e em outros lugares, é o *espírito* humano que é recomendado a Deus após a morte da pessoa.[8] Portanto, uma vez que o espírito de Deus, por assim dizer, *se tornou* um conosco, assumindo nossa identidade para viver e operar em nós e por meio de nós, após a morte permanecemos na memória vivificante do próprio espírito de Deus até o momento da ressurreição. Penso que é necessário refletir mais sobre o lugar e a obra do espírito santo para fundamentar o que tem sido chamado de "estado intermediário". Novamente, esse é um tópico para outro momento; mas é nessa direção que o versículo 10 parece estar apontando.

Chegamos, então, ao versículo 11, o ápice do capítulo até agora e a resposta definitiva para as perguntas de Romanos 7. Observe como Paulo oscila deliberadamente entre "Jesus" no início do versículo e "Messias", *Christos*, na segunda metade. O nome "Jesus" se refere especificamente ao Jesus humano, o homem de Nazaré; a palavra *Christos*, por sua vez, se refere à mesma pessoa, mas *visto como o representante do povo de Deus*, o ungido que sintetiza seu povo em si mesmo. Paulo, como sempre, escreve com muita precisão. Pense em como, no fim de Romanos 4, ele fala da fé cristã como "fé no 'Deus que ressuscitou nosso Senhor Jesus dentre os mortos'". Pois bem, segundo ele, se o espírito de Deus que ressuscitou Jesus dentre os mortos habita em vocês — a frase é construída de maneira muito semelhante a 4:24 —, então aquele que ressuscitou dos mortos *o Messias substitutivo*, o *Christos*, dará vida aos corpos mortais do povo do Messias também *por meio* desse espírito, seu próprio espírito, que habita em vocês.

É bem possível que fiquemos maravilhados com a forma com que Paulo teceu todos os fios para chegar a essa conclusão dramática. É aqui que o propósito de Deus para a Torá termina. Por intermédio do Messias e do espírito, Deus deu a vida que a Torá prometeu, a vida da ressurreição, que, começando desde já pelo espírito, deve ser antecipada

[8] Veja Lucas 23:46 (citando Salmos 31:5); Atos 7:59; João 19:30; compare (para várias nuances) com Números 16:22; Eclesiastes 3:21; 12:7; Jó 34:14.

(como nos versículos de 5 a 8) na mentalidade moral e nas ações do povo de Deus.

Podemos também, para ser francos, maravilhar-nos com o fato de esses onze primeiros versículos do capítulo 8, por mais complexos e densos que sejam, constituírem simplesmente a primeira parte do argumento mais amplo do capítulo como um todo. Mas, acima de tudo, devemos nos maravilhar com a realidade de que Paulo fala: a realidade do Deus vivo que vem habitar não apenas entre nós, mas dentro de nós. As antigas promessas do retorno de YHWH a Sião e da reconstrução do templo estão se tornando realidade não "no céu", como a antiga exegese alegórica mostrava, mas na nova criação. E a nova criação, que envolverá, como veremos presentemente, a renovação de toda a criação e a ressurreição corporal pessoal que nos é prometida, também inclui a antecipação dessa ressurreição na presente vida moral, a mentalidade do espírito. Isso abre o caminho para 8:12-16, que, novamente usando a linguagem do êxodo, concentra-se no desafio estimulante de aprender a pensar e viver no espírito, e não na carne.

Voltando à conclusão de um dos elementos cruciais — e, com frequência, ignorado — dessa passagem, pensamos novamente no versículo 8, no qual Paulo declara que aqueles na carne "não podem agradar a Deus". Como já observei, a ideia de "agradar a Deus" foi praticamente banida de alguns círculos. Há muito tempo somos ensinados a reconhecer — e condenar — qualquer coisa que soe como justiça por obras, a identificar o orgulho que nos faz imaginar que nós seríamos, tal como estamos, moralmente capazes de fazer o que Deus quer, talvez até mesmo de fazer com que ele deva algo a nós. Os capítulos anteriores de Romanos deveriam ter deixado bem claro quão insensata e impossível seria essa ideia. Mas as tradições que corretamente rejeitaram qualquer senso de orgulho que possamos ter a respeito de nossas próprias realizações às vezes não conseguem completar a narrativa, o âmbito maior da história de Paulo, no qual o espírito de Deus faz o que a Torá não era capaz de fazer, capacitando o povo do Messias, mesmo no tempo presente, a, desde já, se tornar parte de sua nova criação definitiva e, portanto, realmente capaz de gerar deleite em Deus. Mas aqui e nas outras passagens a que nos referimos anteriormente Paulo realmente sugere que aqueles que estão vivendo pelo espírito realmente agradarão a Deus. Não reconhecer isso seria cair na armadilha dos críticos de Jesus em Lucas 15, a quem Jesus respondeu dizendo que os anjos estavam festejando no céu porque os pecadores estavam sendo resgatados e que, portanto, era absolutamente apropriado celebrar de forma parecida aqui na terra.

Não devemos ter vergonha disso. Eu às vezes suspeito que algumas das nossas dificuldades vêm de uma educação segundo a qual era difícil agradar aos pais ou aos professores. Tragicamente, nós transferimos isso para o próprio Deus. Talvez por isso algumas subculturas cristãs se sintam tão ansiosas com essas ideias todas. Mas pense em Eric Liddell, no filme *Carruagens de fogo*. "Deus me fez rápido", disse ele, "e quando eu corro, sinto o seu prazer". Vale a pena fazer uma pausa para perguntar: Deus criou você para quê? Qual atividade — quando você faz no poder e na alegria do espírito — lhe permite sentir o deleite de Deus? Será que isso faz parte da nova criação definitiva de Deus, invadindo o momento presente?

CAPÍTULO 4

ROMANOS 8:12-17: GUIADOS PELO ESPÍRITO

12 Assim, minha querida família, somos devedores — contudo, não à carne humana para que vivamos nossa vida de acordo com ela.

12 ara oun, adelphoi, opheiletai esmen ou tē sarki tou kata sarka zēn

13 Se vocês viverem de acordo com a carne, morrerão; se, porém, pelo espírito, fizerem morrer as ações do corpo, vocês viverão.

13 ei gar kata sarka zēte, mellete apothnēskein. ei de pneumati tas praxeis tou sōmatos thanatoute, zēsesthe

14 Todos que são guiados pelo espírito de Deus, notem bem, são filhos de Deus.

14 hosoi gar pneumati theou agontai, houtoi hyioi theou eisin.

15 Vocês não receberam um espírito de escravidão para retornar a um estado de temor; ou receberam? Não! Vocês receberam um espírito de filiação, em quem clamamos: "Aba, Pai!".

15 ou gar elabete pneuma douleias palin eis phobon ala elabete pneuma hyiothesias, en hō krazomen Abba ho patēr,

16Quando isso acontece, é o próprio espírito quem está testemunhando ao nosso próprio espírito que somos filhos de Deus	*16auto to pneuma symmarturei tō pneumati hēmōn hoti esmen tekna theou*
17e, se somos filhos, somos também herdeiros: herdeiros de Deus e coerdeiros com o Messias, desde que soframos com ele a fim de que também sejamos glorificados com ele.	*17ei de tekna, kai klēronomoi: klēronomoi men theou, synklēronomoi de Christou, eiper sympaschomen hina kai syndoxasthōmen.*

O QUE PAULO FAZ, nos onze primeiros versículos de Romanos 8, é pôr um fim ao seu longo argumento sobre a Torá, que começara no capítulo 7, e, simultaneamente, entrar em sua exposição do trabalho do espírito, tema no qual permanece ao longo da maior parte do capítulo 8. Com isso, chegamos à grandiosa seção central, formada pelos versículos de 12 a 30.

Lembremo-nos de como o capítulo é organizado. Os versículos de 1 a 11 e de 31 a 39 claramente formam seções próprias, deixando os versículos de 12 a 30 como uma substancial seção central. Isso soa como um esboço tipicamente paulino; outro exemplo seria 1Coríntios 15, que também tem uma abertura de onze versículos e uma conclusão de nove versículos, com uma longa seção intermediária. Tenho a impressão (contra qualquer ideia de que Paulo estava apenas "falando o que lhe vinha à cabeça" enquanto ditava essa carta) de que ele já tinha planejado e moldado tudo isso muito tempo antes, nos diversos discursos que havia proferido e nos debates informais de que havia participado, e em meio a muita reflexão e oração para, finalmente, dizer o que tinha de ser dito dentro dos limites práticos de uma carta.

Aqui, no versículo 12, Paulo parece respirar fundo: "Assim, minha querida família...". Chegamos agora ao coração de seu argumento, que se estende daqui até a grande conclusão de 8:29-30, na qual, enraizada na cristologia, a justificação conduz diretamente à glorificação.

Tudo isso é bem conhecido. Mas agora deparamos com um problema que já deve estar se tornando familiar. O significado que o próprio Paulo dá a esses temas — justificação, glorificação e, sem dúvida, a obra do espírito e o chamado à santidade — é sutilmente diferente dos significados que a igreja ocidental muitas vezes lhes atribuiu. Nossa suposição era que sabíamos a quais perguntas Paulo estava respondendo e o que ele queria dizer com os temas e categorias que desenvolve. Mas, como tantas vezes ocorre, nós temos de proceder com cuidado para ver o que o próprio Paulo está *realmente* dizendo, em vez de apelar para o que nossas tradições gostariam que ele tivesse dito. Assim, este capítulo é sobre a esperança cristã definitiva, a herança cristã. No entanto, para a maioria dos cristãos ocidentais, se falarmos de "esperança" e "herança", eles pensarão no céu, ou em "esperar para serem chamados para casa", ou em "estar com Jesus, muito além do céu azul". Mas Romanos 8 nunca menciona o céu, ou subir ao céu em vez de viver na terra, ou esperar para ser chamado ao lar, ou qualquer coisa assim. Tampouco há menção a uma "alma" à espera de salvação. Este capítulo é sobre a nova criação, não sobre escapar da criação atual e ir para outro lugar. Eu já disse isso, mas é preciso repetir, porque nossa mente pode facilmente voltar ao modo "normal", especialmente quando muitas canções que usamos hoje em dia no culto expressam versões platônicas da fé. Uma vez que nossa geração está diante de uma criação que geme de maneira bastante óbvia, tanto nas mudanças climáticas como na instabilidade crescente de um mundo de guerras e rumores de guerras, e mesmo em nossas próprias vidas e na daqueles por quem demonstramos preocupação pastoral, é urgente recuperarmos a verdadeira mensagem bíblica.

Dentro da longa seção dos versículos de 12 a 30, a primeira subseção, que estamos analisando neste capítulo, são os versículos de 12 a 17. Na verdade, o versículo 17 em si é uma espécie de ponte, de transição, entre os versículos de 12 a 16 e os versículos 18 até os finais. Por isso, ele será incluído tanto no presente parágrafo (começando com o versículo 12) como no parágrafo que continua com os versículos 18 em diante.

Então, a respeito dos versículos de 12 a 17, temos de fazer nossa pergunta básica, a pergunta que você pode fazer para praticamente qualquer texto de Paulo: olhe para o início e para o fim e descubra a respeito de qual assunto ele mesmo pensa estar falando. De que maneira o versículo 17 completa pelo menos a primeira parte da linha de pensamento iniciada no versículo 12?

É um pouco complicado fazer essa pergunta aqui porque Paulo parece pular o que ele talvez tenha dito no final do versículo 12. (Ele faz isso com bastante frequência, principalmente em Romanos, com seu pensamento avançando com muita rapidez para o próximo ponto principal e deixando lacunas no primeiro.) "Somos devedores", diz ele, "contudo, não à carne humana para que vivamos nossa vida de acordo com ela...". Porém, se essa é a parte negativa, na qual descobrimos a que nós *não* somos devedores, esperaríamos que ele apresentasse o lado positivo, dizendo-nos a quem ou a que nós *estamos* devendo. Ele parece deixar essa ideia pairando no ar.

Alguns pensam que Paulo quer dizer que estamos em dívida com o espírito. Uma vez que ele regularmente associa espírito e carne — como realmente faz no versículo 13 —, essa é uma sugestão bastante razoável. Mas, à medida que o parágrafo vai se desenvolvendo e atinge seu objetivo, fica claro que ele está pensando em nossa dívida diante do próprio Deus, diante de Deus, o pai. Esse tema é construído a partir do versículo 14: somos filhos de Deus; recebemos o espírito de filiação; clamamos a Deus como Aba, pai; o espírito testifica que realmente somos filhos de Deus e — aqui no versículo 17 está a conclusão desse argumento específico, ligando-se ao versículo 12 — estamos em dívida com Deus em um sentido bastante estrito porque somos seus filhos e *herdeiros*, "coerdeiros com o Messias". Deus fez uma criação maravilhosa e a está legando a seus filhos. A promessa de ressurreição dentro da nova criação de Deus, da forma apresentada nos versículos de 9 a 11, leva Paulo ao seguinte ponto: foi-nos deixado um legado glorioso, ou seja, o de sermos herdeiros de Deus e também cooperadores em seu novo mundo, compartilhando seu domínio sábio e reparador.

Normalmente, você só recebe uma herança após o falecimento do legatário. Embora você possa estar, nesse sentido, em dívida com a pessoa que lhe deixou o legado, ela já não está mais por perto para receber seus agradecimentos. Mas, quando se trata de herdarmos a administração de toda a nova criação do próprio Deus, estamos (Paulo sugere com veemência) em estado perpétuo de feliz endividamento para com ele. Como dizia meu professor George B. Caird, esse capítulo revela-se uma dívida de amor que apenas o amor pode pagar.

Neste ponto, enfrentamos diretamente o desafio de pensar com Paulo de maneira contrária a toda a tradição cristã ocidental, tanto católica como protestante. Veja, a forma da teologia ocidental por muitos séculos, dominada pela perspectiva de "ir para o céu" e/ou da "visão beatífica", em que a "alma" é finalmente autorizada a ver o próprio Deus, fez com que nós dividíssemos os temas teológicos, colocando a "salvação" de um lado e a "ética" do outro. Penso que esse é o resultado inevitável de pensar na salvação da perspectiva de "ir para o céu", deixando-nos com a questão não apenas de como devemos agir em nossa vida terrena atual, mas também sobre qual é a relação entre nosso comportamento e nosso destino final.

Assim, como argumentei em meu livro *The day the Revolution began* [O dia em que a revolução começou], nós *platonizamos* nossa escatologia, pensando em um "céu" descorporificado, e isso resultou na *moralização* de nossa antropologia, pensando que a única coisa que importa é se seguimos ou não algum código moral, e que, quando descobrimos que Deus nos salvou apesar dos nossos fracassos morais, simplesmente temos de aprender a viver adequadamente nesse ínterim. Mas, quando pensamos em termos paulinos sobre a nova criação e sobre como o espírito já fez de nós pessoas da nova criação, situadas no limiar entre a era presente e a era vindoura, descobrimos uma categoria completamente diferente: a categoria da **vocação**. E é disso que trata toda essa passagem. Quem somos chamados a ser, posicionados, talvez desconfortavelmente, na sobreposição das eras? Essa passagem traz o início da resposta de Paulo: já fazemos parte da nova criação, que, tendo nascido com a ressurreição de Jesus, está a caminho do resgate definitivo da criação presente — de sua escravidão à corrupção. Pelo espírito, percebemos a nós mesmos como parte do projeto-piloto ativo para essa nova criação definitiva, tanto pelo fato de que nós mesmos somos pessoas da nova criação como por termos sido chamados a ser agentes da nova criação no presente. Por isso, somos chamados, desde já, a viver com alegria e gratidão como filhos livres de Deus, como o povo do novo êxodo de Deus, e a sermos pegos pela obra atual do espírito de Deus, que nos permite orar "Aba, pai", mesmo quando — especialmente quando! — o mundo está escuro à nossa volta. Isso aponta para o grande clímax do capítulo, uma dúzia de versículos mais tarde.

Isso nos dá o quadro geral de 12 a 17: nós estamos *em dívida com Deus* porque, como seus herdeiros, devemos viver no tempo presente como seus filhos e filhas, as pessoas para quem o mundo olha para ter uma ideia sobre a possível identidade do pai.

Assim, ser filhos e herdeiros de Deus (no sentido de Êxodo 4:22, de que "Israel é meu filho, meu primogênito" [ARA]) não é apenas uma questão de obrigação ética ("então agora você deve se comportar *assim*", embora isso também seja verdade). É uma questão de chamado, de vocação. Em Êxodo 19:6, Israel é chamado a ser o sacerdócio real de Deus, colocando-se entre ele e o mundo inteiro. Isso faz parte do preâmbulo da aliança do Sinai. Assim, nos versículos de 18 a 30, Paulo vai expor o que significa para nós, como filhos herdeiros de Deus, sermos fiéis a essa vocação maior no tempo presente, diante de uma criação que sofre e geme.

Isso responde à nossa primeira pergunta exegética, o quadro geral. A segunda questão é, portanto: e quanto às pequenas palavras de ligação? Novamente, como em 8:1-11, temos, do versículo 12 ao versículo 15, uma série de orações iniciadas com *gar*, abrindo caminho até o ponto básico no versículo 16; depois, do versículo 17 em diante, temos uma seção de orações com *de*. É assim *porque* isso *porque* isso *porque* isso — e então, "mas se", ou, se você preferir "muito bem, se *isso* é assim, então *isso* vai acontecer".

A seguir, está uma tradução literal que enfatiza as palavras de ligação de maneira mais rígida:

> 12Assim, minha família, somos devedores, mas não à carne, para vivermos de acordo com a carne. 13**Porque** [*gar*], se vocês viverem segundo
> a carne, caminharão para a morte; mas, se pelo espírito matarem as
> obras do corpo, vocês viverão. 14**Porque** [*gar*] aqueles que são guiados pelo espírito de Deus são filhos de Deus. 15**Porque** [*gar*] vocês
> não receberam um espírito de escravidão, que leva de novo ao medo,
> mas receberam o espírito de filiação, no qual clamamos: "Aba, pai".
> 16[Quando isso acontece], o espírito está testemunhando com o nosso
> espírito que somos filhos de Deus. 17**Mas, se** [*ei de*] [somos] filhos,
> então [somos] herdeiros: herdeiros (por um lado) de Deus, mas (por outro lado) coerdeiros do Messias, presumindo que sofremos com ele para que também possamos ser glorificados com ele.

Como sempre, o trabalho de tradução é complicado, em parte porque a palavra "porque" soa muito truncada em nossa língua de hoje, comunicando impressão errada sobre o grego de Paulo. Por isso uma abordagem mais fluente para os nossos dias precisa fazer a conexão causal entre as orações simplesmente por justaposição, como eu fiz no versículo 13. Tecnicamente, eu poderia ter escrito: "*Porque*, se viverem segundo a carne, vocês morrerão". Mas o comum hoje em dia é apenas colocar uma oração ao lado da outra e deixar que o leitor infira a relação. Já no grego antigo, os autores gostavam de adicionar as pequenas palavras que tornam a relação explícita. Ou, como no versículo 14, no qual, mais uma vez, a palavra grega é *gar*, que os alunos aprendem a traduzir por "porque", nós, em nossa língua moderna, poderíamos dizer "veja bem". Mas o significado é o mesmo.

(Como um aparte: isso revela o dilema de toda tradução. Adotar uma correlação estrita, palavra por palavra, é ótimo, mas às vezes resulta em um texto muito truncado e desajeitado, levando a tradução a *não* refletir com precisão o texto de Paulo, porque ele nunca, ou quase nunca, é truncado e desajeitado em sua maneira de escrever. O tradutor está sempre negociando entre palavras e modos verbais, tentando fazer jus a ambos, mas percebendo que isso, em geral, é impossível.)

Eis, pois, como funciona essa breve passagem. Versículo 12: somos devedores, mas não à carne; *porque* (*gar*), versículo 13, a carne leva à morte, mas o espírito, à vida; *porque* (*gar*), versículo 14, traduzido aqui por "notem bem", as pessoas lideradas pelo espírito são os filhos de Deus; *porque* (*gar* mais uma vez, versículo 15, traduzido aqui por "ou receberam?") vocês não receberam o espírito de escravidão (ou receberam?), mas de filiação. Isso é mais bem explicado na segunda metade do versículo 15, um trecho complexo mas crucial, e no versículo 16 como um todo. Esse é o cerne dessa passagem curta: nossa vocação presente como filhos e herdeiros de Deus é para sermos o povo em quem o espírito de Deus, testemunhando nosso próprio espírito, faz a oração que Jesus fez no Getsêmani. Após nos levar às profundezas desse ponto, Paulo desenvolve seu argumento até chegar à nova conclusão, usando de maneira semelhante um *de* aqui no versículo 17, como o vimos fazer nos versículos de 9 a 11: mas ("muito bem", como poderíamos dizer), se *isso* é verdade, então *isso* também é verdade. É para este ponto que se encaminha todo o parágrafo: se somos filhos, somos herdeiros. E é por *isso* que nos tornamos "devedores", não no sentido de dever a Deus uma obediência relutante ou desconfortável, mas no sentido de descobrirmos nossa vocação de sermos agentes de Deus, de sermos seus administradores dedicados à oração e engajados na tarefa presente de, no contexto dos gemidos da velha criação, testemunhar a respeito da promessa da nova criação.

Então, juntando todas as partes do parágrafo, vemos por que estamos em dívida e em relação a quem. Paulo, com certeza, escreve de forma alusiva. Às vezes, ele salta partes do argumento que ele presume serem de entendimento comum. Mas a sequência de palavras de ligação nos ajuda a encontrar um caminho bem no meio disso tudo.

Então, passando à terceira questão crucial: o que acontece quando tentamos interpretar essa passagem com os olhos do primeiro século?

Imaginemos que estamos em uma das igrejas domésticas romanas, ouvindo Febe, a quem Paulo confiou a tarefa de levar essa carta da Grécia a Roma, e então ler o que ele escreveu. O que estaria na mente de seus ouvintes? O grande tema da filiação — de sermos filhos de Deus — certamente encontraria reverberação junto a alguns dos ouvintes. Herdar um grande império era um tema bem conhecido. Cem anos antes, Júlio César havia adotado Otaviano, posteriormente conhecido como Augusto; quando Júlio foi deificado após sua morte, Augusto se autodenominou "filho do deificado Júlio". Ele era o filho adotivo, herdando o império e sendo leal à memória do próprio Júlio César. Isso continuou com Tibério e os demais. Na verdade, os cinco primeiros imperadores (Augusto, Tibério, Calígula, Cláudio e Nero) não tinham laços de sangue entre pai e filho; eles foram escolhidos e adotados, preparados para o encargo. Então, quando o velho imperador morresse e fosse divinizado, o novo seria "filho do deificado", herdando, assim, o império.

O que Paulo está afirmando aqui, como fez logo no início dessa carta, é que Jesus é o verdadeiro filho do verdadeiro Deus — e que todo o povo de Jesus *compartilha essa filiação*. O povo de Jesus é a família real adotada por Deus. Os filhos são o que são não apenas para que possam se sentir bem em sua relação com o pai, mas também *para executar o projeto do pai*. Para governar sabiamente o império de Deus, que é o mundo inteiro — a herança que ele prometeu a Abraão, como vimos antes no aceno feito em Romanos 4:13. Portanto, assim como em 5:17, aqueles que recebem o dom de Deus *reinam em vida*. Se há uma afirmação absolutamente contraimperial, é essa — embora, é claro, favorável a um tipo bem diferente de império, operando sob uma lógica muito diferente. Como veremos mais adiante, isso é parte do que Paulo quer dizer com "glorificado": posto em posição de autoridade sobre o mundo de Deus.

O outro eco óbvio de "ser filho de Deus" está na narrativa de Êxodo. Isso pode ajudar a explicar por que eu segui Paulo ao falar de "filhos homens" em algumas passagens, e não apenas de "filhos" de ambos os sexos, ainda que essa especificidade de gênero seja desconfortável (para nós). Assim, por um lado, Paulo está ecoando "Israel é meu filho, meu primogênito" em Êxodo 4:22. Por outro lado, está confrontando a pretensão do imperador de ser "filho de Deus".[1] Ele amplia o conceito para "filhos" de ambos os sexos porque, é claro, ele tem em mente as mulheres em pé de igualdade com os homens, mas essas outras ressonâncias também importam.

Portanto, suspeito que, aqui, a referência de Paulo ao tema-chave da filiação, *hyiothesia*, é deliberadamente concebida para manter unidas, de forma bastante específica, duas coisas bastante únicas. Primeiro, há as raízes judaicas da ideia, presentes na história de Êxodo, de que o povo escravo de Israel recebe essa impressionante honra, típica da realeza. Depois, há os alvos pagãos que ele almeja atingir — nesse caso, a arrogante pretensão de César de ter algum tipo de império mundial. Esse enfoque duplo é comum em toda a teologia do Novo Testamento (raízes judaicas e alvos pagãos), exatamente como acontece em Salmos, em Isaías e nos demais textos do Antigo Testamento. O que acontece com frequência no Novo Testamento é que notamos um tema emergindo das escrituras de Israel; esse tema, então, é retrabalhado em torno de Jesus e do espírito; e, finalmente, de acordo com a intenção das próprias escrituras de Israel, ele acaba por confrontar de forma bastante acentuada as reivindicações e pretensões do mundo pagão, sobretudo do império pagão. É assim, na verdade, com a poderosa palavra "evangelho" em si: *euangelion* é uma palavra de Isaías que confronta uma palavra de César.[2] E é assim nesse caso de "filiação". Esse termo parece estar se referindo à *condição de filhos homens*, e não ao processo pelo qual alguém pode chegar a essa condição, ou seja, pela "adoção" ou por algo equivalente.

[1]No texto original em inglês do *Novo Testamento para todos* (NTPT), os termos para "filho" e "filiação" nessa passagem seguem o grego mais de perto, com palavras inglesas que se referem especificamente a filho do sexo masculino. (N. E.)

[2]Para mais detalhes, veja a discussão em *Paulo e a fidelidade de Deus* (São Paulo: Paulus, 2021), cap. 12.

Assim, no versículo 15 descobrimos que o "espírito de escravidão" se refere à condição de escravo e ao "espírito" que acompanha essa situação, e não ao processo pelo qual alguém se torna escravo.

Isso nos oferece pelo menos um começo para uma estrutura mais ampla da história dentro da qual podemos vislumbrar o significado de "adoção" e/ou "filiação" no mundo de Paulo. Os estudiosos continuam a debater os detalhes, mas os contextos bíblico e romano, que esbocei brevemente, parecem-me decisivos.

Então como funciona esse contexto bíblico? O que Paulo está afirmando nessa passagem?

Já observamos que, ao longo de Romanos 5—8, Paulo está trabalhando com uma espécie de história do êxodo em grande escala. Em Romanos 6, os escravos atravessam a água para chegar à liberdade. Em Romanos 7, eles chegam ao monte Sinai, onde, então, Israel recapitula o pecado de Adão, resultando em exílio e morte. Mas os eventos do evangelho fornecem o resgate necessário e, visto que a Torá é misteriosamente cumprida por meio da obra do espírito, o espírito deve ser visto como a própria presença gloriosa de Deus vindo habitar no meio do povo, como no Tabernáculo no deserto. Isso é dito nos versículos de 9 a 11. Agora, porém, a história continua. Nos versículos 12 e 13, Paulo está ecoando o duro desafio feito por Moisés ao povo no limiar de sua travessia do Jordão: aqui está a morte, aqui está a vida — escolham a vida.[3]

A força retórica de tudo isso é que Paulo está dizendo aos seus ouvintes: imaginem-se tão perto da herança prometida que vocês são capazes de vê-la e, então, optam por desistir, ou mesmo por voltar à escravidão! Imaginem preferir a escravidão no Egito à terra que mana leite e mel! Sim, haverá desafios pela frente, mas eles os levarão à herança. Afinal (seguindo sua linha de pensamento subjacente), e para início de conversa, você só está aqui porque, como Moisés disse

[3] Deuteronômio 30:15.

ao faraó em Êxodo 4:22-23: "Israel é o meu primeiro filho, e eu já lhe disse que deixe meu filho ir *para prestar-me culto*". Em outras palavras, Israel deve adorar a Deus, ser sacerdote de Deus; e, como filho de Deus, também sacerdote *real*, para ser colocado em posição de autoridade sobre o mundo. Essa era a vocação de Israel. Agora ela é supremamente cumprida no representante de Israel, Jesus, o Messias. E agora é compartilhada, pelo espírito, com todo o seu povo, tanto judeu como gentio. Isso é fundamental para tudo o que Paulo está dizendo aqui.

Já deveria estar claro que, na realidade, essa vocação de ser o sacerdócio real é a concretização da vocação de ser portador da imagem de Deus. Os seres humanos foram projetados, criados e chamados a refletir os louvores da criação de volta a Deus e a refletir o sábio governo de Deus para o mundo. Por isso o argumento de Paulo termina no versículo 29 com o povo de Jesus sendo conformado à *imagem* do filho. O *status* de ser filho não é simplesmente no sentido geral de uma relação familiar próxima, nesse caso, a relação de filiação ao criador do mundo — embora certamente também seja isso. É o *status* concedido ao povo de Abraão conforme ele é retirado do Egito, chamado a adorar o verdadeiro Deus e a agir como seu agente no mundo. O evangelho, então, concentra essa vocação no próprio Messias, e depois, por meio dele, em sua família mais ampla. Como tais, eles constituem a verdadeira família real, embora César naturalmente os considere um incômodo irritante.

A narrativa do êxodo está claramente visível no versículo 15, em que Paulo contrasta a filiação com a escravidão. Vocês *eram* escravos; vocês *agora são* chamados a ser filhos, por isso nem pensem em voltar ao Egito! Lembre-se de como, já em Êxodo 16:3, os israelitas lamentaram a perda de toda a boa comida do Egito. Eles fizeram o mesmo quando estavam com sede, em Números 20:3-5. Entre esses dois acontecimentos, em Números 14, os espias viram o que enfrentariam ao tentar tomar posse da terra prometida, e a maioria preferiu escolher um líder e — sim! — voltar voluntariamente à escravidão no Egito. É esse refrão que Paulo está retomando aqui. Não, ele diz: isso significaria que vocês estavam possuídos não pelo espírito de filiação, mas por um espírito de escravidão (aqui, ele talvez ainda tenha em mente Romanos 7:13-25). Em outras palavras, ele ainda está pensando em "filhos de Deus" como uma designação para Israel inspirada no êxodo: nós somos o povo do novo êxodo. Quando os leitores da Bíblia de hoje esquecem a rica herança bíblica da qual Paulo estava extraindo essas ideias, é extremamente fácil interpretar a presente passagem e outras semelhantes simplesmente levando em conta "nosso relacionamento com Deus" — que, em si, é importante; mas a força do que ele está dizendo vem diretamente do desafio escatológico: reconhecer *onde alguém se posiciona na grande história de redenção de Deus* e abraçar a vocação resultante.

Em Números 14, a resposta de Deus à covardia dos espias, que querem desistir da herança, projeta o olhar para Romanos 8: tão certo quanto eu vivo, diz YHWH, e tão certo *quanto toda a terra se encherá da glória de YHWH*, nenhum dos covardes verá a herança.[4] Deus não é apenas capaz de levá-los à terra prometida; essa é só a primeira etapa do que ele pretende fazer. A terra é, em si, um sinal que aponta para uma realidade muito maior: toda a criação, que, no fim, será inundada com o conhecimento e a glória de Deus.[5] A jornada que é apresentada a seguir, com o povo sendo conduzido pela presença do próprio Deus, aponta para a intenção que Deus tem de encher toda a criação, e não apenas uma pequena tenda, com sua presença gloriosa.

Tudo isso faz com que Paulo possa mudar de marcha sem solavancos no versículo 17 para conectar a ideia de Israel como "filho" de Deus com a ideia do Messias como "filho" de Deus — o filho primogênito, como ele dirá em 8:29. Essa expressão "filho de Deus" é uma designação messiânica, proveniente de Salmos 89:27 e chegando a Colossenses 1:13. A estrutura profunda do pensamento de Paulo reúne o conceito de Israel como povo de Deus com o do Messias como a personificação de Israel: o "filho" coletivo e o "filho" messiânico.

[4] Números 14:20-22.

[5] Isaías 11:9; Habacuque 2:14; Salmos 72:19.

Então, se somos habitados pelo espírito de Deus, como em 8:9-11, no modelo do Tabernáculo do deserto, onde a glória divina veio a residir, não é surpresa que, no versículo 14, Paulo fale de sermos *guiados* pelo espírito. Isso capta outro aspecto da linguagem do êxodo, em que o povo de Deus está sendo *guiado* pelo deserto rumo à terra prometida. Essa é a linguagem que Deuteronômio usa sobre a jornada deles, mais tarde retomada por Isaías e Jeremias. Os profetas estavam olhando em retrospecto para o êxodo original, a fim de apontar para o novo êxodo, o regresso do exílio. É aí que Paulo se posiciona, fazendo o mesmo com seus ouvintes.

Quando as escrituras de Israel falam da presença de Deus com seu povo no deserto, às vezes imaginam isso em relação ao espírito de Deus. O texto de Ageu 2:5 explica que, quando Deus diz "eu estou com vocês", isso corresponde à sua habitação no êxodo: "meu espírito está entre vocês. Não tenham medo". Igualmente, Isaías 63:7-14 volta o olhar para o êxodo, quando o povo de Israel foi designado como os filhos de Deus e quando Deus colocou seu espírito santo dentro deles (63:11,14), ainda que eles tivessem entristecido esse espírito (v. 10). Neemias, na grande oração do capítulo 9, aponta para Deus guiando o povo pelo deserto, dando seu bom espírito para instruí-lo (9:20). Essas referências foram encontradas em vários escritos do segundo Templo, incluindo os Manuscritos do Mar Morto. Essa é a linguagem clássica do novo êxodo. Ela fundamenta tanto a esperança da herança como a santidade necessária para alcançá-la, conforme estabelecido nas antigas promessas de Deus que agora se cumprem no Messias e no espírito. E, como já dissemos, ela confronta as pretensões do império de César com a realidade de um novo povo, aqueles que saúdam Jesus, e não César, como *kyrios*, Senhor e "filho de Deus".

Assim, no versículo 16, o espírito divino que habita em nós fornece a certeza de que "nós" — o povo do Messias — somos realmente "filhos de Deus". O "nós" aqui é, claramente, todo o povo messiânico, estendido não apenas aos judeus, mas também, em linha com a promessa abraâmica original, aos crentes gentios. Na verdade, o "nós" aqui significa todos aqueles que estão *en Christō*, todos aqueles que foram batizados e são crentes seguidores de Jesus. Em Roma, havia uma relação complicada e delicada entre os crentes em Jesus de origem judaica e os de origem entre os gentios, e Paulo aborda isso nos capítulos 14 e 15. Aqui, ele pressupõe que está falando com *todo* o povo do Messias. Se houver alguma dúvida sobre o *status* dos seguidores gentios de Jesus, qualquer possível desafio que, como na Galácia, poderia tê-los rebaixado à condição de segunda categoria, a presença e a obra do espírito fornecem a garantia necessária de que todos são "filhos de Deus". Todos eles, juntos, formam a família única do novo êxodo.

Outra alusão ao êxodo que não aparece aqui, mas aparece adiante na passagem, é o *gemido* do povo conforme eles esperam por sua redenção. Voltaremos a isso quando estivermos analisando os versículos de 22 a 25. Mas essa passagem completa a coletânea de referências ao êxodo, encorajando-nos a observar a passagem inteira sob essa ótica.

Assim, vamos à "herança" — que, para dizer novamente, não é o "céu". A herança é a criação inteira. Aqui, o texto-chave, escondido não muito abaixo da superfície do versículo 17, é o salmo 2, um dos salmos mais populares nos primeiros escritos cristãos. Lembre-se de como esse salmo funciona: as nações reclamam e se enfurecem contra Deus, o criador, mas Deus instala seu rei em Sião e fala com ele como se fosse seu filho. "Pede-me", diz ele ao rei "e te darei *as nações* como herança, e *os confins da terra* como tua propriedade" (veja Salmos 2:8). Isso está de acordo com dois outros grandes salmos messiânicos, de números 72 e 89.

O salmo 2 resume um movimento crucial na escatologia bíblica. Assim como as promessas feitas a Adão em Gênesis 1 se tornam ordens para Abraão de Gênesis 12 em diante, também as promessas em pequena escala feitas a Abraão — uma família, uma terra em particular — tornam-se promessas mundiais feitas ao Messias. A "herança", desde o salmo 2 até Romanos 8, não é mais uma faixa de terra no Oriente Médio. *O mundo inteiro agora é a terra santa de Deus.* O que Deus faz em Israel e para Israel é o que Deus vai fazer *por meio de* Israel, especificamente por meio do rei ungido israelita e de seus seguidores cheios do espírito, *para o mundo inteiro*. Paulo não usa a palavra "reino" (*basileia*) nesse ponto. Ainda assim, ele está tomando a linguagem do reino de Deus que havia estabelecido em Romanos 5:12-21, e recuperando os temas relevantes de Isaías, Daniel e, claro, Salmos. E agora esse "reino", essa herança messiânica, deve ser compartilhada com todo o povo do Messias. Se somos herdeiros de Deus e, portanto, estamos em débito com Deus (tomando o versículo 12, como já vimos), então somos *coerdeiros* com o Messias.

Uma vez que vemos isso, encontramos o versículo 17 apontando em uma direção inesperada. O salmo 2, por si só, sugere que o Messias herdará o mundo por meio de conquista militar. Mas o restante das escrituras às quais o próprio Jesus foi obediente deixou claro que o caminho para essa "glória" — a glória do domínio mundial — é pela dura estrada de peregrinação do sofrimento. Esse é o ponto que Jesus explicou aos dois discípulos perplexos no caminho de Emaús em Lucas 24. E retoma passagens como Marcos 8, o desafio de seguir Jesus pelo caminho do verdadeiro poder de um rei — tomando a cruz. E, é claro, esse tema tem um foco particular na cena do Getsêmani em Mateus e Marcos, a única passagem em que há registros do próprio Jesus se dirigindo ao pai como "Aba". Jesus, naquela noite terrível, lutava com sua vocação, sabendo pelas escrituras — embora seu próprio eu por completo tentasse se afastar dessa ideia — que o caminho para o reino passava pela cruz.[6]

E tudo isso nos permite entender os versículos 12 e 13 de forma mais completa. Paulo deixa claro que o caminho para a vida é o caminho da *mortificação*, de matar ativamente as coisas que o corpo gostaria de fazer, caso pudesse. Isso não é apenas pragmático, como se Paulo estivesse simplesmente refletindo, de forma pesarosa, sobre sua experiência missionária, sobre o custo de viver e pregar a mensagem do Jesus crucificado. Isso é profundamente teológico: Paulo aprendeu, aos pés da cruz, que foi assim que o Deus de Israel recuperou seu

[6] Mateus 26:36-46; Marcos 14:32-42.

reinado sobre o mundo; *e* — embora a igreja nem sempre tenha percebido isso — que é assim que os seguidores de Jesus farão dessa realeza uma realidade no presente e no futuro.

Tudo isso é unido nas três ênfases entrelaçadas dos densos versículos de 12 a 17. Em primeiro lugar, nós temos uma espiritualidade de santidade e esperança, nos versículos 12 e 13. Em segundo lugar, sustentando isso, temos a vocação de ser filhos de Deus, nos versículos 15 e 16. Em terceiro lugar, e em decorrência disso, somos chamados a participar do caminho moldado pela cruz do Messias, que leva a seu reinado sobre o mundo. Algumas poucas palavras sobre cada uma dessas coisas.

Primeiro, a espiritualidade da santidade e da esperança. Retomamos aqui o tema comumente bíblico da peregrinação: a peregrinação dos israelitas pelo deserto, mas também as peregrinações regulares a Jerusalém, evocadas em salmos como o 84 (que fala de um povo que atravessa o vale da miséria a caminho da cidade santa e descobre que aquele vale é um poço de águas) e os salmos de ascensão (120—134). Novamente, é preciso ter cuidado para não nos precipitarmos a pensar nesses salmos de peregrinação, que celebram a jornada até Sião, como um "céu" platônico, como era habitual na Idade Média. Sião não tinha por objetivo apontar para o "céu"; era o lugar *onde o céu e a terra se uniam*. Essa é a promessa por cujo cumprimento Paulo espera nos versículos de 18 a 30. E é por isso que a santidade é importante, não porque Deus seja um estraga-prazeres, mas porque nós somos chamados a ser plenamente humanos de uma forma que a maioria de nós mal começou a imaginar. *Nós mesmos devemos ser lugares onde o céu e a terra se unem*, o que significa que, conforme oramos para que o governo de Deus se torne uma realidade "assim na terra como no céu", devemos procurar viver diariamente essa realidade em nosso próprio corpo obstinado. O escapismo platônico e o ascetismo que o acompanha são uma tentativa filosófica de evitar esse desafio moral, dizendo que o corpo é mau; a visão bíblica é que o corpo é bom e será elevado — mas somente se aprender a morrer. "Se, porém, pelo espírito, fizerem morrer as ações do corpo, vocês viverão" (v. 13).

Aqui, Paulo está destacando algo que ele diz com frequência de maneiras variadas. Em Gálatas 5, ele insiste que o povo do Messias crucificou a carne com suas paixões e desejos. Em Colossenses 3:5, enfatiza: "vocês devem matar o que em vocês ainda pertence à terra". E em 1Coríntios 9 ele se compara a um boxeador experiente, que não apenas golpeia o ar, mas que realmente acerta seus golpes — contra o próprio corpo, para submetê-lo.[7] A razão pela qual ele faz isso — e se Paulo diz isso a respeito de si mesmo, nós certamente deveríamos dizer o mesmo a nosso próprio respeito — é para que, tendo pregado a outros, nós mesmos não sejamos desqualificados. Nossa geração tem visto casos demais desse tipo de coisa, em igrejas de todo tipo.

O perigo de hoje é que é muito fácil para todos nós escorregarmos para as pretensas versões "cristãs" do moralismo fácil do mundo que nos cerca. Pensamos em "autenticidade" ou "espontaneidade", em "fazer o que vem naturalmente", em "seguir o coração", e assim por diante, como se esses fossem os imperativos primários. E frequentemente não percebemos que o coração é enganoso e, conforme Jesus nos alerta, está cheio de tudo o que nos torna impuros.[8] Ética cristã significa seguir um coração *renovado*, trazendo luz à vida dos céus por meio de um novo estilo de vida terreno. Se abraçarmos e aprendermos a viver de acordo com esse novo estilo de vida, ele efetivamente se tornará espontâneo, e, nesse sentido, autêntico. Mas isso só acontecerá por meio de uma virtude cristã arduamente conquistada e orientada pelo espírito.

Novamente, é necessário perceber que essa santidade faz parte da *esperança*. Não quero dizer simplesmente que as pessoas que aprendem a viver à maneira de Deus estejam seguras a respeito dessa esperança definitiva; há alguma verdade nisso, desde que reconheçamos que esse aprender e esse viver resultam da obra do espírito dentro

[7] Gálatas 5:24; Colossenses 3:5; 1Coríntios 9:26-27.
[8] Marcos 7:17-23.

de nós. Não: o que estou dizendo é que santidade significa extrair, do futuro prometido por Deus, a vida que devemos viver no presente. Como em Romanos 6, devemos ser o povo da ressurreição — já, no tempo presente. E, para repetir, isso acontece *pelo espírito* (v. 13). O espírito não é apenas a garantia do nosso futuro definitivo. O espírito traz esse futuro definitivo para a realidade presente.

Portanto, em primeiro lugar, a visão de santidade e esperança. Depois, em segundo lugar, a vocação de sermos filhos de Deus. Versículo 15: "Vocês receberam um espírito de filiação, em quem clamamos: 'Aba, Pai!'". Quando isso acontece, "é o próprio espírito quem está testemunhando ao nosso próprio espírito que somos filhos de Deus".

Há dois problemas aqui, um na estrutura e outro no significado da frase. A pontuação é o primeiro problema (veja o quadro 1).

Será que *en hō krazomen Abba ho patēr* deve ser colocado com o que vem na sequência ou com o que veio antes? Em outras palavras, deveríamos pausar depois de "filiação" ou depois de "Aba, Pai"? A primeira maneira de interpretar esse trecho é: "Recebemos o espírito de filiação, *em quem* clamamos: Aba, pai", e, em seguida, começar uma nova oração — sem nenhuma das palavras de ligação tipicamente paulinas — com "o espírito testifica ao nosso espírito". A segunda maneira é: "Recebemos o espírito de filiação", ponto-final, e, em seguida, começar o novo período com: Quando chamamos Aba, pai, o espírito está testificando ao nosso espírito". Você verá em minha tradução que tentei obter o melhor dos dois mundos: "Vocês receberam um espírito de filiação, *em quem* clamamos: 'Aba, Pai!' *Quando isso acontece*, é o próprio espírito quem está testemunhando...", e assim por diante. Acho que isso provavelmente capta o significado complexo de Paulo. Ele quer dizer *ambos*, que o clamor "Aba, pai" é o sinal seguro de que recebemos o espírito de filiação — do contrário, por que chamaríamos Deus de pai dessa maneira tão familiar? E, de modo mais específico, ele *também* quer dizer que esse é o sinal de que o espírito santo está se juntando ao nosso espírito, fundindo-se à nossa mais profunda interioridade, para dizer: sim, nós somos realmente filhos de Deus.

Quadro 1: A estrutura das frases em Romanos 8:15-16

Opção 1	Recebemos o espírito de filiação, em quem clamamos: Aba, pai. O espírito testifica ao nosso espírito.
Opção 2	Recebemos o espírito de filiação. Quando clamamos Aba, pai, o espírito está testificando ao nosso espírito.

Já falamos bastante da estrutura textual. E quanto ao significado? Aqui, Paulo se refere ao espírito *humano* daquele que crê. Ele já fez isso no versículo 10, e ele faz a mesma coisa em 1Coríntios 2:11-12, que é bastante similar à presente passagem. Peço novamente ao leitor que observe que Paulo não está falando sobre a *alma*. Quando ele se refere à interioridade humana mais profunda — quando falamos desse assunto, rapidamente ficamos sem palavras, e temos de recorrer a expressões desajeitadas como essa —, ele fala do espírito humano. E aqui ele declara que o espírito santo, por assim dizer, chega junto do nosso próprio espírito para nos dizer a mesma coisa: que realmente somos filhos de Deus.

Aqui, temos de ser cuidadosos no aspecto pastoral. A "experiência" das pessoas varia muito, de acordo com a sua personalidade. É fácil sermos enganados de uma maneira ou de outra: ou imaginando que algo é quando, na verdade, não é; ou imaginando que algo não é quando, na verdade, é. Nas igrejas, há muitos frequentadores casuais ou "ocasionais" que têm uma vaga noção de que Deus está em algum lugar por perto e, portanto, supõem que estão "bem"; e há muitos cristãos devotos e dotados de espírito de oração que têm a consciência sensível e agonizam na incerteza de ser ou não cristãos genuínos. E há também muitas outras possibilidades. A experiência pastoral sugere que a única saída é por meio da oração e de uma escuta ativa e gentil, enquanto procuramos ajudar-nos mutuamente a entender, como costumamos dizer, "onde realmente estamos diante de Deus".

Todavia, no coração de nossa passagem, encontramos esta curiosa palavra do aramaico "Aba", como em Gálatas 4:5-6 e Marcos 14:36.[9] Visto que a maioria dos ouvintes de Paulo não era composta de falantes de aramaico, por que ele supõe que todos eles usam essa palavra em oração? Não creio que Paulo queira dizer que todos falam em línguas e que, quando falam, essa é uma das coisas que dizem. Também não penso que se refira ao uso pela igreja de uma versão aramaica da oração do Pai-nosso, embora isso não seja impossível. Penso que isso alude à catequese primitiva, ao ensinamento dos convertidos, quando as pessoas chegavam à fé e descobriam que o Deus que fez o mundo não era nem uma força impessoal, nem um burocrata distante e sem rosto, tampouco uma personalidade caprichosa e possivelmente malévola, mas que era, sim, um ser profundamente pessoal, profundamente amoroso e profundamente — no melhor sentido — paternal. E, quando os mestres da igreja primitiva reconheciam essa nova consciência nos convertidos, eles os guiavam e encorajavam a se dirigir a Deus da maneira que o próprio Jesus havia feito naquela cena memorável.

Isso tudo nos lança para o versículo 17, que vamos abordar novamente no próximo capítulo. É ali que descobrimos que o caminho vocacional para aqueles que oram dizendo "Aba" é o mesmo do próprio Jesus: o caminho do sofrimento. Se Paulo supõe que todos os cristãos se dirigirão a Deus como "Aba", talvez isso seja, em parte, porque ele também supõe que todos os cristãos sofrerão — e foi quando Jesus enfrentou o sofrimento mais severo que se dirigiu a Deus dessa maneira.

Mas esse sofrimento não é (como veremos mais adiante) uma questão de "algo desagradável que simplesmente teremos de suportar". Como os sofrimentos do próprio Jesus, Paulo parece considerar esse sofrimento como uma qualidade ativa. Por mais estranho que possa parecer, essa é uma das maneiras pelas quais Paulo entende que os seguidores de Jesus estão exercendo sua vocação de sacerdócio real

[9] O paralelo em Mateus 26:39 traduziu esse termo para o grego: *ho patēr mou*.

como os portadores da imagem divina, os verdadeiros seres humanos, os verdadeiros filhos de Deus. É assim que, na verdade, somos "moldados segundo a imagem de seu filho primogênito", como escrito no versículo 29. Isso não significa simplesmente que devemos ser como Jesus, aguardando a ressurreição por meio da qual finalmente nos assemelharemos ao seu corpo glorioso (Filipenses 3:21). Isso significa que, por meio da nossa vida, e especialmente por meio da nossa necessidade de orar a estranha e sombria oração dos versículos 26 e 27, os propósitos de Deus poderão se tornar realidade, não apenas em nós e por nós, mas *por meio de* nós (como é adequado à verdadeira família real, a família diante da qual a família de César é uma paródia banal). É assim que, como em 5:17, aqueles que recebem o dom da justiça começam sua gloriosa vocação de *reinar em vida* por intermédio de um só homem, Jesus, o Messias. E isso é parte — embora apenas uma parte — do que Paulo quer dizer quando fala de nossa "glorificação".

Todavia, para desenvolver esse assunto, temos de olhar para os versículos de 17 a 21.

CAPÍTULO 5

ROMANOS 8:17-21: A LIBERTAÇÃO DA CRIAÇÃO

17e, se somos filhos, somos também herdeiros: herdeiros de Deus e coerdeiros com o Messias, desde que soframos com ele a fim de que também sejamos glorificados com ele.	*17ei de tekna, kai klēronomoi: klēronomoi men theou, synklēronomoi de Christou, eiper sympaschomen hina kai syndoxasthōmen.*
18É desse modo que entendo a questão: os sofrimentos pelos quais passamos no presente, quando avaliados, não são dignos de comparação com a glória que está para nos ser revelada.	*18logizomai gar hoti ouk axia ta pathēmata tou nyn kairou pros tēn mellousan doxan apokalyphthēnai eis hēmas.*
19Sim, a própria criação está em suspensão, aguardando ansiosamente pelo momento em que os filhos de Deus serão revelados.	*19hē gar apokaradokia tēs ktiseōs tēn apokalypsin tōn hyiōn tou theou apekdechetai.*

20A criação, como vocês podem ver, também está sujeita a uma futilidade sem sentido, não por sua própria vontade, mas por causa daquele que a sujeitou a isso, na esperança

20tē gar mataiotēti hē ktisis hypetagē, ouch hekousa alla dia ton hypotaxanti, eph' helpidi

21de que a própria criação será libertada de sua escravidão à decadência, a fim de desfrutar a liberdade que surge quando os filhos de Deus são glorificados.

21hoti kai hautē hē ktisis eleutherōthēsetai apo tēs douleias tēs phthoras eis tēn n eleutherian tēs doxēs tōteknōn tou theou.

TERMINAMOS NOSSO CAPÍTULO anterior com Romanos 8:17. Como vimos, o versículo 17 funciona como uma espécie de ponte, unindo a linha de pensamento dos versículos de 12 a 16 e formando a base para o que está por vir. Paulo declarou que sofremos com o Messias para que também possamos ser glorificados nele. Mas o que realmente significa "glória"? A passagem de hoje nos dirá; mas a igreja tem sido surpreendentemente lenta em prestar atenção.

O ritmo deliberadamente lento em que estamos nos movendo ao longo do capítulo nos dá a chance de olhar apenas para essa curta passagem, nos versículos de 17 a 21, em vez de corrermos imediatamente para o material notável que vem logo a seguir. Os versículos de 22 a 30 são realmente fascinantes, mas eles têm todo esse significado por causa do que encontramos aqui em 17 a 21. Paulo anunciou, no versículo 17, o tema do sofrimento e da glória. Ele falará sobre o sofrimento em breve. Os presentes versículos, até o 21, são simplesmente sobre a glória, o que ela significa e como deve ser alcançada.

A glória, claro, é para onde os versículos de 18 a 30 estão indo, até o último período culminante do versículo 30: "aqueles a quem justificou, *também glorificou*". Então, o que *isso* quer dizer? A igreja costumava entender que, aqui, Paulo afirma que aqueles que chegam à fé em Jesus, e por isso são "justificados", têm a certeza de ir para o céu.

Mas, se é verdade que nossa passagem atual, os versículos de 17 a 21, nos mostra o que Paulo quer dizer com "glória" e com "ser glorificado", então temos de rever essa visão radicalmente. O versículo 30 é a conclusão *desta* passagem, e para *este* argumento, não para outra coisa. Repetindo, Romanos 8 simplesmente não é sobre "ir para o céu". O céu nunca é mencionado nesse capítulo; na verdade, "céu", no sentido de "para onde os cristãos vão após a morte", não aparece em nenhum ponto dessa carta — a rigor, nunca aparece nas cartas paulinas. O uso cristão contemporâneo comum da palavra "glória" para significar "céu" como normalmente concebido (quando, por exemplo, alguém morre e dizemos que tal pessoa "foi para a glória") não capta o argumento de Paulo. Então, o que ele está dizendo?

Os principais significados de "glória" nessa passagem são, simultaneamente, **a presença gloriosa do próprio Deus, habitando em nós pelo espírito**, e **o governo sábio, reparador e reconciliador do povo de Deus sobre toda a criação**. Esses dois — a presença de Deus e o governo humano — são feitos um para o outro. Eles se encaixam.

Já vimos, nos versículos de 9 a 11 e nos versículos de 12 a 17, que Paulo está recontando a história do êxodo no ponto em que Deus vem pessoalmente para habitar no Tabernáculo. Esse é o significado de tudo o que Paulo diz sobre o espírito de Deus habitando no interior dos crentes para levá-los à "herança". Aqueles que estão "no Messias" são pessoas do "novo Templo". Paulo insiste, em 2Coríntios 3 e 4, que a glória divina realmente habita no povo de Jesus, embora, como jarros de barro rachados, eles saibam que são profundamente indignos. Esse é o primeiro significado de "glória", que permeia toda essa passagem. Mas tudo o que diremos agora sobre o segundo significado de "glória" — a vocação e o destino humanos: sermos postos em posição de autoridade sobre o mundo — não deve ser colocado em contraposição a essa ideia, relativa ao Templo, de que a glória divina habita no povo de Jesus. Uma das características espetaculares de todo esse capítulo é que os dois significados convergem — como convergiram, e continuam a convergir, no próprio Jesus. Em termos teológicos mais técnicos, estamos perto do coração da cristologia e da pneumatologia. Em relação ao que Paulo vai dizer agora, estamos chegando ao ponto de convergência entre os propósitos definitivos de Deus para a criação e a desafiadora vocação que ele tem para seu povo cheio do espírito.

O significado primário da multifacetada palavra "glória" (*doxa* em grego, geralmente em referência ao termo hebraico *kabod*) é "dignidade", "valor" ou "*status*". O hebraico carrega a noção de "peso", como costumamos falar na "presença de peso" de uma figura poderosa ou influente, ou nas "palavras pesadas" de um discurso ou sermão importante. Essa ideia de dignidade, valor e *status* acompanha ambas as facetas do significado de Paulo.

Antes de prosseguirmos com a exegese, há duas observações preliminares, uma sobre nosso atual contexto global e outra sobre a incompreensibilidade que há nesse ponto no conhecido texto da Bíblia King James.

Em primeiro lugar, o contexto atual. Estamos agora mais conscientes do que nunca da crise ecológica e das alterações climáticas. Obviamente, esse é um tema polêmico. Um pouco da retórica sobre isso — em ambos os lados do debate! — é claramente impulsionado por agendas políticas e ideológicas das quais alguns de nós gostaríamos de nos abster. Mas, assim como os debates de uma geração atrás sobre os efeitos nocivos do tabagismo, a evidência é maciça e cresce diariamente. Dos gases do efeito estufa às más práticas agrícolas, para não mencionar os acidentes nucleares e as "bombas sujas", o mundo pós-iluminista distorceu a vocação de sermos administradores da criação como portadores da imagem divina, interpretando-a como uma oportunidade de explorar a criação para servir ao nosso orgulho, ou à nossa ganância, ou a ambos. Infelizmente, isso não é novidade. Quando lhes era conveniente, os impérios antigos, incluindo os romanos, rotineiramente se valiam da política de "terra arrasada", literal ou metaforicamente. Um país, ou uma cidade rebelde, poderia ser derrotado não apenas por meio de batalhas. Também poderia se tornar um lugar inabitável, com seus poços de água envenenados e seus campos semeados com sal. Obviamente, algo assim não teria ameaçado todo o planeta. Mas era o equivalente, em menor escala, ao que enfrentamos agora. Se nós, chamados a ser sábios administradores da criação no século 21, queremos ser fiéis a essa vocação, a passagem atual será uma das principais fontes de recursos para uma resposta teológica à crise.

A igreja ocidental, claramente e com bastante frequência, tem ignorado esse tema. Isso se deve, em parte, ao fato de a preocupação com a criação parecer algo "não espiritual", associado a uma mentalidade terrena e não celestial. Se Romanos é lido como um livro sobre "como ir para o céu", então por que nos preocuparíamos em cuidar do mundo atual, preso ao tempo e ao espaço? Muito obrigado, Platão, aproveite seu desapego filosófico — enquanto os mais pobres dentre os pobres enfrentam o aumento do nível do mar e a chuva ácida. E, algumas vezes, particularmente nos Estados Unidos, esse platonismo foi reforçado pela caricatura da escatologia bíblica que encontramos na chamada doutrina do "arrebatamento", que, na verdade, dá as boas-vindas aos sinais de iminente destruição do planeta Terra, ou da vinda do Armagedom, ou seja lá o que for. Romanos 8 é firmemente contra qualquer absurdo desse tipo.

Contudo, o texto de Romanos 8 muitas vezes não foi bem compreendido. Isso acontece, em parte, porque o que Paulo está dizendo não se encaixa naquilo que os teólogos queriam enfatizar, desde a Idade Média até os nossos dias. Por isso a versão bíblica mais amada da língua inglesa dos últimos quatrocentos anos, a King James, também conhecida como Versão Autorizada [com traduções em português], faz uma bagunça com essa passagem: esse simplesmente não era um tema que os tradutores eruditos do início do século 17 consideravam importante. O resultado é que, se você quiser evitar o desafio apresentado por essa passagem, continue lendo a King James, que apresenta o problema com a clareza e a transparência de uma poça de lama. Ao agir assim, você será encorajado a continuar lendo rapidamente até chegar ao clímax dos versículos de 28 a 30, que você será capaz de ler da maneira que a tradição quer que você leia.

Na verdade, quando eu estava no ministério pastoral, algumas vezes usei essa passagem de maneira um pouco zombeteira, com esse propósito. Na minha igreja, havia um ou dois leitores — pessoas que se oferecem para fazer a leitura bíblica durante o culto — que insistiam em usar a King James. Eu gostava de dar passagens como essa para essas pessoas. Eis o texto da King James para Romanos 8:19-21:

> Porque a ardente expectativa da criatura espera pela manifestação dos filhos de Deus. Porque a criatura ficou sujeita à vaidade, não voluntariamente, mas por causa do que a sujeitou em esperança, porque a própria criatura também será libertada da servidão da corrupção, para a gloriosa liberdade dos filhos de Deus (BKJ Fiel 1611).

Boa sorte ao ler isso, em voz alta, às dez e meia de uma manhã de domingo, ou em qualquer outra hora. Perceba que, ao traduzir *ktisis* por "criatura", o significado já se tornou obscuro. Para nós, a palavra "criatura" não significa a "criação" como um todo, mas, sim, um pequeno animal. No momento em que o texto diz que a "criatura" ficou sujeita à "vaidade", imaginaremos esse pequeno animal se admirando em um espelho. Quem sujeitou essa criatura à vaidade? Por que e como isso aconteceu? Em que consiste ser libertado dessa condição? Essas são perguntas para as quais a tradição, tanto a medieval como a da Reforma, oferece pouca ajuda. E o leitor comum acelera o passo para alguns versículos mais adiante, que parecem ensinar o que esperamos ouvir.

Façamos, então, o que temos feito até agora. Daremos alguns passos atrás, para aplicar nossas perguntas normais à passagem e ver o que acontece.

Primeiro, olhe para o início e o fim da passagem. Obviamente, os versículos com que estamos ocupados (17-21) fazem parte de uma linha de pensamento mais longa, tendo o versículo 30 como o verdadeiro "final". É lá que Paulo volta para onde começou, com a promessa de glória emergindo do sofrimento. Mas nossa pequena seção atual, como um subconjunto dessa passagem maior, reflete o mesmo ponto. Começamos e terminamos com a glória. Observe o versículo 17: sofremos "com ele a fim de que também sejamos glorificados com ele"; o versículo 21: "a liberdade que surge quando os filhos de Deus são glorificados". Esse é o tema que rege nossos versículos. Eles expandem e explicam a última linha do versículo 17 e definem o contexto para os versículos de 22 a 30. Essa é a estrutura segundo a qual devemos entender os versículos 19 e 20. *Mas essa "glorificação" claramente não é sobre cristãos fiéis irem para o céu*; é sobre a criação ser resgatada da corrupção! Em que isso se relaciona com a glória que nos será revelada? A resposta está no pano de fundo bíblico. Chegaremos a esse ponto daqui a pouco.

A segunda coisa sobre a leitura de Paulo, recordamos, é olhar para as pequenas palavras que unem suas orações e expressões. Aqui, mais uma vez, temos três segmentos ligados ao que os precede com um *gar*, "porque". Na minha própria tradução, uma vez que o uso de "porque" repetido soa bastante truncado em nossa língua, usei outras palavras de ligação, mas, se transformarmos *gar* em "porque", as ligações lógicas tornam-se claras. Assim:

> 17... sofremos com ele a fim de que também sejamos glorificados com ele. 18**Porque** [*gar*] os sofrimentos presentes não são dignos de comparação com a glória que nos será revelada. 19**Porque** [*gar*] a criação está em suspensão, aguardando ansiosamente pelo momento em que os filhos de Deus serão revelados; 20**Porque** [*gar*] a criação foi submetida à futilidade [...] na esperança 21**de que** [*hoti*] a própria criação será libertada de sua escravidão, para desfrutar a liberdade que vem quando os filhos de Deus são glorificados.

Pois bem, se fizermos uma leitura "normal" dessa passagem, o versículo 19 não parece explicar o versículo 18. Parece um *non sequitur*, passando da glória vindoura (que a leitura normal interpretaria como o "céu") para o anseio da presente criação espaço-tempo-matéria. Mas Paulo relaciona os dois com um *gar*, "pois" ou "porque". Na minha própria tradução, expandi isso para "É desse modo que entendo a questão", em parte porque, no início do versículo 18, Paulo usa o verbo *logizomai*, que significa "eu desenvolvo" ou "eu considero"; é uma palavra *calculada*. Então, se Paulo acabou de dizer que os sofrimentos presentes não se comparam com a glória vindoura, por que ele *explicaria* isso falando, no versículo 19, sobre a criação desejando que os filhos de Deus sejam revelados? E por que ele explicaria *isso* (veja o *gar* no início do versículo 20) aprofundando ainda mais, não na direção do problema humano do pecado e da morte, mas, sim, do problema cósmico da futilidade e da corrupção? Responder a essas perguntas nos dará uma orientação do ponto que vai seguir a passagem mais ampla.

Podemos abordar melhor essas questões fazendo nossa costumeira terceira pergunta: o que acontece quando tentamos ler esse texto dentro do mundo dos dias de Paulo, dentro da visão de mundo, das narrativas e dos pressupostos que seus contemporâneos teriam em mente?

O mundo no qual Paulo foi missionário era o mundo dominado por Roma, por César. Durante todo o século anterior, a máquina de propaganda romana trabalhara para produzir um mito específico (veja Apêndice 1). Muitos pagãos do mundo antigo viam o mover mais amplo da história como uma sucessão de eras — uma era de ouro, seguida por uma de prata, de bronze e de ferro. Houve diversas versões desse tema, mas elas sempre apontavam para um retorno derradeiro à era de ouro, a era de Saturno (como eles imaginavam). Em 41 a.C., três anos depois do assassinato de Júlio César, um jovem e brilhante poeta chamado Virgílio escreveu uma écloga[1] na qual declarava que a era de ouro realmente havia voltado, trazendo paz e harmonia ao mundo natural. Virgílio disse basicamente a mesma coisa em *Eneida*,

[1] Texto poético ambientado na natureza que faz referência à vida pastoril. (N.E.)

dessa vez de forma explícita, vinculando tais coisas ao governo de Augusto, filho adotivo de Júlio César. O poema anterior foi posteriormente interpretado pelos cristãos como uma profecia pagã sobre a encarnação de Jesus. (Por isso, em alguns círculos cristãos, particularmente na Idade Média, Virgílio se tornou uma espécie de semissanto honorário, como no grande poema de Dante.)

Augusto solidificou seu governo imperial por meio de um programa de publicidade maciça, não apenas por meio dos poetas e historiadores da corte, mas também de estátuas simbólicas. O *Ara pacis*, o altar da paz, que ainda pode ser visitado em Roma, declara simbolicamente que, agora, tendo Augusto como imperador, há um tempo de paz, harmonia e fecundidade. A terra está produzindo tudo o que os seres humanos poderiam desejar. Essa imagem de uma vida pacífica e de colheitas abundantes foi copiada em moedas e esculpida em mármore por todo o império. A própria natureza era vista como uma matriarca pacata, descansando pacificamente, rodeada de abundantes provisões. A mensagem era a seguinte: você nunca viveu em tempos tão bons — e tudo isso porque o herdeiro de César está no trono, trazendo paz e justiça ao mundo! E, claro, o subtexto disso, a mensagem passada aos habitantes longínquos do império, era: por isso, por favor, acalmem-se e habituem-se ao domínio romano. Nem pensem em rebelião. Por que pensariam? Você está no melhor de todos os mundos possíveis.

Essa linha de propaganda foi mantida pelos imperadores posteriores, sobretudo por Nero, como demonstrado no terceiro fragmento do Apêndice 1. Antes do surgimento dos meios de comunicação em massa, a mensagem era transmitida por meio de moedas, estátuas, inscrições e, em particular, poemas. Roma, como todos os impérios anteriores e posteriores, seguiu esse caminho. Isso foi verdade durante toda a vida de Paulo, marcando presença em vilas, cidades e praticamente em todos os lugares que ele visitou. Em rigor, parece que ele fez questão de visitar os principais centros de influência romana, como Éfeso e Corinto, com a intenção de posteriormente seguir para a própria Roma e a Espanha, um importante posto ocidental avançado do domínio romano. Sua estratégia parece ter sido anunciar Jesus como o verdadeiro *Kyrios*, o verdadeiro Senhor do mundo, em lugares nos quais essa palavra e as reivindicações que a acompanhavam estavam firmemente ligadas a César.

Assim, nessa carta, enviada à própria Roma, Paulo está declarando poderosamente que as afirmações romanas, à semelhança de todas as outras afirmações pagãs, é, na melhor das hipóteses, apenas uma paródia da verdade. É claro que todo mundo sabia que, segundo seus próprios critérios, as alegações de Roma eram mentirosas. A suposta glória de Roma fora construída sobre uma implacável conquista militar, muitas vezes sustentada por crucificações. O governo de Roma sempre foi tão precário quanto a próxima rebelião provincial ou a próxima revolta por falta de alimentos, se os navios de grãos não chegassem a tempo. De qualquer forma, para Paulo, a "natureza" não era uma matriarca pacífica independente. Visto de sua perspectiva bíblica judaica, o mundo em geral não era uma "natureza" autossustentável. Era a "criação", um mundo bom, feito pelo bom Deus criador, mas que agora geme em dores de parto, desejando dar à luz a verdadeira nova era, no lugar da reluzente e falsa "nova era" imaginada pelos poetas da corte romana.

Em outras palavras, Paulo estava pensando mais com a Bíblia do que com a propaganda imperial. Ele acreditava na antiga promessa hebraica da nova criação (veja o Apêndice 2). O Antigo Testamento frequentemente aponta para o futuro, mesmo em meio à rebelião e ao fracasso de Israel, para a promessa de que o Deus que fez o mundo um dia o faria novamente. Um tempo de harmonia cósmica viria.

Aqui, duas características se destacam. Por um lado, isso aconteceria por meio da obra do Messias davídico, como em Isaías 11 ou no salmo 72. Por outro lado, revelaria a glória divina, como em Isaías 35 ou 40. Na verdade, Isaías 11 e o salmo 72 também dizem a mesma coisa: toda a terra estará cheia da glória de Deus, assim como o Tabernáculo do deserto ou o Templo de Salomão foram preenchidos com a gloriosa presença divina. Essas promessas foram recuperadas, desenvolvidas, expandidas e celebradas de várias maneiras nos escritos judaicos do segundo Templo. Algumas vezes chamamos esses escritos de "apocalípticos", o que significa "revelatórios", porque falam de Deus, o criador, repentinamente revelando sua nova criação como o surpreendente cumprimento de seu antiquíssimo plano. Mais uma vez, percebemos o contraste com a visão romana de uma utopia imperial presente. O sonho romano estava baseado em conquista militar violenta. A visão hebraica e judaica costuma emergir em tempos de intenso sofrimento.

Os primeiros cristãos naturalmente recuperaram e reafirmaram esse tema bíblico da nova criação pela razão óbvia de que ele tinha começado a se cumprir na ressurreição de Jesus. Eles acreditavam que, por intermédio do espírito, essa nova criação estava poderosamente em ação no mundo mais amplo tanto *nos* seres humanos fiéis como *por meio* deles.

Pode parecer estranho para nós, com nossa perspectiva muito posterior, que essas duas histórias — uma bíblica e judaica, e outra romana — tenham acidentalmente se desenvolvido em paralelo. Os textos judaicos são muito mais antigos que o surgimento de Roma; e os textos romanos certamente não estavam tomando por empréstimo as ideias de Isaías ou de Salmos. No entanto, muitos judeus da época de Paulo, calculando o futuro com base nas "setenta semanas de anos" de Daniel 9:24, concluíram que a nova era estava prestes a surgir no período que chamamos de primeiro século.[2] E esse foi o momento exato em que o império romano estava alardeando, por razões muito diferentes, a chegada de sua própria nova era por intermédio dos Césares. A grande história do evangelho — a boa-nova de que o criador tinha resgatado sua criação por meio de seu filho e estava trazendo justiça, salvação, paz e glória a todos — nasceu em um mundo no qual já havia uma história poderosa e bem divulgada sobre a boa-nova de um filho de deus que tinha trazido justiça, salvação, paz e glória ao mundo.

---

[2] Sobre o resgate de Daniel 9 nesse período, veja *Paulo e a fidelidade de Deus* (São Paulo: Paulus, 2021), cap. 2.

Portanto, é exatamente no ápice da carta escrita à igreja em Roma que podemos ver o impacto implícito das narrativas vigentes. Naturalmente, não devemos olhar para as paródias de verdade da antiguidade com um ar de superioridade, como se não estivéssemos igualmente sujeitos a esse tipo de distorção. Temos de refletir cuidadosamente sobre como as vastas e socialmente poderosas narrativas modernas e pós-modernas ofereceram ao mundo algo que é parecido com o evangelho cristão, mas que, na verdade, é uma paródia mortal.

Assim, a modernidade tentou roubar as roupas do cristianismo com seu discurso de progresso e esclarecimento, oferecendo uma escatologia sem Deus e uma pretensa sabedoria sem Deus. Reagindo a isso, a pós-modernidade nos ofereceu uma ríspida doutrina do pecado original — a hermenêutica da suspeita é a versão secular desse dogma —, mas sem nenhuma esperança de redenção ou perdão. Afinal, não há tantas grandes verdades no mundo. O evangelho cristão tem todas elas, e em um equilíbrio adequado. Mas poderosos movimentos subcristãos arrancam, regularmente, bocados e pedaços dessas narrativas e tentam juntá-las de novas maneiras, mas elas nunca realmente cumprem o que prometem. O modernismo já mostrou suas verdadeiras feições com a guilhotina e com o Holocausto. A pós-modernidade faz com os ícones culturais a mesma coisa que os impérios tirânicos sempre fizeram e continuam a fazer, demolindo tudo, mas sem um plano de reconstrução.

Mas as paródias da verdade não são vistas apenas no mundo secular. Elas surgem com triste regularidade em meio ao próprio povo de Deus — nós mesmos, devo dizer. Essa triste história já pode ser vista quando Arão faz o bezerro de ouro no exato momento em que Deus estava entregando a Moisés os planos para o Tabernáculo. Ela continua até hoje, quando o povo de Deus, de forma coletiva ou individual, é seduzido a agarrar algo que parece ser um bom presente, mas que, na verdade, é semelhante às promessas de César: fumaça, espelhos, pó e cinzas. Nos espaços em que os ensinamentos semicristãos ou subcristãos obscurecem há muito tempo o significado bíblico da criação e da nova criação, os crentes se tornam alvos fáceis para aqueles que oferecem misturas tóxicas de fé e política.

Mas isso nos leva, acima de tudo, ao significado bíblico da glória. Para voltar às palavras-chave: a palavra hebraica *kabod* e a palavra grega *doxa* incluem sentidos como resplendor e luz brilhante. É isso que muitos leitores imaginam que Paulo está falando. Mas esse não é seu significado básico, e não é o que Paulo normalmente quer dizer. Nas escrituras hebraicas, "glória", em geral, se refere especificamente a *domínio* ou *poder*. Por isso "glória" é regularmente um termo associado à realeza, simbolizado visualmente em coroas, às vezes com raios de luz brilhante fluindo em todas as direções. A luz brilhante não é a glória em si. A luz *fala sobre* a glória, a dignidade e o poder. A honra da pessoa é *simbolizada por* aquela luz brilhante. Então, quando as escrituras prometem que a glória de Deus inundará toda a criação, isso não significa que o mundo inteiro se tornará luminoso, como se tivesse uma lâmpada poderosa escondida em algum lugar; significa que o poder criativo e a sabedoria de Deus, como costumamos dizer, brilharão visivelmente por toda a parte.

Essa promessa sobre a glória vindoura — a glória dos seres humanos sendo colocados no governo do mundo — é um tema importante para Paulo. Ela acompanha de perto a promessa da ressurreição, que é construída sobre o fundamento da própria ressurreição de Jesus. Paulo recupera essas promessas bíblicas em outras passagens relacionadas — especificamente em 1Coríntios 15:20-28 e Filipenses 3:19-21. Ambas as passagens deixam muito claro o que aqui é dito de forma densa e indireta. (Isso acontece frequentemente com Paulo: ele explica um ponto claramente em um texto e o resume em um aforismo intrigante em outro. É preciso verificar o texto no qual ele explica melhor, para garantir que você compreendeu o aforismo.)

Nas passagens de 1Coríntios e Filipenses citadas, Paulo evoca três salmos e um capítulo de Daniel. As passagens em questão, que merecem ser estudadas cuidadosamente e sem pressa, são: o salmo 2, passagem em que o Messias davídico é posto em autoridade sobre o mundo; o salmo 110, em que o Messias é posto à direita de Deus para estar acima de todos os seus inimigos, um ponto fortemente ecoado em Daniel 7; e especialmente o salmo 8, a vocação humana de sermos administradores do mundo: coroados com *glória* e honra, com todas as coisas sujeitas aos nossos pés. Nessas passagens, esse é o significado de "glória" para Paulo. O salmo 8, em particular, é crucial. Ele capta e concentra a promessa de Gênesis 1, de seres humanos feitos à imagem de Deus e recebendo a responsabilidade pela criação de Deus. Essa é uma maneira pela qual os dois significados — a presença de Deus e a autoridade dos seres humanos — convergem.

Essas imagens caminham juntas, até porque alguns leitores judeus entendem o salmo 8 em relação ao Messias, percebendo o rei que viria como a suprema e verdadeira versão do ser humano. Isso se alinha com uma percepção comum da antiguidade, que via os reis como pessoas feitas à imagem divina. É claro que Gênesis 1 insiste, na verdade, que todos os seres humanos são portadores da imagem divina; todos os seres humanos têm a dignidade da realeza. Mas muitos judeus antigos continuaram lendo o salmo 8 de forma messiânica; e isso abre o caminho para Paulo conectá-lo, nas referidas passagens, com outros textos messiânicos.

Paulo também via que o salmo 8 se cumpria em Jesus, aquele a quem todas as coisas estão sujeitas. Para Paulo, como seria esperado após a famosa passagem "Adão e o Messias" de Romanos 5, a questão aqui é perceber *o verdadeiro ser humano supremo*, assim como em 1Coríntios 15. Os cristãos modernos costumam achar que nossa principal tarefa como apologetas é persuadir as pessoas da divindade de Jesus; mas Paulo, sem absolutamente negar ou minar isso, insiste nessas passagens que Jesus é o verdadeiro ser humano. E um ponto que ele defende com frequência, em consonância com a democratização bíblica da promessa davídica, é que Jesus, como Messias, *compartilha esse papel com todo o seu povo*. Versículo 29: devemos ser *conformados à imagem do filho*, "de modo que ele fosse o primogênito de uma grande família". O salmo 8 retoma Gênesis 1 e 2, insistindo que a vocação humana permanece na ordem do dia, embora não estivesse claro — até a vinda do evangelho — como tudo isso funcionaria. Aqueles que pertencem a Jesus, que são habitados por seu espírito, compartilham sua vocação, moldada por Gênesis 1 e o salmo 8.

Há muito mais aqui em Romanos 8. Mas isso já é um começo. É o suficiente para nos ajudar a navegar por esses quatro versículos importantíssimos. O que começa a aparecer nessa passagem, e que talvez seja seu ponto mais impressionante, é o significado duplo de "glória", ou "esperança da glória", ou "glorificação" — significados aos quais já aludi. Temos de parar um pouco e refletir sobre essa realidade bilateral e o significado dessa duplicidade.

Se você perguntasse a um judeu do primeiro século: "O que é 'a esperança da glória?'", ele provavelmente responderia: "Nossa esperança é que o nosso Deus volte em poder e majestade para habitar no Templo e estabelecer seu reino sobre Israel e o mundo". Mas ele também poderia dizer: "A esperança da glória é que o povo de Deus seja posto em autoridade sob ele e sobre o mundo". Os Manuscritos do Mar Morto, em referência à sua própria comunidade, dizem que "toda a glória de Adão será dada" a eles, o que significa que serão colocados como governantes mundiais, refletindo a sábia ordem de Deus em sua criação. Trata-se de uma leitura clássica de Daniel 7, na verdade validada pela própria passagem, que explica a exaltação e o governo mundial daquele que é "como um filho do homem" em relação ao *povo dos santos do Altíssimo* que recebem o reino e o governam para sempre.

Na sequência, essa esperança dupla — de glória divina e de glória humana — é unida de modo espantoso. A glória *divina*, prometida em Isaías 40 e 52, e também em Ezequiel, retorna ao Templo na pessoa do Messias e também, como em Romanos 8:9-11, no espírito. E aqueles que são assim declarados "filhos de Deus" recebem a glória, a dignidade e a autoridade *humanas* de serem, como o filho do homem de Daniel, colocados sob Deus e sobre o mundo. Pense novamente no salmo 8, no qual o ser humano, "o filho do homem" (entendido coletivamente), é "coroado de glória e honra". Paulo já havia usado essa expressão em Romanos 2:10, ao falar do estado definitivo do povo de Deus. Assim, poderíamos dizer que Isaías 40 (o retorno da glória divina) é cumprido por meio do cumprimento do salmo 8 (a exaltação do[s] verdadeiro[s] ser[es] humano[s]) — e vice-versa. Essa é uma visão grandiosa e crucial. Não é nada menos do que uma teologia trinitária da glória, que inclui em seu cerne a intenção divina original para os seres humanos.

O argumento de Paulo no versículo 18 — que parece óbvio quando você vê a imagem por completo! — é que os sofrimentos presentes não podem ser comparados a essa glória.

Com tudo isso em mente, voltamos finalmente ao detalhe desses cinco versículos cruciais, os versículos de 17 a 21. Versículo 17: "somos [...] coerdeiros com o Messias", declara Paulo, "desde que soframos com ele a fim de que também sejamos glorificados com ele". Portanto, "glorificados" aqui é outra maneira de dizer "recebendo a herança", que é o domínio humano sobre a criação. Com o Messias e estando nele, devemos ser colocados como uma autoridade restauradora sobre o mundo de Deus. Isso, então, é explicado no versículo 18 com a palavra solene "entendo", *logizomai*; Paulo diz: "É desse modo que entendo a questão". Ele, como dizem, calculou bem. O que ele diz aqui acompanha de perto 2Coríntios 4, passagem que declara que os problemas atuais são uma ligeira aflição momentânea que não pode absolutamente se comparar com o peso eterno da glória.

Assim, no versículo 18, ele contrasta o "tempo presente" com a "era vindoura". No tempo presente, desde a ressurreição de Jesus, a antiga era e a nova era se sobrepõem. Elas andam paralelamente. Na "era vindoura" definitiva, a glória será plenamente revelada; mas ela já está em ação. No final do versículo, ele insiste que a glória será revelada *para nós* ou *sobre nós* (*apokalyphthēnai eis hēmas*). Esse uso de *eis hēmas* é inesperado. Poderíamos pensar que a glória seria revelada *para* nós, no sentido de que seríamos espectadores, observando o momento em que a glória divina voltasse em toda a sua plenitude. Isso teria exigido apenas o dativo, *hēmin*. Mas não. A glória divina será revelada *sobre nós*. Descobriremos que estamos vestidos com ela, dotados dela. Isso requer, o que é pressuposto em Romanos 8, uma compreensão teológica completa e densa do espírito santo, como simultaneamente sendo a gloriosa presença divina no povo do Messias e aquele que os capacita a serem os verdadeiros seres humanos dentro dos propósitos atuais de Deus. Assim, na revelação repentina que se aproxima, o "apocalipse", cuja peça central será o retorno do próprio Jesus, nós, seres humanos redimidos, seremos investidos, equipados com aquela autoridade divina sobre o mundo que já pertence ao próprio Jesus. Como ele diz no final de Mateus 28, toda autoridade é dada a ele. Já naquele momento, seus seguidores são convidados a ir ao mundo para tornar real essa autoridade. No final, essa obra será concluída.

É importante compreendermos como tudo isso se encaixa. Para Paulo e todos os primeiros cristãos, o apocalipse vindouro revelaria o próprio Jesus. Quando Jesus voltar, ou quando "for revelado" (como Paulo e João afirmam, respectivamente, em Colossenses 3:4 e 1João 3:2), as metades indissociáveis da boa criação, o céu e a terra — hoje mutuamente obscurecidos um para o outro — vão se tornar uma coisa só, de forma completa e visível. Paulo fala desse momento em 1Coríntios 15, Filipenses 3 e em outras passagens. Mas, na presente passagem, *o próprio povo de Jesus* é o sujeito do "apocalipse". Ele mesmo será "revelado". Como ele diz em Colossenses 3:4, quando o Messias vier, "*vocês também serão revelados* com ele em glória". Em geral, pensamos em *cristãos* aguardando a revelação do *Messias*; aqui, porém, é o *cosmo* que está à espera da revelação dos *cristãos*! E isso nos leva diretamente ao versículo 19.

Observe atentamente como o versículo 19 funciona no grego. Paulo já usou a palavra *apokalyphthēnai* no versículo 18. Agora ele parece explorar, de forma deliberada, o potencial poético da palavra com a repetição do *apo*, tanto com o som "k" como com o "d": *hē gar apokaradokia tēs ktiseōs tēn apokalypsin tōn hyiōn tou theou apekdechetai*. Essas palavras que começam com *ap-* (*apokaradokia*, *apokalypsin*, *apekdechetai*) criaram uma explosão de consoantes, destacando a natureza explosiva do momento em que Deus finalmente completará sua obra com o retorno de Jesus e a transformação de todas as coisas.

À primeira vista, pode parecer estranho ter *apokaradokia* como o sujeito da oração gramatical. Essa palavra significa propriamente "desejo ávido". Ela passa a sensação de ver alguém esticando a cabeça para a frente para ver o que está por vir. Isso torna a tradução difícil, é claro, uma vez que significa literalmente "o esticar de pescoço da criação está aguardando ansiosamente a revelação dos filhos de Deus". Simplifiquei-o um pouco em minha própria tradução; assim, a exemplo da maioria dos tradutores, fiz com que a "própria criação" fosse o sujeito ("a própria criação está na ponta dos pés"). Paulo constrói sua frase criando uma aliteração ruidosa (*apokaradokia*, *apekdechetai*), um termo em cada extremidade — com o termo principal, *apokalypsin*, no meio delas. E o termo principal é *a revelação, o desvelamento, dos filhos de Deus*. Ou seja, eu e você. Isso, declara Paulo, é o que a criação está esperando.

É claro que Paulo pressupõe que essa será a revelação de Deus, bem como de Jesus. Mas o que tem relevância aqui, porque foi assim que Deus fez o mundo desde o princípio, é que a criação aguarda por *nós* — nós, humanos, nós, os seguidores de Jesus, nós, os templos do espírito —, até que sejamos revelados como os glorificados, ou seja, os empoderados administradores da criação, chamados a restaurar a criação ao seu propósito adequado. A criação está, naturalmente, à espera de seu criador. Mas o que ela mais quer é seu administrador adequado, a sábia família humana na qual o próprio espírito do criador está em ação. Um dia, nós, seguidores de Jesus, seremos revelados exatamente dessa forma. Isso, notamos de passagem, é exatamente o que o livro de Apocalipse diz sobre o projeto de Deus para suas criaturas humanas redimidas: fomos resgatados para nos tornar "o sacerdócio real".[3]

Os versículos 20 e 21 explicam o seguinte: *gar* no início, que eu traduzi pela frase "como vocês podem ver", uma forma costumeira

[3] Apocalipse 1:6; 5:10; 20:6.

de sinalizar uma explicação. Paulo aqui nos reconduz a Gênesis 3; na verdade, ao longo de toda a sua explicação, ele sempre manteve toda a história da criação em mente, como também fez nos capítulos anteriores de Romanos. É aqui que a declaração programática de Romanos 5:12-21 (a passagem sobre Adão e o Messias) entra em cena. O pecado de Adão significava não apenas que ele e Eva foram expulsos do jardim, mas também que a própria terra agora produziria espinhos e abrolhos. Gênesis 1 e 2, afinal, apresentam o lançamento de um *projeto*, e não um quadro estático. A criação, da forma ali apresentada, deveria ser o início de algo ainda maior. Mas isso aconteceria por meio da administração dos portadores da imagem divina. Sua rebelião significou que o projeto foi frustrado. Por isso, a criação sofre de *mataiotēs*, a terceira palavra grega no versículo 20, que significa "frustração" ou "futilidade". Sem seres humanos sábios e obedientes para guiá-la, a criação não vai a lugar algum, e ela sabe disso.

Isso não foi culpa da própria criação. Quando, no versículo 20, Paulo diz "não por sua própria vontade", ele está descartando qualquer noção platônica de que a ordem criada é fútil e corrupta *por sua própria natureza*. Em vez disso, o Deus criador ordenou que fosse assim porque sua criação foi concebida para florescer sob a autoridade de seres humanos que refletem Deus genuinamente, e, até que pessoas assim sejam encontradas, a criação permanecerá frustrada. O criador não vai apagar o princípio de funcionamento da sua criação original, o princípio segundo o qual seu mundo funcionaria adequadamente por meio de seres humanos obedientes. Afinal, esse plano foi concebido para que o próprio Deus habitasse na criação (algo que se torna visível por uma retrospectiva cristã de longo prazo), para que a segunda pessoa do seu ser viesse como o ser humano supremamente sábio e obediente e para seu próprio espírito reanimar outros seres humanos e prepará-los para seus próprios papéis posteriores.

Assim, a criação foi submetida a essa futilidade, mas sempre "na esperança". A expressão grega *eph' helpidi* no final do versículo 20 poderia acompanhar tanto o que vem antes ("sujeitados em esperança", isto é, "sujeitados com um propósito") como o que vem depois ("na esperança de que..." — especialmente se, como vemos em alguns manuscritos, a primeira palavra do versículo 21 for *hoti*, "que", e não *dihoti*, "porque").[4] A diferença é pequena. Ambos os significados estão bastante alinhados com o argumento que Paulo apresenta aqui: por trás do triste estado atual da criação, o propósito de Deus sempre apontou para uma redenção definitiva.

Isso nos remete à gloriosa afirmação do versículo 21 — mas essa afirmação costuma ser mal interpretada. Muitas traduções dão a impressão de que Paulo disse que a criação vai *compartilhar* a "gloriosa liberdade dos filhos de Deus", ou algo assim. Mas essa série de genitivos — o *eleutheria* da *doxa* dos *tekna* de *theos*, "a liberdade da glória dos filhos de Deus" — não pode ser traduzida por uma expressão tão simples quanto essa. A "liberdade" aqui é a liberdade que pertence à *criação*, em oposição à sua escravidão à decadência; mas a "glória" aqui é a autoridade humana *sobre* a criação. É claro que nós também estaremos livres do pecado e da morte, mas essa não é a questão que Paulo está levantando. A *criação*, afirma ele, será libertada de sua escravidão à decadência; e isso acontecerá quando *o povo do Messias* for glorificado, ressuscitado dentre os mortos e, por fim, receber a autoridade sobre o mundo que, desde sempre, foi planejada para ser sua. *Essa é a glória que que será revelada sobre nós, no versículo 18. Essa é a revelação dos filhos de Deus da qual fala o versículo 19.* A tradução adequada do versículo 21 é, portanto, algo parecido com o que ofereci: para que, naquele novo dia, a criação possa "desfrutar a liberdade que surge quando os filhos de Deus são glorificados".

Agora, finalmente, vemos todo o fluxo de pensamento. Versículos 17 e 18: a nova criação definitiva, com os seres humanos desempenhando um glorioso papel, será tão espetacular que nenhum sofrimento atual pode pesar contra ela. Isso ocorre porque, como vimos nos

[4] Os melhores manuscritos estão divididos em dois grupos praticamente equivalentes quanto às duas opções.

versículos de 19 a 21, a criação que hoje está frustrada será libertada de sua escravidão à decadência quando os filhos de Deus assumirem sua gloriosa administração soberana. Nos versículos de 22 a 27, Paulo passa a apresentar o sofrimento do qual estamos falando: o gemido do povo de Deus em meio ao gemido da criação, com o espírito gemendo dentro de nós, no coração de tudo isso. Ele, então, reunirá tudo isso nos últimos versículos da longa seção central do capítulo, com o próprio Messias sendo aquele que é verdadeiramente humano, e nós mesmos sendo conformados à sua imagem.

É assim que Paulo apresenta nos versículos de 17 a 21, em uma linguagem cheia de ressonâncias bíblicas, a esperança para toda a criação — a esperança que muitos cristãos até hoje simplesmente ignoram. Para um relato completo, precisamos das outras passagens-chave: 1Coríntios 15, 2Coríntios 5 e Filipenses 3, sem deixar de mencionar as alusões em Atos (3:21 e em outras passagens) e Apocalipse 21 e 22. Mas essa passagem é onde esse extraordinário senso de glória dupla — o retorno glorioso de YHWH e o governo glorioso dos verdadeiros seres humanos — reúne-se na escatologia cristologicamente fundamentada e instituída de Paulo. Até que tenhamos compreendido essas coisas (ou talvez devêssemos dizer "até que isso se tenha enraizado em nosso coração e em nossa vida"), não teremos compreendido a dimensão desse capítulo.

Espero que tenha ficado claro quão relevante tudo isso é para os problemas urgentes de hoje. Existem alguns recentes debates sérios sobre a responsabilidade humana na criação e a favor da criação. Alguns, vendo a terrível desordem que os humanos causaram no mundo, estão dizendo que devemos recuar, viver de forma simples e deixar a natureza se corrigir. Outros insistem que, seja como for, Deus vai queimar o mundo atual e nos levar para o céu, de modo que a preocupação ecológica é uma distração do evangelho. E outros, incluindo muitos de nossos contemporâneos, estão dizendo que nós, os seres humanos, precisamos fazer tudo e resolver tudo. Que papel pode ter um cristão paulino em tudo isso?

Alguns podem dizer que talvez tenhamos essa autoridade para libertar a criação quando a nova criação chegar, mas que ainda não fomos ressuscitados dos mortos! Os novos céus e a nova terra ainda não estão aqui; por isso não há muito que possamos fazer neste momento, não é mesmo? Quando as pessoas me dizem isso — e isso é algo que já ouvi algumas vezes —, uma das respostas possíveis é como segue. Imagine que alguém venha a mim pedir uma visita pastoral e diga algo como: "Veja bem, eu tenho esse problema com o pecado. Continuo pecando e não consigo parar. Mas um dia Deus me concederá restauração moral! Não preciso ficar me preocupando com isso agora, não é mesmo?". A resposta adequada para isso seria confrontar essa pessoa, de maneira firme, mas gentil, com a escatologia inaugurada baseada em Romanos. De acordo com Romanos 6 e 8, além de Colossenses 3, nós *já fomos* ressuscitados com o Messias. Portanto, é nosso dever antecipar, no poder do espírito, a ressurreição que um dia virá em nossa vida moral atual e em nossa responsabilidade voltada para fora que temos no mundo de Deus. A nova criação *já* começou com a ressurreição de Jesus e o dom do espírito. Esse é nosso ponto de partida. Não há desculpas.

Então, qual é a tarefa atual da igreja? Ela começa nos versículos de 22 a 27, que examinaremos no próximo capítulo. Ela está focada em lamento — algo que talvez surpreenda aqueles que supõem que Romanos 8 diz respeito exclusivamente à alegria da salvação. Todo o restante é resultado disso. Como em Salmos, o caminho para a celebração frequentemente passa pelo vale das sombras.

Uma última pergunta que as pessoas fazem de vez em quando. Os cientistas nos dizem que, de acordo com as observações que eles fazem do estado atual das coisas, há dois caminhos possíveis para essa criação: esfriar ou esquentar. Ou este mundo continuará a expandir indefinidamente até a vastidão vazia do espaço, ou (sob a imposição da força gravitacional) a criação voltará novamente a um único ponto. O grande esfriamento, ou a grande compressão! Como, então, podemos acreditar que Deus vai renovar e restaurar a criação?

A resposta é que, na presente passagem, Deus promete fazer por toda a criação *o que ele fez por Jesus na Páscoa*. Nem mais, nem menos. A ciência dirá, com toda a razão, que, quando os seres humanos morrem, isso é tudo. A ciência estuda a evidência normal e repetível no contexto da velha criação. Esse é seu trabalho. Mas a ressurreição é o início da nova criação. E, quando entendemos a Páscoa da maneira que Paulo a entende — de acordo com as escrituras, na verdade! —, veremos que a fé necessária para crer na renovação definitiva do mundo de Deus é a mesma fé necessária para crer que Deus ressuscitou Jesus dos mortos. "Considerar" que o sofrimento presente não pode ser comparado à glória vindoura acaba sendo o mesmo ato de fé baseado em Jesus ao qual Paulo nos impulsiona em Romanos 6: "considerar" que já estamos mortos para o pecado e vivos para Deus no Messias. Aprender a "considerar" essas coisas é fundamental para uma vida humana sábia e que reflita a imagem de Deus.

CAPÍTULO 6

ROMANOS 8:22-27: O GEMIDO DO ESPÍRITO

22 Deixem-me explicar. Sabemos que toda a criação está gemendo a uma só voz, sofrendo dores de parto até o presente momento.

22 oidamen gar hoti pasa hē ktisis systenazei kai synōdinei achri tou nyn.

23 E não é só isso: nós também, nós que temos os primeiros frutos da vida do espírito em nosso interior, da mesma forma gememos em nosso íntimo enquanto aguardamos ansiosamente a nossa adoção, a redenção de nosso corpo.

23 ou monon de, alla kai autoi tēn aparchēn tou pneumatos echontes, hēmeis kai autoi em heautois stenazomen hyiothesian apekdechomenoi, tēn apolytrōsin tou sōmatos hēmōn

24 Fomos salvos, como sabem, na esperança. Entretanto, a esperança não é esperança se vocês conseguem vê-la! Quem é que espera pelo que pode ver?

24 tē gar elpidi esōthēmen. elpis de blepomenē ouk estin elpis. ho gar blepei tis elpizei?

25 Mas, se esperamos pelo que não vemos, por isso ansiosamente esperamos — mas também o fazemos com paciência.

25 ei de ho ou blepomen elpizomen, di' hypomenēs apekdechometha.

26 De igual modo, o espírito se coloca a nosso lado e nos ajuda em nossa fraqueza. Não sabemos orar como deveríamos; porém, esse mesmo espírito suplica em nosso favor com gemidos profundos demais para serem expressos em palavras.

26 hōsautōs de kai to pneuma synantilambanetai tē astheneia hēmōn. to gar ti proseuxōmetha katho dei ouk oidamen, alla auto to pneuma hyperentyngchanei stenagmois alalētois.

27 Aquele que é o Pesquisador dos Corações sabe o que o espírito está pensando, porque o espírito suplica pelo povo de Deus de acordo com a vontade de Deus.

27 ho de eraunōn tas kardias oiden ti to phronēma tou pneumatos, hoti kata theon entyngchanei hyper hagiōn.

CHEGAMOS AGORA a um dos momentos mais estranhos e talvez mais sombrios do capítulo e da carta como um todo. Paulo agora nos leva a um lugar que não é o que muitos esperariam de uma leitura normal de Romanos. Na verdade, é comum que os leitores cristãos, e até mesmo os pregadores, leiam rapidamente essa parte, tratando-a como um pequeno ponto fora da curva no caminho para os versículos de 28 a 30 e para o glorioso final do versículo 31 em diante. Mas é bom lembrar como Paulo organizou as coisas até aqui. Ele insistiu, nos versículos 17 e 18, que o caminho para a glória passa pelo vale do sofrimento. Pois bem, os versículos de 19 a 21 realmente caracterizam essa glória vindoura, como vimos no capítulo anterior. No entanto, o que ele diz é bem diferente do que poderíamos ter imaginado. Agora, ele fala sobre o sofrimento, e novamente não é da maneira esperada.

O sofrimento aqui é profundamente pessoal, até mesmo íntimo. Paulo não está falando simplesmente de perseguição externa, espancamento ou prisão, ou mesmo de pobreza, doença, naufrágio ou de coisas tangíveis dessa natureza, embora, sem dúvida, tudo isso crie as condições externas para o que ele está dizendo aqui. Paulo escreve nessa passagem — tendo na memória recente 2Coríntios, com seu extraordinário catálogo de traumas pessoais — sobre os gemidos mais profundos e incompreensíveis que emergem das profundezas do nosso próprio ser.

Não se trata apenas de "passar por um momento difícil". Nem de "algo que às vezes tenhamos de aturar". Paulo está falando de nossa *vocação* não apenas para *suportar* os tempos difíceis, mas também **para estar em oração onde o mundo sofre para que o próprio espírito de Deus, nesse mesmo lugar, esteja presente e interceda**. Esse é um dos momentos mais revolucionários e inovadores de toda a carta. Aqui, Paulo contempla *tanto* sua teologia trinitária da nova criação *quanto* sua compreensão pastoral das profundezas do coração cristão, unindo ambos em um só. O espírito de Deus vem habitar no meio do seu mundo na pessoa dos fiéis seguidores de Jesus; mas esse mundo está em grande sofrimento. O espírito *habita* essa dor, e clama ao pai de suas profundezas mais sombrias, *por meio* das constantes orações do povo de Deus que está naquele lugar — orações que são inspiradas pelo espírito.

Essa vocação dolorosa está no cerne do plano de salvação que Deus tem para toda a criação. O fato de tantos leitores não compreenderem isso explica por que os versículos 26 e 27 são frequentemente tratados como se fossem uma declaração intrigante, mas fora de lugar, a respeito de orar mesmo sem saber pelo quê, e sobre o espírito gemendo dentro de nós. Alguns podem se perguntar: em que *isso* se relaciona com o tema principal do capítulo? As leituras normais de Romanos 8 deveriam nos fazer pensar no caminho para nossa própria salvação, com essa estranha passagem sobre a oração constituindo, na melhor das hipóteses, um adendo. No entanto, para entender esses dois versículos, é preciso ter em mente o que já falamos sobre o significado de "glória", lembrar o salmo 8 e sua explicação de que o plano de Deus é que os seres humanos tragam ao mundo a sabedoria da ordenação divina, e recordar a promessa feita no versículo 22 de que a glorificação dos seres humanos é a chave para o resgate divino da criação inteira de sua escravidão à corrupção. Quando unimos tudo isso, os versículos de 23 a 27 fazem sentido *como um todo*, tendo os dois versos sobre a oração como o clímax da passagem, e não como uma nota de rodapé. Os versículos 26 e 27, portanto, não são um complemento estranho a um capítulo que fala de outra coisa.

Isso faz sentido se pensarmos por um momento sobre como o capítulo se organiza retoricamente. Paulo não está apenas lançando ideias desconexas no meio de um discurso que fala sobre outra coisa. Ele está trabalhando para construir um clímax deliberado, bem fundamentado e realmente espetacular. A última coisa que ele faria a essa altura seria acrescentar um adendo estranho e irrelevante.

Então, como tudo se encaixa? Como dissemos, o plano de Deus não é resgatar os seres humanos *para fora da* criação, para estar com ele em outro lugar; o plano de Deus é vir habitar pessoalmente *com* suas criaturas portadoras da imagem divina, a fim de que, juntos, Deus e suas criaturas possam trazer sua sabedoria salvadora e ordenadora para o mundo, "assim na terra como no céu". Essa é a chave para a cristologia primitiva: o próprio Deus vem ao mundo que lhe pertence como o salvador e governante verdadeiramente humano. Nessa passagem, vemos que essa também é a chave da pneumatologia, a compreensão do espírito santo: o próprio Deus entra em seu mundo, no coração e na vida de crentes perplexos e assustados, que não sabem nem pedir como deveriam, para que precisamente nas orações que eles fazem a partir de sua falta de conhecimento, nas orações que eles fazem de dentro das trevas de suas próprias vidas e do mundo ao redor, o próprio Deus esteja em ação, intercedendo dentro de sua criação. Como veremos no versículo 28, isso significa que Deus está operando *com* essas pessoas que oram no escuro pelo bem mais amplo do mundo. Também nesse versículo, Paulo fala dessas pessoas como "aqueles que o amam". Quando Paulo fala de seres humanos amando a Deus, não está se referindo primariamente a pessoas passando por experiências místicas maravilhosas, sendo capturadas por uma espécie de êxtase celestial, embora, sem dúvida, ele pudesse dizer que coisas assim acontecem, e é algo maravilhoso quando as experimentamos. Aqui, quando ele fala "daqueles que o amam", está se referindo àqueles que, quando chegam ao fim de suas capacidades mentais, emocionais e espirituais, encontram dentro de si a dor profunda do mundo inteiro, como se tudo estivesse concentrado em um só lugar, e descobrem naquele momento que fazem parte do diálogo de amor entre o pai e o espírito. É isso, diz ele, que somos chamados a fazer e a ser.

Assim como a glória de Jesus foi totalmente revelada na cruz, a glória dada pelo espírito que se revela nos seguidores de Jesus está totalmente presente naquele momento. Semelhante a Jesus no Getsêmani orando "Aba", um evento que Paulo invoca no versículo 15, o povo sofredor de Deus pergunta com perplexidade se não haveria outro caminho. Assim como Jesus na cruz, o povo de Deus se sente totalmente abandonado. Em momentos assim, descobriremos que as coisas que realmente queremos dizer já foram ditas pelo próprio Jesus, com base em uma das maiores orações das escrituras.

Portanto, essa passagem é sobre *vocação* cristã. (Paulo parece pensar que isso é verdade para todos os cristãos; porém, aplica-se ainda mais àqueles que são chamados a ministrar na igreja, a organizar e liderar o culto público, a ser pastores e professores, a moldar as comunidades dentro das quais essa intercessão guiada pelo espírito acontecerá.) Esse momento é o clímax do que foi dito sobre o espírito ao longo de todo o capítulo. Nos versículos de 5 a 8, o espírito dirige nossa mente; nos versículos de 9 a 11, o espírito que habita em nós nos ressuscitará dos mortos; nos versículos 15 e 16, o espírito nos assegura de que somos filhos de Deus e nos conduz à nossa herança, conforme oramos "Aba". Agora, nos versículos de 22 a 27, no meio de um mundo imerso em dor, o próprio espírito de Deus compartilha e suporta essa dor *por intermédio do povo de Deus, que também participa do sofrimento.*

Aqui, Paulo parece aplicar radicalmente a teologia da cruz à obra do espírito na igreja. Poderíamos supor — e todo o movimento carismático que transformou tantas igrejas na última geração sustentaria essa hipótese — que estar cheio do espírito significa celebração, ânimo e poder. Na verdade, isso muitas vezes acontece. Mas o espírito santo é o espírito do Deus criador, que se aflige por seu mundo caído. O espírito santo é o espírito de Jesus que foi à cruz para derrotar os poderes do mal, carregando nosso pecado e nossa morte. Essa passagem, como há pouco sugeri, estabelece uma espécie de equivalência entre o clamor do espírito e o terrível clamor de Jesus: "Meu Deus, meu Deus, por que me abandonaste?".

Neste ponto, estamos bem próximos do cerne da resposta cristã primitiva a algumas das perguntas mais profundas que os seres humanos são capazes de fazer. Os filósofos, particularmente depois do deísmo do século 18, formulam, com frequência, uma pergunta unidimensional que eles nomearam de "o problema do mal". Como podemos acreditar em um Deus todo-poderoso e todo-amoroso diante do terrível mal e do sofrimento que há no mundo? Paulo, diante dos mesmos fenômenos, dá uma resposta tridimensional. Pense comigo: se você começa com uma imagem de Deus como o grande presidente executivo celestial, ou mesmo como o marionetista celestial puxando as cordas para fazer as coisas acontecerem, é claro que você terá problemas. Mas, se começar pelo Deus de Abraão, Isaque e Jacó, o Deus que se aflige com a dor do mundo e as falhas de seu próprio povo, o Deus que, no fim, se revela no Messias crucificado — e como o próprio Messias —, o Deus que envia o espírito ao coração do seu povo para que o próprio Deus possa, em seu povo e por meio dele, estar no centro da dor do mundo a fim de que o mundo seja curado — ora, nesses termos, a questão parece muito diferente.

Esses versículos, sugiro, explicam e contextualizam o *presente* trabalho de **lamento** que prenuncia a *prometida obra vindoura* da redenção de toda a criação. O Novo Testamento olha para trás, para os grandes lamentos das escrituras: as Lamentações de Jeremias, as angustiadas orações de Esdras 9, Neemias 9 e Daniel 9. Esses lamentos — seguidos pelos séculos de judeus que suplicavam e cantavam salmos entre aqueles momentos e a vinda de Jesus — lançam as bases, em humilde adoração e tristeza criacional, para a vinda derradeira de Jesus. Simeão e Ana, em Lucas 1, mas também Zacarias, Maria e Isabel, fazem parte desse longo lamento à espera da "consolação de Israel", como diz Lucas (2:25). Os dois na estrada para Emaús dizem: "nós esperávamos que ele haveria de trazer a redenção a Israel" (Lucas 24:21). Os séculos de oração, e especialmente de lamentação, prepararam e umedeceram o solo no qual a boa semente foi semeada. Estou sugerindo que Paulo, ao repetir o lamento de Israel nessa passagem (o salmo 44 é ecoado no versículo 27, mas toda a ideia de gemer na escravidão naturalmente leva a mente de volta aos filhos de Israel no Egito), está colocando a igreja no tempo presente em posição semelhante. Nossa esperança de outrora e de agora é que o espírito seja aquele por intermédio do qual o mundo — a própria criação — será redimido, dada a sua liberdade de ser verdadeiramente autêntico. Nosso chamado é para manter acesa essa esperança, mesmo no escuro, mesmo quando ela, aparentemente, estiver destruída nas cidades sírias e ucranianas devastadas e demolidas pela guerra, no sepultamento de crianças vítimas de mais um tiroteio na escola, nos horrores e terrores de um mundo que pensava estar iluminado, mas acabou por estar ainda na escuridão. Nessa passagem, Paulo está esboçando o mapa de como funciona essa esperança, quais sensações ela gera e o que, teologicamente falando, está realmente acontecendo.

Assim, se a "glória" nos versículos de 18 a 21 se refere ao sábio governo do povo portador da imagem de Deus sobre a criação, a principal forma de expressar essas coisas no tempo presente é pela oração, acima de tudo pelo lamento. Especialmente para os ministros do evangelho, mas também para todos os cristãos, mais cedo ou mais tarde haverá momentos em que, como Paulo diz aqui, as coisas serão tão ruins que você nem saberá pelo que orar. Isso *não* significa que você saiu dos trilhos em algum lugar (bem, você pode ter saído, mas isso seria um problema diferente). Na verdade, pode muito bem significar que você foi chamado a participar, no espírito, da agonia de Jesus no Getsêmani e da própria cruz, como parte da aplicação contínua e orientada pelo espírito dessa estranha obra de Deus: tomar sobre si a dor e a tristeza do mundo. Observe, a propósito, que o próprio Jesus trouxe os salmos à mente naqueles momentos. Se os salmos não fazem parte de nossa corrente sanguínea, como é que nós e as pessoas sob nossos cuidados seremos pessoas de oração e lamento que refletem Jesus dentro da dor da congregação, da cidade, do mundo? Eu entendo que algumas igrejas, ansiosas por atrair recém-chegados, especializaram-se em música alegre e saltitante. Mas, sem o chamado bíblico para lamentar (o que não é a mesma coisa que música lúgubre!), estamos falhando em nosso chamado. Em todo o caso, deve haver muitos recém-chegados em potencial que gostariam de ser conduzidos a um lamento genuíno.

Desse modo, Romanos 8:22-27 vai de um extremo a outro: da grandiosa amplitude de toda a ordem criada, no versículo 22, aos anseios mais íntimos e dolorosos do coração humano nos versículos 26 e 27. E o aspecto extraordinário nesse último ponto é que mesmo Deus, o espírito santo, não tem palavras para expressar o que está acontecendo de maneira que possamos entender. Nós, que vivemos em uma época de gemidos e perplexidades sobre muitas questões da nossa vida global — uma pandemia, uma crise climática, uma crise de refugiados, várias crises geopolíticas, no Afeganistão, na Europa Oriental ou no Mar do Sul da China, e assim por diante —, bem, é bom saber que há momentos em que até mesmo o espírito santo parece estar sem palavras.

Há alguns anos, fui pego de surpresa por essa noção enquanto me preparava para o Pentecostes na Catedral de Durham. Na Igreja da Inglaterra, tivemos muitas liturgias criativas e inovadoras, e uma dessas novas liturgias propôs, para a festa de Pentecostes, uma leitura responsiva que convidava a congregação a repetir as seguintes palavras: "Aleluia! O espírito de Deus enche o mundo inteiro". Era óbvio que essas palavras deveriam soar de maneira alegre: "Deus está em tudo, então não sejamos dualistas melancólicos". Olhe para o mundo, as palavras pareciam dizer, e reconheça a presença do espírito de Deus em toda e qualquer coisa. Bem, eu também não gosto de dualismo melancólico. Mas, à medida que o dia de Pentecostes daquele ano ia se aproximando, e conforme eu lia os jornais e assistia aos noticiários da televisão... eu me vi dizendo no meu sermão que, se o espírito de Deus realmente enche o mundo inteiro, então a principal atividade do espírito agora é estar de luto. E gemendo. O mundo estava — como está — em uma desordem. Não há espaço aqui para otimismo descontraído. Se você quer evitar o dualismo cósmico — algo que todo cristão bíblico certamente deve evitar —, o caminho a seguir não é algum tipo de monismo, uma forma leve de estoicismo na qual o impulso divino simplesmente esteja presente dentro de tudo, não importa o que aconteça no mundo. Em um mundo que ainda geme laboriosamente, a maneira de evitar o dualismo cósmico é lamentar e orar com paciência; talvez falar a verdade profética diante das estruturas de poder; e estar pronto para todas e quaisquer maneiras de trazer a cura de Deus ao mundo que pertence a ele, seja em longo ou em curto prazo.[1]

Essa longa introdução à nossa passagem atual está apontando para uma alegação dupla: em primeiro lugar, de que as ideias que encontramos aqui em Romanos 8:22-27 são únicas nas escrituras e, em segundo lugar, que essa passagem, longe de ser um adendo, constitui o próprio coração do capítulo e, como tal, o coração de pelo menos um dos principais assuntos da carta como um todo. Chegamos a Romanos 8 esperando, com toda a razão, encontrar a certeza da salvação; e, embora esse capítulo realmente ofereça segurança, o foco está na *vocação.*

Isso me faz lembrar a cena maravilhosa em João 21, quando Jesus interroga Pedro depois de sua tripla negação. Três vezes ele pergunta: "Simão, filho de João, tu me amas?". Ainda que Pedro não seja capaz de

---

[1] Deve-se perceber também que a oração sobre o espírito de Deus enchendo o mundo inteiro é tirada de *Sabedoria de Salomão* 1:7, em que o ponto não é celebrar, mas advertir os malfeitores: Deus sabe exatamente o que está acontecendo!

responder diretamente à pergunta da maneira que Jesus faz — ele usa uma palavra diferente para "amor" —, a resposta de Jesus não é dizer "tudo bem, você está perdoado" ou "bem, vamos varrer isso para baixo do tapete", ou "vamos deixar isso para lá", mas, sim, *comissioná-lo para a sua vocação*. Alimente meus cordeiros; cuide das minhas ovelhas; apascente as minhas ovelhas (João 21:15-17). Agora, em Romanos 8, sugiro que Paulo faz algo semelhante. Ele começa o capítulo com a declaração "não há condenação", e termina insistindo que nada pode nos separar do amor de Deus. Mas o coração do capítulo, os versículos que estão diante de nós, diz respeito à *vocação* daqueles que são os destinatários dessa enorme garantia.

Afinal, a igreja serve para *quê*? Para que servem seus ministros? Bem, para muitas coisas — viver o evangelho, proclamar Jesus crucificado e ressuscitado como Senhor do mundo. Mas, no estado atual das coisas, o fato de viver e anunciar essa mensagem no mundo e para o mundo significa envolver-se com a realidade do mundo, com sua turbulência, com seus problemas, com suas lágrimas. E não podemos simplesmente dizer "Ora, está tudo bem, porque Jesus é a resposta". Tampouco podemos dizer: "Bem, é claro que o mundo está uma desordem: eles não conhecem Jesus; mas nós estamos bem, indo para a salvação em outro lugar; na verdade, nós não pertencemos a este lugar, estamos apenas de passagem". Nem mesmo podemos dizer, como alguns quiseram dizer quando a pandemia de Covid nos atingiu: "É tudo culpa da perversidade de outra pessoa; Deus está punindo *aquelas* pessoas pelos pecados que sempre soubemos que estavam cometendo". Não: parte da nossa vocação primordial como seguidores de Jesus é lamentar: estar presente nos lugares onde há dor, de maneira humilde, pesarosa e esperançosa. Foi o que fizeram os filhos de Israel no Egito. Foi o que os judeus fizeram nos quatrocentos anos que antecederam a vinda do Messias. É o que nós somos chamados a fazer quando nos pomos a orar no coração de um mundo em dor.

Essa vocação virá até nós, quer estejamos prontos ou não. Veja bem, essa passagem está totalmente relacionada com ser "coglorificado" com o Messias — algo que parece maravilhoso, até lembrarmos que, para Jesus, glorificação significava ser traído, negado, vilipendiado, brutalmente chicoteado e posto em uma cruz para morrer. Novamente, essas coisas são mais claras no evangelho de João, em que a "glorificação" de Jesus ocorre quando ele é crucificado. Segundo a imagem do filho, Paulo dirá no versículo 29. E, para repetir, estar presente no lugar onde há dor não é apenas algo desagradável pelo que devemos passar. É *uma parte crucial dos meios pelos quais* Deus está executando, no tempo presente, seus gloriosos propósitos de restauração para seu mundo. Aprender a lamentar é uma parte inegociável de se tornar o povo por meio do qual Deus está realizando seu plano salvífico para toda a criação. (Novamente, essa é uma das razões pelas quais os salmos sempre foram fundamentais para o culto cristão diário.) É claro que isso pode levar a um complexo de mártir, que traz seu próprio tipo de insalubridade. A igreja do segundo século percebeu isso logo no início: o objetivo não é colocar deliberadamente sua vida em risco. É preciso identificar o desafio de longe e compreender o que realmente está acontecendo.

No fundo, tudo o que foi dito até aqui é apenas uma introdução. Mas agora vamos finalmente fazer as três perguntas que, como eu disse, devemos sempre trazer para uma passagem em Paulo.

Primeiro, olhe para o início e para o fim do parágrafo. Isso é um pouco artificial aqui porque nós dividimos o argumento unificado dos versículos de 18 a 30 em três seções separadas: de 18 a 21 em nosso último capítulo, de 22 a 27 neste e de 28 a 30 no próximo. Assim, ainda estamos dentro do argumento geral do sofrimento e da glória, presente na unidade mais longa de Romanos 8:18-30. Mas os versículos de 22 a 27, que são nosso foco neste momento, claramente têm um tema próprio. Há uma raiz grega que ocorre três vezes, aqui e somente aqui em Romanos. E essa é uma pista importante.

A palavra em questão é a palavra "gemer": o verbo *stenazō* nos versículos 22 e 23, e o substantivo cognato *stenagmos* no versículo 26. Essa repetição nos informa como interpretar a passagem. Em primeiro lugar, o mundo geme em dores de parto. Em segundo lugar, o povo do Messias geme enquanto aguarda a ressurreição. Em seguida, e de maneira culminante (não em forma de um parágrafo separado, como em algumas traduções, como nas traduções para o inglês RSV e NRSV!), o próprio espírito de Deus geme dentro de nós. Estamos envolvidos, de forma vocacional, na obra que Deus está realizando neste momento a fim de que a criação seja redimida. Nossas orações, mais especificamente as orações angustiadas que vêm quando estamos sobrecarregados e não sabemos o que orar, fazem parte dos meios vitais pelos quais o Deus triúno está fazendo e fará a obra de libertar a criação da corrupção e da decadência. É disso que essa passagem trata.

Portanto, se a primeira pergunta é sobre a forma geral da passagem, a segunda pergunta envolve olhar para as pequenas palavras de ligação que mantêm as coisas unidas. Paulo começa o versículo 22 com *oidamen* ***gar*** — *"Porque"* nós sabemos; eu traduzi esse *gar* como "Deixem-me explicar". Na verdade, esse parágrafo inteiro está se aprofundando na grandiosa declaração dos versículos de 19 a 21 para mostrar "o que realmente está acontecendo" "até o momento presente". Paulo enfatiza que o gemido do cristão é uma parte especial e crucial do gemido de toda a criação. Em seguida, temos aqueles dois pequenos versículos sobre esperança e paciência, os versículos 24 e 25, que, juntos, explicam por que estamos onde estamos. Fomos salvos em esperança e para a esperança (24a); isso é explicado pela observação de Paulo sobre como a esperança funciona e por que produz paciência:

> 24**Porque** [*gar*] fomos salvos na esperança; **mas** [*alla*] não é esperança se você pode vê-la; **pois** [*gar*] quem espera o que pode ver? 25**Mas** [*gar*], se esperamos o que não vemos, isso significa paciência.

Isso, então, nos leva ao ponto alto da passagem, que, para repetir, certamente não é um adendo, como nos mostra o início do versículo 26: "de igual modo, também", *hōsautōs de*. A questão que Paulo está levantando é nova e talvez até mesmo inesperada, mas o *hōsautōs* insiste que o lugar dela é exatamente na sequência do que acabou de ser dito. A primeira metade do versículo 26 afirma o ponto básico; a segunda metade explica isso com um *gar*, que dessa vez eu omiti na tradução. Mas, então, como ocorre tantas vezes no final de suas linhas de pensamento, Paulo completa o argumento com um *de*, aqui no versículo 27, como se dissesse: *mas* observe que, no cerne de todo esse raciocínio, encontramos o próprio Deus, o Deus que sonda corações, o Deus pai que ouve e conhece os gemidos de toda a criação e o gemido inarticulado de nosso coração. Afinal, ele, o pai, conhece a mente do espírito que geme nessas mesmas dimensões. Assim:

> 26**Da mesma forma** [*hōsautōs de*] o espírito ajuda em nossa fraqueza; **porque** [*gar*] não sabemos como orar como deveríamos, **mas** [*alla*] esse mesmo espírito intercede com gemidos inarticulados. 27**E, no entanto** [*de*], aquele que sonda o coração conhece a mente do espírito, **porque** [*hoti*] o espírito intercede pelo povo de Deus de acordo com a vontade de Deus.

Temos de fazer uma pausa e digerir a afirmação extraordinária que Paulo está fazendo. Eu já havia dito que, quando olhamos para o esboço bíblico da vinda do Messias de Israel, nos Salmos, em 2Samuel, em Isaías e em outros lugares, estamos sendo levados a perceber que essa é uma vocação concebida para o uso pessoal de Deus. Deus cria a categoria messiânica, do rei ungido, para que ele próprio venha e *seja* o rei ungido de Israel, cumprindo pessoalmente a obra de julgamento e misericórdia para a qual o rei ideal estaria preparado. Ora, assim como podemos olhar para a formação desse retrato messiânico como um papel concebido para o uso pessoal de Deus, também *o chamado a ser povo de lamentação no lugar onde o mundo sofre é, em si mesmo, uma vocação destinada ao uso pessoal de Deus, na pessoa do seu espírito*, habitando — e gemendo! — no coração do povo de Deus. A lógica dessas palavras de ligação que unem os versículos de 22 a 27 torna isso bastante claro.

Como sempre, nossa primeira pergunta diz respeito à forma geral da passagem. Nossa segunda pergunta explora o efeito das pequenas palavras de ligação com que Paulo sinaliza como imagina que o argumento deve se encaixar. Nossa terceira pergunta visa examinar o contexto mais vasto do primeiro século. A esse respeito, sugiro haver duas conotações específicas que surpreenderiam os ouvintes atentos do primeiro século.

A primeira consiste em comparar a criação com uma mulher em trabalho de parto. Já mencionei a grandiosa propaganda imperial romana que mostrava a natureza como uma matriarca serena e fecunda, rodeada por símbolos de paz e fartura. Paulo também usa imagens femininas vívidas, mas elas se referem à criação, e não à natureza (ou seja, ao mundo em um relacionamento com seu criador, e não como um ser independente). Em cada etapa, ele retrata uma mulher gemendo em dores de parto, lutando para dar à luz. Essas imagens evocam um tema bíblico que costuma ser chamado, um tanto vagamente, de "sofrimentos messiânicos". Trata-se de um tema bíblico e judaico bem conhecido, segundo o qual os propósitos de Deus se concretizarão ao longo e mesmo por intermédio de um tempo de sofrimento intenso e semelhante ao de uma mulher que dá à luz. Esse tema pode ser encontrado em Isaías, Jeremias e Oseias, entre outros, e em livros do segundo Templo, como *1Enoque* e *4Esdras*. Muitos judeus nos dias de Jesus se agarravam a esta esperança: que a tristeza e a dor aumentariam, mas que, em meio a tudo isso, o propósito renovador, redentor e restaurador de Deus seria cumprido. Jesus retoma esse tema em João 16, ao falar de uma mulher dando à luz em meio à tristeza e de essa tristeza ser transformada em alegria. E agora Paulo afirma que estamos neste ponto: passando pelas dores do trabalho de parto.

O segundo contexto mais amplo, ao qual já aludi, é o êxodo. Isso pode parecer estranho, já que acompanhamos a história do êxodo desde Romanos 6 (com a travessia do mar Vermelho), passando por Romanos 7 (chegando ao Sinai) e agora, em Romanos 8, sendo levados à herança prometida. Por que estamos de volta ao Egito, com os israelitas "gemendo" em sua escravidão, como em Êxodo 2? Mas a questão é que, ao longo de Romanos — e, na verdade, ao longo da experiência cristã em geral —, deparamos com o "já e ainda não" da salvação, conforme dito nos versículos 24 e 25. De modo semelhante ao versículo 23, nós já somos "filhos de Deus", mas ainda estamos aguardando a ressurreição, que será o momento da "adoção" definitiva. Essa é a tensão escatológica clássica: nós *já somos* filhos de Deus, mas isso não se tornará evidente até que venha a ressurreição; nós *já escapamos* do Egito, mas continuamos a gemer enquanto aguardamos nossa plena libertação da escravidão.

Por fim, com nosso panorama concluído e tendo formulado e respondido às nossas três perguntas, podemos mergulhar na passagem, linha por linha.

O versículo 22 oferece uma avaliação realista da criação atual, em oposição ao otimismo insípido da propaganda imperial. Paulo diz "[nós] sabemos". O "nós" aqui não pode ser simplesmente "todos os seres humanos". Todos os seres humanos estão cientes dos terremotos, epidemias e guerras, mas apenas aqueles que habitam a tradição bíblica são capazes de interpretar tais coisas como as dores de parto de uma criação renovada, em vez de vê-las como horrores fortuitos de um universo aleatório (a exemplo dos epicuristas), como o poder cego do *logos* interior do mundo (a exemplo dos estoicos) ou como as sombras cintilantes do mundo sem substância de segunda categoria (a exemplo dos platonistas). De forma paradoxal, mas profundamente bíblica, essa maneira de enxergar os sofrimentos do mundo é inerentemente positiva: o novo mundo de Deus está à espera do nascimento! O fato de que as dores de parto sejam, simultaneamente, horríveis e cheias de esperança oferecem uma resposta direta ao versículo 18, com os sofrimentos presentes sendo incapazes de competir com a glória vindoura.

Paulo insiste que é assim que as coisas são "até o presente momento". A escatologia foi inaugurada. O novo mundo começou com Jesus e o espírito. Mas isso não diminui a dor e a tristeza contínuas do velho mundo. Pelo contrário, produz uma tensão bem desconfortável. Isso é especialmente angustiante para quem pensou, como (infelizmente) muitos foram ensinados, que se tornar cristão seria a porta de entrada para uma vida tranquila e pacífica...

Assim, tendo o versículo 22 como base, Paulo avança rapidamente para a verdade paralela sobre a igreja. O que está acontecendo na criação como um todo se reflete na experiência dos seguidores de Jesus. O segmento de frase "não é só isso" sugere que, como no versículo anterior, essa situação é algo que "nós" deveríamos saber. Nós mesmos estamos passando pelas dores do parto, pelos sofrimentos messiânicos. Também nós, sob certa perspectiva, ainda estamos no Egito, à espera da palavra divina renovadora que declara nossa filiação. Seria fácil para um cristão pensar: "Bem, é claro que o mundo está uma bagunça; afinal, as pessoas são pecadoras e merecem a ira de Deus; mas nós, cristãos, estamos bem e nada disso importa, pois logo deixaremos este lugar para trás". Não! O gemido da igreja acontece no cerne do gemido da criação. E isso não é acidental. Nós somos chamados a estar nesse lugar. Estar nesse lugar é a nossa vocação, um elemento-chave na administração sábia que praticamos no presente, a qual devemos exercer sobre a criação como seres humanos redimidos.

Isso é acentuado, no versículo 23, pelo fato de que nós "temos os primeiros frutos da vida do espírito em nosso interior". Pentecostes era a festa judaica das primícias, que acontecia cinquenta dias depois da Páscoa. Era a celebração da chegada da colheita de mais longo prazo. Paulo frequentemente ecoa o tema das primícias, sugerindo que o espírito é o "adiantamento" que nós recebemos da herança completa que nos foi prometida.[2] No espírito, já estamos desfrutando o novo mundo de Deus. E isso, naturalmente, torna a vida que vivemos no velho mundo ainda mais dolorosa.

Essa tensão é refletida na segunda metade do verso, que inicialmente parece inesperada: ainda estamos *aguardando ansiosamente*

[2] Por exemplo, Romanos 11:16; 1Coríntios 15:20. Sobre o "adiantamento", *arrabōn*, veja, por exemplo, 2Coríntios 1:22; Efésios 1:14.

por nossa "adoção completa". Já nos versículos 15 e 16, o espírito nos assegurava que nossa filiação era uma condição presente, embora houvesse o aviso implícito de que isso incluía compartilhar a "oração Aba" de Jesus, sua oração do Getsêmani. Agora, estamos em um estado intermediário, similar ao tempo em que o próprio Jesus, tendo sido afirmado como filho de Deus em seu batismo, teve de esperar até sua ressurreição para ser publicamente vindicado.[3] Esse intervalo foi um período de intensas provações para Jesus, tanto no deserto como em seu ministério público e, claro, em seus últimos dias e horas. Também nós estamos à espera da ressurreição: sim, para a vindicação, como Paulo dirá em 8:33-34, mas aqui, mais especificamente, para a "redenção de nosso corpo". A palavra traduzida por "redenção" aqui é *apolytrōsis*. Esse é um termo comum, não se referindo apenas a alguém que compra a liberdade de um escravo. Trata-se, mais especificamente, de uma referência ao próprio êxodo, como poderíamos ter adivinhado com base nos ecos do êxodo que são conjurados pelo tema do "gemido". Deus "redimiu" seu povo do Egito, declarando, dessa forma, que eles são realmente seu povo. A ressurreição do povo de Jesus, fruto da obra do espírito em seu interior, como em 8:9-11, será o nosso êxodo, declarando-nos seu povo, mas também significando nosso resgate da escravidão que compartilhamos com o restante da criação (8:20-21).

Assim, o versículo 23 coloca a igreja no centro, no cerne do gemido de toda a criação. As coisas são assim não *apesar* de sermos o povo do novo êxodo, mas, de alguma forma, *por causa* disso. Como povo do Messias crucificado, nós somos chamados — no espírito do Messias — a compartilhar a dor do mundo.

Podemos refletir sobre o local exato para onde tal vocação nos leva. O mundo luta com questões de autoridade; nós também. O mundo luta com questões de sexo e gênero; nós também. O mundo ainda está

[3] Sobre a ressurreição significar a vindicação de Jesus como o "filho", veja Romanos 1:3-4.

em confusão a respeito do multiculturalismo e da integração étnica — nós também. E assim por diante. Sem dúvida, isso acontece, em parte, porque a igreja está falhando em sua obediência. Mas, ao mesmo tempo, essa "dor dentro da dor", a dor da igreja que participa da dor do mundo e a espelha não me surpreende. Quando Jesus soprou seu espírito sobre seus seguidores, ele disse: "Da mesma forma que o pai me enviou, eu os envio" (João 20:21). E para onde o pai enviou Jesus? Para o lugar onde o mundo estava em maior dor, para que ele pudesse tomá-la sobre si mesmo. Nossa vocação, pelo espírito, coloca-nos, neste momento, onde o mundo sofre, *para que, como Paulo está prestes a dizer, possamos estar em oração exatamente naquele lugar.*

Os versículos 24 e 25 apontam para o início do capítulo 5. Viver com uma esperança que ainda não é vista constitui um convite à paciência. Versículo 24: a salvação já nos foi dada (pretérito), mas isso acontece em esperança e para a esperança. Algumas traduções fazem com que essa "esperança" remeta à ressurreição vindoura: "Essa é a esperança para a qual fomos salvos", uma tradução que talvez esteja levando a linguagem de Paulo para mais longe do que ele realmente leva, mas que certamente expressa seu pensamento. E, novamente, temos essa palavra forte, *apekdechomai*, como nos versículos 19 e 23: aguardamos ansiosamente — mas com paciência. Como todos sabemos, qualquer que seja o contexto, conseguir o equilíbrio entre desejo e paciência é uma tarefa difícil. Mas esse é o nosso chamado.

Assim, chegamos aos versículos 26 e 27, os "gemidos profundos demais para serem expressos em palavras". Alguns se perguntam se Paulo não estaria se referindo ao falar em línguas. Mas, em outros lugares, Paulo vê as línguas como uma *linguagem* dada pelo espírito; eu não acho que ele chamaria isso de *alalētos*, "que não se podem articular". De qualquer forma, em Romanos 8 Paulo está falando de todos os cristãos, e ele sabe que nem todos falam em línguas.[4] Seu objetivo

[4] 1Coríntios 12:30.

é, antes, dar ênfase ao modo que o espírito nos permite cumprir nossa vocação como *intercessores localizados no coração do gemido da criação.*

Não somos bons nisso. Preferimos celebrar nossa própria salvação. A "fraqueza" aqui parece ser nossa incapacidade de refletir de forma suficientemente profunda sobre a real situação do mundo e, portanto, nossa ignorância em saber pelo que orar. Mas, nesse ponto, diz ele, o espírito "se coloca a nosso lado e nos ajuda": *synantilambanetai*, um verbo duplamente composto que expressa a forma de o espírito agir *conosco* (que é a parte *syn*) e *em nosso lugar* (esse é a parte *anti*). Essa é a palavra que Marta usa em Lucas 10:40, quando ela quer que Maria se coloque ao seu lado e a ajude com algumas das tarefas na cozinha. Paulo está moldando a língua grega para expressar da melhor maneira possível aquilo que ele disse nos versículos de 14 a 16, que o espírito se coloca ao lado do nosso próprio espírito, para que, juntos, possamos fazer o que é necessário. O espírito aqui opera em nós e conosco, em nosso lugar e também por meio de nós.

Assim, Paulo agora se refere à atividade do espírito com a mesma metáfora feminina vívida que ele usou para o gemido do mundo e da igreja. O mundo está em dores de parto; a igreja está em dores de parto; e *o espírito também entra em trabalho de parto*, com os gemidos das dores de parto da nova criação. Pense no *ruach Elohim*, o vento ou espírito de Deus, pairando sobre as águas em Gênesis 1:2. (Em Romanos 8, Paulo, de forma clara, tem Gênesis 1 em mente.) Essa é a semente suprema de toda a esperança: para o mundo em caos, o espírito de Deus é o agente e a fonte de uma nova vida.

Então, o que o espírito está fazendo com esse gemido, com essas dores de parto? Nesse gemido, o espírito intercede por nós. A palavra que Paulo usa aqui é *hyperentyngchanei*; é possível (uma vez que ela não aparece em nenhum outro lugar na literatura grega antiga remanescente) que Paulo tenha criado esse termo para manter unido o fato de que o espírito está presente e em ação (*tyngchano*) dentro de nós (*en*) e em nosso lugar (*hyper*). Precisamente na circunstância em que experimentamos uma dor e uma tristeza profundas demais para expressarmos com palavras, no coração da dor inexprimível da criação — pandemias, crises climáticas, guerras, crimes violentos e tudo mais —, em tudo isso, o próprio espírito de Deus está lá, com gemidos poderosos que, embora sem palavras, formam a linguagem suprema da intercessão.

No entanto, como saber que o espírito de Deus estará lá, realizando essa obra? Como saber que Deus não desistiu de sua criação com desprezo, como alguns pensadores judeus sugeriram? Porque *nós estaremos lá*, sendo habitados por esse mesmo espírito. *Somos chamados a ser pessoas que estão no lugar da dor — na ala de tratamento do câncer, na audiência judicial daquele que busca asilo, no cemitério cheio de lápides para crianças pequenas ou para famílias cujas casas foram bombardeadas na guerra —, para que sejamos aqueles em cuja própria perplexidade dolorosa o espírito santo clamará ao pai em nome de toda a criação.* Habitados pelo espírito de Deus, devemos estar bem ali, no meio do caos, para que a nova criação de Deus possa finalmente emergir, dessa vez tendo os seres humanos como seus agentes habilitados pelo espírito.

Essa vocação é — para dizer o mínimo — um desafio. É um trabalho árduo. Felizmente, Deus providenciou um livro de orações para nos ajudar. Chama-se o livro de Salmos. E é para lá que Paulo vai.

Como saber que esse gemido inexprimível do mundo, da igreja e do espírito não é em vão? O próprio Deus, o Deus pai, analisa todos os corações, diz Paulo no versículo 27. Nove versículos depois, ele cita Salmos 44:22: "por amor de ti enfrentamos a morte todos os dias" (NVI). O versículo anterior do salmo afirma que Deus conhece os segredos do nosso coração. Paulo, apropriando-se desse salmo, fornece um exemplo de lamento dado por Deus. E a imagem que surge a partir desse lugar aparentemente improvável é uma imagem incomparável da Trindade: o espírito clamando pelo pai das profundezas da dor do mundo — e da dor da igreja! E Deus pai ouvindo e sabendo o que está acontecendo, exatamente como em Êxodo 2:23-25, quando Deus ouve o gemido de seu povo no Egito. E nós, que somos envolvidos nessa extraordinária comunicação do pai e do espírito, estamos sendo *moldados segundo a imagem de seu filho*, como Paulo diz no versículo 29.

Esse é o nosso próprio momento de Getsêmani, o momento no qual nós mesmos dizemos: "Por que me abandonaste?". Quando seguimos Jesus, esse momento virá de uma forma ou de outra, especialmente quando ministramos ao povo que lhe pertence. Romanos 8 é sobre nossa segurança, mas não apenas sobre a garantia da salvação; é a garantia de que, quando estamos naquele lugar escuro, sentindo nossa própria dor no coração da dor do mundo, isso não está fora dos propósitos salvíficos de Deus, mas está realmente no coração de seus desígnios. Por isso afirmei, no início de 2020, que a primeira resposta adequada à pandemia de Covid era o *lamento*. Somente quando deixarmos de agir apenas por instinto aos problemas do mundo e reservarmos um tempo para lamentar, para permitir que os gemidos inexprimíveis do espírito encontrem morada dentro de nós, poderemos encontrar um caminho a seguir.

Assim, a glória a ser revelada, a autoridade dos portadores da imagem divina que é exercida pelo povo de Deus dentro da nova criação (versículos 18-21), é *antecipada no tempo presente* na obra sombria e peculiar da oração. Não oramos pela igreja e pelo mundo de longe, como se pudéssemos olhá-los de uma distância segura e complacente. Oramos a partir de nossa própria dor, por doença, por tristeza ou ferimento ou ainda por decepção, oposição, aparente fracasso ou depressão. O Deus que *salvou* o mundo por intermédio de Jesus e de sua morte e ressurreição *está salvando* o mundo por meio da obra do espírito. E nós somos chamados a ser o povo do Tabernáculo — o lugar e os meios pelos quais o espírito cumpre esse trabalho constante, muitas vezes doloroso e frequentemente inexprimível. O sinal de que a glória *divina* veio habitar em nós, no meio de nós, é que estamos colocando em prática a "glória" *humana* de ter "autoridade" delegada sobre o mundo. É disso que a oração trata; e, quando o mundo se encontra em tamanha desordem, a oração pode muito bem ter todos esses aspectos que Paulo diz aqui. Tudo isso faz parte do que Paulo entende por "amar a Deus", sendo envolvido e abraçado no amor moldado por Jesus, que flui constantemente, em ambas as direções, entre o pai e o espírito. Esse é realmente o elo crucial para o próximo versículo (28), que examinaremos em nosso próximo capítulo.

Veja, diante do mundo em caos e da igreja em desordem, Deus não apenas fica de lado, dizendo: “Eu adoraria que vocês tomassem jeito”. O mistério da teologia trinitária é o mistério da oração, pelo qual Deus, o espírito, vem ao lugar da dor, para que nossas dores, tristezas e amores sejam abraçados na dor, na tristeza e no amor de Deus. Isso é o que significa, no versículo 17, sofrer com o Messias para que possamos ser glorificados com ele.

O famoso hino *Come down, o love divine* capta esse sentido de oração inexprimível inspirada pelo espírito. Esse hino, a tradução de um poema italiano do século 14, termina com a confiança de que a obra de cura de Deus está em andamento e de que nós estamos atados a ela, mesmo que esteja além da capacidade humana descrevê-la:

> E assim o anseio ardente,
> com o qual a alma espera,
> ultrapassa em muito o poder da fala humana;
> pois ninguém pode imaginar sua graça,
> até que ela se torne o lugar
> onde o espírito santo faz a sua morada.[5]

E, poderíamos acrescentar, onde o espírito santo profere seu gemido.

[5] Traduzido para o inglês por Richard Frederick Littledale, publicado pela primeira vez em 1867.

CAPÍTULO 7

ROMANOS 8:28-30: JUSTIFICADOS E GLORIFICADOS

28Sabemos, na realidade, que Deus opera todas as coisas, de forma conjunta, para o bem daqueles que o amam, os que são chamados segundo seu propósito.

29Aqueles a quem conheceu de antemão, vejam vocês, ele também designou antecipadamente para que fossem moldados segundo a imagem de seu filho, de modo que ele fosse o primogênito de uma grande família.

30E aqueles a quem designou antecipadamente, ele também chamou; aqueles a quem chamou, ele também justificou; aqueles a quem justificou, também glorificou.

28oidamen de hoti tois agapōsin ton theon panta synergei eis agathon, tois kata prothesin klētois ousin.

29hoti hous proegnō, kai prohōrisen symmorphous tēs eikonos tou hyiou autou, eis to einai auton prōtotokon en pollois adelphois.

30hous de prohōrisen, toutous kai ekalesen. kai hous ekalesen, toutous kai edikaiōsen. hous de edikaiōsen, toutous kai edoxasen.

UMA DAS FRUSTRAÇÕES de ser um exegeta idoso é descobrir que o texto se recusa a dizer o que você pensava que ele dizia sessenta anos atrás. Eu cresci com a versão King James de Romanos 8:28 dizendo que "todas as coisas trabalham juntamente para o bem daqueles que amam a Deus" (BKJ Fiel 1611). Hoje, quando olho para trás, vejo que minha compreensão desse texto era que os diversos elementos desconexos da vida seriam todos resolvidos, sob a benevolente orientação de Deus, como uma espécie de quebra-cabeça automático. Pode parecer caótico, mas uma imagem feliz emergiria do todo.

Ora, há um sentido em que a providência divina realmente nos assegura a vitória final de Deus sobre todos os poderes do mal. Mas a compreensão popular desse versículo não resiste a um exame minucioso, nem no nível do significado das palavras, nem, acima de tudo, no sentido geral da passagem.

Antes de nos aprofundarmos nesse detalhe, devemos primeiro seguir nossa prática normal de fazer as três perguntas introdutórias. A primeira (olhando para o início e o final da seção) é menos óbvia do que o habitual porque, na verdade, esses três breves versículos estão resumindo o argumento mais amplo do capítulo até agora, particularmente do versículo 17 em diante. O enfático "aqueles a quem justificou, também glorificou" no versículo 30 olha diretamente para o segmento "desde que soframos com ele para que também sejamos glorificados com ele" no versículo 17, tendo o versículo 21 ("... quando os filhos de Deus são glorificados") como um marcador no caminho. Mas ainda pode haver um sentido no qual esses três versículos, tomados por si, fecham um círculo pequeno, mas importante. Paulo inicia o versículo 28 (após a abertura "sabemos, na realidade") com "daqueles que o amam [Deus]". Isso, como veremos em breve, é uma maneira de resumir o quadro que ele acabou de pintar daqueles que creram sendo envolvidos no intercâmbio agonizante, mas amoroso e moldado pelo Messias que se dá entre o pai e o espírito. De certo modo, é isso que ele quer dizer com "glorificação". Aqueles por ele descritos são aqueles em quem o espírito habita, como a glória divina que habitava no templo; ao mesmo tempo, essas são as pessoas que estão no lugar verdadeiramente humano de "glória", assumindo uma autoridade estranha e paradoxal sobre o mundo de Deus. Poderíamos ter adivinhado que seria assim a partir do parágrafo introdutório de Romanos 5:1-5. "Celebramos a esperança da glória de Deus" (5:2) é mais bem explicado pelo fato de que o "amor de Deus tem sido derramado em nosso coração" (5:5). O círculo de significado em pequena escala entre o início de 8:28 e o final de 8:30 corresponde ao círculo de significado em grande escala entre 5:1-5 e 8:17-30.

A segunda questão de abertura diz respeito às pequenas palavras de ligação. A abertura, *oidamen de hoti*, "e sabemos que", indica que o que se segue é uma interpretação mais profunda do que acaba de ser dito; por isso, em minha tradução, optei por "sabemos, na realidade". O termo grego *de*, que é muito mais flexível do que o "mas" que os iniciantes em grego aprendem como seu significado, não está introduzindo um pensamento contrário, mas oferecendo uma perspectiva diferente, como acontece com o "além disso" do tradutor J. B. Phillips. Tudo isso afirma o ponto que a maioria dos exegetas e pregadores não percebe: que os versículos 26 e 27 não são um "adendo" ao argumento principal; na verdade, eles nos levam ao cerne do que está sendo dito. E os versículos de 28 a 30 explicam o que esse cerne significa em relação a todo o plano divino de longo prazo.

O versículo 29 começa com *hoti*, agora funcionando de forma muito semelhante ao comumente usado *gar*, "porque", ou, em minha tradução idiomática, "vejam vocês". O plano de Deus, vejam vocês (explica Paulo), era criar uma família de pessoas formadas pelo Messias por meio das quais ele faria o que tinha de ser feito. Mais uma vez, isso remete ao versículo 17, no qual os "coerdeiros" do Messias sofrem com ele para ser também glorificados com ele. O fato de o versículo 29 explicar o versículo 28 — que, por sua vez, explica o que estava acontecendo nos versículos 26 e 27 — indica novamente que, como no evangelho de João, a "glória" está intimamente ligada à crucificação do Messias e, em seguida, a como isso se desenvolve na vida e na oração de seus seguidores. É assim que o plano de Deus para o resgate de toda a criação avança.

O versículo 30 se conecta a isso com outro *de*, que novamente tem o sentido de "além disso", como na versão King James. Assim, da mesma forma que o versículo 29 explica o plano geral de Deus, o versículo 30 relata como esse plano foi posto em prática. Os quatro estágios — pré-designados, chamados, justificados, glorificados — são ligados por *kai* e *de*:

> **E** [*de*] aqueles a quem designou antecipadamente, ele também chamou; **e** [*kai*] aqueles a quem chamou, ele também justificou; **e** [*de*] aqueles a quem justificou, também glorificou.

Em nosso idioma, essa repetição de palavras costuma ser considerada desnecessária, sendo a justaposição de afirmações suficiente para denotar a ligação entre elas. Por isso, em minha tradução, mantive o primeiro "e" e retirei os posteriores.

Quais ecos surgiriam no mundo de Paulo aos quais devemos prestar atenção? Podemos adiar nossa resposta para a terceira de nossas perguntas recorrentes até termos aprofundado um pouco mais toda a passagem.

Voltando, então, ao versículo 28, popularmente mal interpretado, tenho de dar o devido crédito a três amigos cujo trabalho em Romanos 8 me tirou das confortáveis suposições que mantive durante muitos anos. Haley Jacob, da Universidade Whitworth, por um lado, e Sylvia Keesmaat e Brian Walsh, de Toronto, por outro lado, argumentaram constantemente (e, creio, com razão) que não devemos acompanhar as traduções populares, mas, sim, a antiga Revised Standard Version (RSV): "em tudo Deus trabalha para o bem com aqueles que o amam". O versículo não diz (em outras palavras) que "todas as coisas trabalham juntas para o bem *d*aqueles que amam a Deus", o que parece dar ao povo de Deus uma espécie de privilégio interno de saber que as coisas vão se encaixar do jeito que eles querem. Isso significa que Deus é o sujeito do verbo principal: é *Deus* quem está "trabalhando", e não "todas as coisas". E isso significa que Deus trabalha não apenas *para* aqueles que o amam — como se essas pessoas fossem simplesmente os destinatários passivos de sua benevolência contínua —, mas que ele trabalha *com* aqueles que o amam.[1] Em outras palavras, ele está afirmando que o trabalho e a luta atual daqueles que amam a Deus, a quem Paulo acaba de se referir e que são eles próprios parte do que está acontecendo por meio da obra do espírito neles, contribuem ativamente no tempo presente para a operação geral de Deus em seus propósitos. Paulo está dizendo que nós — "aqueles que amam a Deus", no sentido daqueles em cujos corações está acontecendo o diálogo aparentemente inexprimível entre o espírito e o pai — somos colaboradores de Deus. Isso se encaixa nos outros usos do verbo de Paulo, aos quais chegaremos em breve.

Na verdade, é o verbo que fornece essa pista. O grego *synergeō* significa, literalmente, "trabalhar com". É a palavra da qual obtemos "sinergismo" — que tem má fama no discurso teológico, e à qual voltarei em breve, mas não há como fugir de seu significado literal. Na tradução tradicional, isso é interpretado como "todas as coisas trabalham juntas", ou seja, as diferentes peças do quebra-cabeça da vida se unindo, como se agissem automaticamente. Mas não é bem isso que a palavra significa. Quando Paulo usa *synergeō* em outras passagens, o significado, como o grego denota, remete a duas pessoas ou

[1] A Revised Standard Version ("em tudo Deus trabalha para o bem com aqueles que o amam") acrescenta uma referência de nota de rodapé à variante textual que, como na versão Nestle-Aland 27, omite "Deus", deixando subentendido a partir do contexto que "Deus" é o sujeito de "trabalha", ou então sugerindo que "tudo" possa ser o sujeito, como na King James Version e na New Revised Standard Version. O trabalho de Jacob é publicado em *Conformed to the image of his Son* (Downers Grove: IVP Academic, 2018), p. 245-51; o de Keesmaat e Walsh, em seu *Romans Disarmed* (Grand Rapids: Brazos Press, 2019), p. 375-9. Outros entendem que o espírito é o sujeito do verbo, como a New English Bible, que, pelo menos, percebe que *synergei* significa "cooperar com".

agentes *colaborando mutuamente* em uma tarefa compartilhada, e não vários objetos se encaixando uns nos outros, como os componentes de um relógio mecânico.

A palavra funciona de modo que a pessoa ou as pessoas com quem o sujeito está colaborando geralmente sejam colocadas no caso dativo; aqui, portanto, o dativo grego *tois agapōsin ton theon* nos diz com quem Deus está colaborando. Deus está colaborando *com aqueles que o amam*. O sujeito, para repetir, é "Deus", e não "todas as coisas": Deus, que pode ser inferido aqui a partir da frase anterior ("aqueles que amam a Deus"), em todas as coisas trabalha para o bem *com* aqueles que o amam. Portanto, como eu diria, somos colaboradores de Deus. Isso é o que o verbo significa nas outras duas passagens (veja a seguir) em que Paulo o usa. Mas, na verdade, aqui ele está dizendo que Deus é *nosso* colaborador. Deus trabalha com e por meio "daqueles que o amam".

A frase "aqueles que amam a Deus" é uma designação padrão para Israel. Ela ecoa a oração *Shemá* de Deuteronômio: "Ouça, ó Israel, YHWH, nosso Deus é o único Deus. *Ame* YHWH, o seu Deus..." (Deuteronômio 6:4). Desse modo, Romanos 8:28 olha para trás, em um longo arco, para Romanos 5:5, quando o povo do Messias teve o amor de Deus derramado no coração dele por intermédio do espírito santo. Para Paulo, o segmento textual "aqueles que amam a Deus" se torna uma espécie de abreviação para "todos os seguidores de Jesus", "todos aqueles que finalmente conseguem guardar a oração *Shemá* de Deuteronômio 6", e também uma indicação de que o amor, a característica básica da identidade dessas pessoas, deve ser igualmente sua característica primordial. Mas, nessa passagem, Paulo parece estar retomando o que acabou de dizer no versículo 27. O grego coloca o segmento "com aqueles que amam a Deus" como a primeira frase no versículo: assim, literalmente, o versículo diz "nós sabemos que *com aqueles que amam a Deus* ele colabora para o bem". Então, aqui, com um significado que talvez não tenhamos percebido em Romanos 5:5, nós temos uma definição de "aqueles que amam a Deus". A expressão remete diretamente àqueles em cuja oração dolorosa o espírito clama ao pai, com o pai conhecendo, compreendendo e agindo.

Nesse ponto, alguns leitores podem estar pensando que tudo está se tornando técnico demais. Eles podem lamentar a aparente perda de uma tradução familiar com significado conhecido. Por que não simplesmente deixar o versículo 28 dizer: "Todas as coisas trabalham juntas para o bem daqueles que amam a Deus"?

Em primeiro lugar, um ponto temático de natureza geral. Paulo está chegando ao clímax central dessa carta. O tema principal da carta tem sido Deus, a justiça de Deus, o amor de Deus, o evangelho de Deus. Seria estranho, tanto retórica como teologicamente, se aqui Paulo tivesse feito de "todas as coisas" o assunto principal, no lugar do próprio Deus, como se ele estivesse invocando uma espécie de panteísmo estoico.

De forma mais específica, linguisticamente é muito mais provável que Deus seja o sujeito do verbo *synergei*. A frase se apresenta dessa maneira. Alguns argumentam que o espírito pode ser o verdadeiro sujeito, após o final do versículo 27, em que Paulo diz que "[o espírito] suplica pelo povo de Deus de acordo com a vontade de Deus". Mas, na verdade, a aplicação da frase grega favorece, em grande medida, a ideia de que o próprio Deus é o sujeito. De qualquer forma, Deus foi o sujeito principal do versículo 27 ("O Pesquisador dos Corações sabe o que o espírito está pensando, porque o espírito suplica pelo povo de Deus de acordo com a vontade de Deus"). Então, no próprio versículo 28, Paulo coloca *tois agapōsin ton theon* na frente, de modo que é fácil entender *theos*, Deus, como sujeito da oração seguinte, *panta synergei*, "opera todas as coisas, de forma conjunta", tendo *panta* como o objeto. Da mesma forma, à medida que o versículo vai avançando, fica claro que devemos entender *theos*, Deus, como o sujeito também dos verbos implícitos no restante do versículo ("chamados segundo seu propósito"). É Deus quem chama, cujo propósito é, então, implementado. Quando passamos para os versículos 29 e 30, Deus é indiscutivelmente o sujeito principal.

Portanto, a leitura mais natural é: "sabemos que, com aqueles que amam a Deus (isto é, aqueles que Deus chama de acordo com o propósito de Deus), Deus opera todas as coisas para o bem". Vários manuscritos antigos realmente adicionam a expressão *ho theos* após *synergei*, e eu presumo que isso sirva para deixar claro que é assim que o versículo deve ser interpretado.

Voltando ao ponto de partida, a razão final para essa leitura revisionista é que o significado normal de *synergeō* acompanhado do dativo é "trabalha com": o *syn* ("com") em *synergeō* assume o dativo da pessoa *com quem* o sujeito do verbo está colaborando. E o dativo aqui é *tois agapōsin ton theon*, "aqueles que amam a Deus". Isso deve resolver a questão.

Se tudo isso é tão óbvio, por que não foi resolvido há muito tempo? Bem, os teólogos protestantes sempre, e com razão, se preocuparam com o **sinergismo**, ou seja, a ideia de que as pessoas são salvas em decorrência de um esforço combinado, de Deus, por um lado, e do crente, por outro. No "sinergismo" clássico, Deus faz a sua parte, nós fazemos a nossa e, juntos, nós alcançamos a salvação. Não é assim, ouvimos em um coro estrondoso de todos os teólogos protestantes, de Martinho Lutero a John Piper: a salvação é obra de Deus do primeiro ao último momento! Tudo o que temos de fazer é confiar! Qualquer sugestão de que *contribuímos* de qualquer forma, ou que até mesmo *colaboramos*, é estritamente descartada.

Mas o ponto é que aqui — como nos outros lugares em que ele usa a palavra — Paulo não está falando sobre *como a salvação é realizada.* Ao longo de toda a carta aos romanos, a certeza da salvação se baseia no amor soberano de Deus derramado na morte de seu filho. Mas essa passagem, Romanos 8:18-30, está falando da *vocação* da comunidade salva, o chamado para *implementar* a obra que Jesus, o Messias, *já realizou* dentro do mundo e em benefício do mundo mais vasto de toda a criação. Como isso acontece, conforme vimos em nosso capítulo anterior, é por meio do espírito que chama os seguidores de Jesus a serem pessoas de oração posicionadas no coração da dor do mundo.

Isso está diretamente ligado às duas outras passagens em que Paulo usa o verbo *synergeō*, ou seja, 1Coríntios 3:9 ("Nós somos cooperadores de Deus no trabalho") e 2Coríntios 6:1 ("visto que cooperamos com Deus"). Em 1Coríntios 3:9, Paulo está falando sobre os apóstolos serem aqueles com quem Deus entra em parceria para fazer as coisas. Trata-se de vocação, não de salvação. Em 2Coríntios 5:20—6:1, Paulo fala sobre sermos "embaixadores, falando em nome do Messias, como se Deus mesmo estivesse apelando *por nosso intermédio*", resultando que, em 6:1, nós "cooperamos com Deus", *synergountos auto*. Mais uma vez, não se trata de como Paulo foi salvo. Trata-se de como Deus trabalha com Paulo e de como Paulo trabalha com Deus, para a obra mais ampla do evangelho.[2]

No capítulo anterior, vimos que, nesse período em que toda a criação geme, Deus opera *por intermédio* da vida de oração conduzida pelo espírito, especificamente do lamento, do povo de Deus. Assim é que somos formados no padrão do Messias, no lugar em que o amor curativo de Deus e as dores convulsivas do mundo se unem, gerando gemidos profundos de orações que nem mesmo podem ser expressos em palavras. É isso que Paulo tem em mente no versículo 28. Afinal, aqueles "que o amam [a Deus]" não é uma designação aleatória para os cristãos, inventada a partir do nada. Ela resume o que está acontecendo no versículo 27. As pessoas em cujo coração o espírito produziu aquele gemido dirigido a Deus, que é ouvido e conhecido por Deus, o Pesquisador dos Corações, tornaram-se o *lar do amor triúno de Deus*. Assim, o argumento de Paulo, unindo os versículos 27 e 28, é que os que amam a Deus e são guiados pelo espírito têm a certeza de que Deus está trabalhando *com eles* e, portanto, *por intermédio* deles. A vontade suprema de Deus — aqui definida simplesmente como "o bem" — é

[2] Isso se encaixa no significado real — em oposição ao significado normalmente entendido — de 2Coríntios 5:20-21: veja *Paul and the faithfulness of God*, p. 20, 70, 558, 724, 881-4, 909, 951, 980, 1343 e 1494 [ed. em português: *Paulo e a fidelidade de Deus* (São Paulo: Paulus, 2021)].

estabelecida pela ação soberana de Deus, *trazendo para dentro de si* o gemido ativo de seu povo portador da imagem divina.

Assim, a expressão "aqueles que amam a Deus" — os seguidores de Jesus — significa aqueles que foram "chamados segundo o seu propósito". Nessa passagem, o chamado de Deus aos seres humanos, que se apresenta em forma de evangelho, não diz respeito ao resgate do pecado e da morte, embora, é claro, também surta esse efeito. Trata-se de ser *chamado* para um *propósito*, um propósito que funciona não apenas *para* eles, mas *por intermédio* deles.

Tudo isso significa que os cristãos ocidentais precisam desaprender algumas coisas e aprender um conteúdo novo. Desde a Idade Média, a igreja ocidental tem focado sua atenção em como chegar ao céu e evitar o inferno e em como ter certeza de que alguém está no caminho certo. O resultado é que a igreja leu todos os seus textos-chave como se "devessem estar" falando disso. Mas, como diriam os profetas de Israel (pensando, por exemplo, em Isaías 40—55), a salvação não é simplesmente um dom de Deus *para* seu povo; é um dom de Deus *por intermédio* de seu povo — para o restante do mundo.

Pense em como o próprio Paulo usa a locução "ser chamado". Ao falar sobre o chamado que recebeu na estrada para Damasco, ele afirma que Deus pretendia "revelar seu filho em mim" (Gálatas 1:16). Esse é o uso comum do termo. Quando Deus alcança alguém com o evangelho e *chama* tal pessoa, isso não é simplesmente sinônimo de "conversão", embora esse também seja o significado em alguns contextos. O chamado de Deus é *para um propósito*, precisamente como Paulo diz aqui.

Onde, então, na mente biblicamente imersa de Paulo, encontramos esse tema? Resposta: em Isaías 40—55. Deus chama Israel, o povo servo, *para um propósito*. Deus articulou esse propósito desde o início com o chamado de Abraão, *por intermédio de quem* Deus abençoaria todas as nações. Isso foi repetido em Êxodo 19:5-6 com o chamado de Israel para ser o sacerdócio real: Deus, por meio deles, revelaria sua glória ao mundo. Então, nos Cânticos do Servo de Isaías, Deus se dirige a Israel como o Servo em quem ele será glorificado (49:3) — "glorificado", como em Romanos 8:30. Deus havia prometido, em Isaías 40:5, revelar sua glória ao mundo; mas como isso aconteceria? A resposta emerge gradualmente no grande poema dos capítulos de 40 a 55: por meio da obra do Servo do Senhor e, de forma suprema, de seu sofrimento e morte. Ao mesmo tempo, o Servo seria a corporificação pessoal e individual de *Israel* — a vocação nacional concentrada em uma só pessoa — e *também* a corporificação pessoal e individual do próprio YHWH. Ele seria aquele em cujos chamado, destino e vindicação as nações finalmente veriam "o braço de YHWH" manifestado em poder.[3]

Tudo isso poderia ser explorado mais detidamente em relação ao contexto mais amplo de Isaías, mas tal análise está fora de nossos propósitos atuais. Por ora, é suficiente percebermos que, se perguntássemos em que lugar a Escritura reúne os temas de Romanos 8:28-30 — pessoas sendo escolhidas, chamadas, justificadas e glorificadas —, a resposta seria óbvia. No primeiro século, qualquer judeu conhecedor da Bíblia pensaria imediatamente em Isaías 40—55 quando ouvisse a frase culminante "aqueles a quem justificou, também glorificou" — e particularmente textos como 45:25. Nos versículos anteriores, YHWH declara sua própria singularidade absoluta (45:21), afirmando que todo joelho se curvará diante dele (45:23) e que somente nele se encontram "justiça e glória" (45:24).[4] Isso remete a 45:25 e, novamente, a Septuaginta é mais clara do que a maioria das traduções atuais, em que encontramos a afirmação de que, *a partir de* YHWH e *em* Deus, toda a semente de Israel *dikaiōthēsontai kai endoxasthēsontai*, "será justificada e glorificada".

"Aqueles a quem justificou, também glorificou." Paulo conhecia Isaías como a palma de sua mão. Quando ele alude a Isaías de forma tão óbvia assim, tem em mente que seus leitores ouçam o que ele diz na mesma linha. Deus chamou Israel para um *propósito*; e, no Messias

[3] Veja, por exemplo, Isaías 40:10.

[4] A LXX traz *dikaiosynē kai doxa*, marcando uma mudança em relação ao hebraico, que é normalmente traduzido por "justiça/retidão e força".

e pelo espírito, ele cumpriu e está cumprindo esse propósito. Assim como a expressão "aqueles que amam a Deus", essa frase é uma designação para Israel; e tanto em Isaías como nas escrituras em geral, Israel é chamado à existência por YHWH para os propósitos mais elevados já apontados nas promessas feitas a Abraão. Israel deve ser o meio de trazer a operação de resgate de Deus para os seres humanos e para toda a criação.

Alguns se opõem a essa ideia. Alguns dirão que Deus nos ama apenas porque nos ama, não porque ele quer nos usar para um propósito. Mas, biblicamente falando, isso estabelece um contraste indevido entre ambas as ideias. O propósito amoroso de Deus *para* Israel sempre envolveu o propósito amoroso de Deus *por meio de* Israel. A própria percepção de Paulo de que o filho de Deus "me amou e se entregou por mim" está em plena sintonia com a percepção igualmente paulina de que Deus o *chamou* para ser o apóstolo para as nações; para ser, em rigor, aquele que tornaria realidade a vocação de servo de Isaías 40—55. Pense novamente em Gálatas 1:16: o que aconteceu na estrada para Damasco foi que Deus estava se revelando não apenas *para* Paulo, mas também *em* Paulo — com o propósito de que ele pudesse proclamá-lo entre as nações. Houve um intenso debate na última geração sobre Paulo ter sido ou não "convertido" ou "chamado" — um debate alimentado principalmente por estudiosos judeus que queriam enfatizar que Paulo não mudou, por assim dizer, de uma religião para outra. Isso é absolutamente legítimo. O próprio testemunho de Paulo foi de que ele sempre adorou o único Deus de Israel, e o que mudou não foi essa lealdade primária, mas seu reconhecimento de que Jesus crucificado e ressuscitado era o Messias de Israel. A verdadeira mudança de significado que temos de considerar é que, embora tantos leitores cristãos tenham visto a estrada de Damasco como o momento em que Paulo foi "salvo", Paulo a viu principalmente como o momento em que ele foi *enviado*.[5]

[5] Veja também 2Coríntios 5:1—6:1; Filipenses 3:12-16.

Existe outra objeção possível. Certamente, alguém pode perguntar: será que "o Servo" não se refere apenas ao próprio Jesus, e não a seu povo? Bem, Paulo se baseia em várias passagens dos Cânticos do Servo para falar não apenas de Jesus, mas também para falar de si mesmo como o apóstolo aos gentios e (como veremos nos versículos de 31 a 39) para falar de todo o povo de Deus renovado e moldado conforme a imagem do Messias. Paulo reconhece, de forma clara, a fluidez entre o Servo-Messias e seu povo, algo que a lógica ocidental moderna considera de difícil compreensão. Na verdade, uma vez que você perceba o enfoque dado na conformidade ao Messias que aparece nos versículos de 18 a 27 e, então, veja a evocação explícita do Servo nos versículos de 32 a 35, entenderá que há um argumento contextual forte para interpretar os versículos de 28 a 30, localizados bem no meio dessas passagens, nos mesmos termos de Isaías. Trata-se do chamado feito ao povo de Deus para ser o único *por intermédio de quem* Deus revelaria sua glória ao mundo.

O resultado do versículo 28, então, perfeitamente alinhado com o que vimos nos versículos de 18 a 27, está relacionado com o propósito geral de Deus quando ele chama as pessoas a crer no evangelho e seguir Jesus. O chamado amoroso de Deus aos seguidores de Jesus, tanto judeus como gentios, não visava ajudá-los a escapar deste mundo para ir viver com ele em outro lugar. O propósito era que, ao resgatá-los do pecado e da morte, Deus manifestasse sua glória *por meio deles*, sobretudo por meio de seu sofrimento e oração. Os propósitos de Deus estão avançando, e ele recruta — ou seja, ele chama — os seres humanos para participar desses propósitos, como Gênesis 1 sempre declarou que ele faria.

É aqui que Paulo faz entrar em cena o tema da segurança. Precisamos pensar nas pequenas igrejas domésticas em Roma, abarrotadas no átrio da casa de alguém ou em uma pequena sala atrás de uma loja, preocupadas com os demais seguidores de Jesus na cidade que viessem a fazer algo importante de maneira diferente, temerosas de um paganismo completamente difuso e socialmente coercitivo, especificamente o culto a César, que se tornara extremamente popular. A essa altura da história, Roma, uma cidade de cerca de um milhão de habitantes, talvez contasse apenas com algumas centenas de seguidores de Jesus. Eles eram uma pequena "microminoria". Mas já eram conhecidos como causadores de problemas e como um grupo pequeno, perigoso, subversivo e perturbador. E a doutrina da segurança que Paulo apresenta não era simplesmente que eles iriam para o céu quando morressem — embora, evidentemente, eles acreditassem que, na morte, estariam "com o Messias" e que o espírito lhes daria uma nova vida corporal na ressurreição final. Sua doutrina da segurança consistia em confirmar que eles, o povo messiânico formado por aqueles que creem em Jesus, eram realmente o verdadeiro povo do Deus criador, *e que Deus estava sendo glorificado, e seria glorificado, por meio do sofrimento e do testemunho de oração deles desde então, no tempo presente*.

Aqui, como antes, Paulo está dando um pouco mais de vazão ao que ele disse em 5:17, um versículo muitas vezes ignorado. Ele afirma que aqueles que recebem o dom de *dikaiosynē*, a justa aliança de Deus, ou, na antiga linguagem, a "justiça" de Deus, *reinarão em vida*. A New Revised Standard Version traduz 5:17 como aqueles que recebem o dom da justiça de Deus ao "exercer domínio". Essa expressão um tanto pesada traduz o grego *basileusousin*, derivada do substantivo *basileus*, que significa "rei". O que está sendo prometido é a autoridade da realeza — algo que, como sempre no Novo Testamento, obviamente significa a autoridade de um rei *conforme redefinida por e em torno de Jesus*.[6]

É claro que governar ou reinar na terra soa um pouco estranho do ponto de vista da teologia ocidental, especialmente no contexto da democracia liberal moderna. Somos implicitamente ensinados a rejeitar a ideia de pessoas "religiosas" mandando em todo mundo! Mas a ideia de governar ou reinar faz todo o sentido no modo de pensar

[6] Veja, por exemplo, Marcos 10:35-45.

focado no reino de Deus, que era típico do judaísmo do primeiro século. A seita de Qumran acreditava que eles herdariam "toda a glória de Adão"; em outras palavras, quando o grande dia amanhecesse, eles governariam o mundo inteiro. Paulo disse em 1Coríntios 6:3 que, um dia, os crentes em Jesus teriam a tarefa de julgar os anjos! O livro de Apocalipse diz coisas semelhantes: o cordeiro sacrificado resgatou as pessoas para que elas possam ser o "sacerdócio real", reinando (a mesma palavra, *basileusousin*) na terra. O que significa tudo isso? O que acontece quando libertamos Paulo do fardo de tentar responder às questões do século 16 e deixamos que ele fale sobre seu próprio tempo — e, assim, também sobre o nosso?

Parte do nosso problema é que aqueles que pensavam que falavam e agiam em nome de Deus no século 16, como em muitos outros séculos, tentaram implementar essa vocação de uma forma tipicamente mundana: pela força das armas. Mas, como insistia Jesus, o reino de Deus avança pelos caminhos enunciados no Sermão do Monte, pela pacificação, pela realização da justiça, pelo clamor sobre as dores do mundo, em humildade, pureza de coração e assim por diante. Esse é o significado que "governar" deve assumir a partir de agora. E isso começa, no tempo presente, com a oração inexprimível e angustiada que Paulo descreve em Romanos 8:26-27 — a oração daqueles que são habitados pelo espírito e envolvidos no amor de Deus pelo mundo sofredor que lhe pertence.

Assim, Paulo está assegurando aos seguidores do Messias em Roma que eles são o povo pelo qual o Deus criador realizará seus propósitos de nova criação e por meio de quem Deus *já está cumprindo seus propósitos*. Alguns séculos depois, foi bastante fácil para que alguns na igreja imaginassem que isso significava que os seguidores de Jesus deveriam obter o poder mundano ordinário e para que outros reagissem empurrando tudo para um "céu" distante. Mas o abuso não exclui o uso. Desde o Sermão do Monte, as promessas de Jesus de que os mansos herdariam a terra, de que os pobres de espírito herdariam o reino de Deus na terra, assim como ele é no céu, sugerem algo que é real. Romanos 8 é uma das aplicações mais vívidas desse mesmo argumento. *Deus está trabalhando em todas as coisas para o bem com aqueles e por meio daqueles que o amam, os quais são chamados de acordo com seu propósito.*

É claro que não é assim que vemos acontecer na realidade. O que os seguidores de Jesus veem com mais frequência é perigo, sofrimento, lamento inexprimível e trágica desunião. Paulo está assegurando aos romanos, e a nós, que o propósito de Deus é seguir adiante precisamente por meio desse testemunho fiel e suplicante, embora, muitas vezes, também incompreensível. Resgatar Romanos 8:28 das más interpretações de sempre abre a possibilidade de obtermos uma visão totalmente nova da vocação atual da igreja.

Paulo explica isso no versículo 29 por meio de uma declaração cristológica explosiva. Deus *conheceu* de antemão, ou seja, ele "conheceu antecipadamente" as pessoas a quem moldaria para que pudesse trabalhar por intermédio delas dessa maneira. Esse é um chamado profético, como Deus dizendo a Jeremias: "antes que eu te formasse no ventre *eu te conhecia*; e [...] eu designei você como profeta para as nações" (Jeremias 1:5). Paulo alude a isso em Gálatas 1 ao rememorar seu próprio "chamado".[7] A escritura fala, em Amós, Oseias e em outros lugares, que Deus "conhece" Israel desde a antiguidade.[8] E isso está diretamente ligado ao próximo verbo usado por Paulo, *prohōrisen*, "designou antecipadamente", referindo-se a Deus esboçando antecipadamente de que forma seus propósitos seriam executados.

Portanto, não se trata de "predestinação para a salvação" — ou mesmo do oposto disso. Tradições teológicas posteriores inventaram enigmas dos quais os primeiros cristãos não têm culpa. Paulo está falando, como Isaías estava falando, dos propósitos de Deus para revelar seu nome e sua glória ao mundo inteiro. Ele usa linguagem

[7] Jeremias 1:5; veja Gálatas 1:15.

[8] Amós 3:2; Oseias 5:3, cf. 13:5, em que o hebraico (mas não a LXX) diz: "eu fui aquele que te *conheceu* no deserto".

semelhante, para o mesmo efeito, no grande hino de louvor em Efésios 1, com o propósito de que a glória de Deus seja exibida diante do mundo atento e muitas vezes hostil. Esse é exatamente o argumento apresentado repetidas vezes em Isaías 40—55. Aqui, no versículo 29, o povo do Messias deve mostrar ao mundo a verdade *que está no próprio Jesus*. Eles devem — nós devemos — ser "conformados à imagem de seu filho", ou, como eu traduzi para destacar o sabor de *symmorphous tēs eikonos*, "moldados segundo a imagem de seu filho".

De imediato, essa linguagem evoca a teologia mais ampla que diz respeito à imagem de Deus, a qual encontramos quando Paulo se baseia em Gênesis 1, no salmo 8 e em outras passagens, para escrever textos como, por exemplo, 2Coríntios 4:4-6 ou Colossenses 1:15-20. Como vimos em nossa análise de "enviou seu próprio filho" em Romanos 8:3, isso traz consigo as conotações presentes no messianismo davídico. Mas agora as promessas davídicas foram democratizadas, como prometido em Isaías 55:3. O espírito tem trabalhado no coração das pessoas por meio do evangelho, de modo que o papel singular destacado na escritura para o rei agora é compartilhado com todo o seu povo, também como a Escritura havia previsto.

Assim, diz Paulo, Jesus deve ser o "primogênito entre muitos irmãos", o membro mais velho de uma família maior. Em Êxodo 4:22, Israel é o primogênito de Deus. Em Salmos 89:27, o Messias é o primogênito. Em Colossenses 1:18, é o próprio Jesus. Em outras palavras, o espírito é dado para que aqueles que creem em Jesus se tornem semelhantes a Jesus, compartilhando sua condição como o povo que se torna herdeiro das promessas; e quem está observando é um mundo incrédulo, hostil e confuso. Com essa densa oração cristológica, Paulo está, como no capítulo 5 ou em Filipenses 3:19-21, aludindo a Jesus tanto como Messias quanto como o verdadeiro Adão, ecoando o salmo 8, em que a vocação de sermos "portadores da imagem divina" originária de Gênesis 1 tem seus dividendos resgatados no que diz respeito à soberania universal dos seres humanos sobre o mundo de Deus que havia sido planejado. Jesus, o verdadeiro ser humano, está governando o mundo em glória. Seus seguidores são chamados a refletir Jesus no mundo. E, como diz Paulo em 2Coríntios 3:18, isso significa já estar "transformados [...] de glória em glória". Glória não significa "ir para o céu e brilhar como uma lâmpada". Significa reconquistar a vocação e a dignidade propriamente humanas, debaixo de Deus e sobre o mundo — uma vocação e uma dignidade agora tornadas possíveis pela habitação do espírito, semelhante à presença divina no Templo. Ou mesmo, devemos dizer, *como* a presença divina no Templo.

Isso nos leva de volta a temas que já abordamos. Nesse versículo, Paulo reúne, em uma pequena e densa oração, a ideia profundamente bíblica de que Deus, desde o início, fez seu mundo de tal forma que funcionaria conforme o planejado, movendo-se para seu propósito pretendido, *por intermédio de seres humanos obedientes*. A cristologia já está implícita em Gênesis 1 e no salmo 8. Os ecos bíblicos daquilo que Paulo diz agora apontam para a crença de que esse Deus, após ver a idolatria e a injustiça substituírem o culto e a boa administração do mundo, criou seu projeto de resgate — o chamado de Abraão e de sua família para ser o povo-Servo por meio do qual sua glória se manifestaria em todo o mundo — de tal forma que o próprio projeto de resgate seria cumprido *por intermédio do ser humano obediente derradeiro*. É exatamente isso que Paulo está dizendo, embora com uma brevidade impressionante, em Romanos 5.

Portanto, Paulo olha para o projeto anterior de Deus em forma humana e em forma de Messias, focando, com uma precisão cirúrgica, em Jesus, o Messias representativo de Israel. Paulo já sabe que Jesus é o "filho de Deus" em sentido duplo — não apenas como o rei de Israel, o Messias vindouro, mas como aquele que foi enviado *da parte de* Deus, corporificando (como já vimos) esses *dois* aspectos: o propósito de Deus para Israel *e* o propósito de Deus para si mesmo. Aqui, Paulo não explica essa impressionante cristologia. Mas, se quisermos sentir a força daquilo que ele está resumindo, precisamos ter em mente essa combinação de temas.

A essa altura, Paulo está olhando obviamente para trás, para 8:3-4, passagem em que Deus envia o filho à *semelhança* da carne pecaminosa e como oferta pelo pecado. Ele também está ecoando a declaração de abertura da carta em 1:3-4. Ali, ele oferece sua definição inicial do evangelho: a mensagem sobre o filho de Deus (essa carta é destinada a Roma, que já tinha um "evangelho" sobre um "filho de Deus"), o descendente da semente de Davi segundo a carne, o qual, por meio de sua ressurreição, agora foi designado e publicamente declarado como o "filho de Deus" em poder. Em 1:4, a palavra que Paulo usa para ser "designado" é *horisthentos*, cognato de *prohorizō*, "designou antecipadamente", que ele emprega no versículo 29. Pelo batismo (6:1-14), o povo de Jesus agora é designado como "povo da ressurreição" antes mesmo que isso se torne publicamente visível. O chamado desse povo é para ser igual a Jesus, compartilhando sua filiação, sua herança, seu sofrimento e sua glória. Tudo isso *já* é verdade para eles. Essa é a base de sua *vocação presente*. É isso que toda essa seção do capítulo aborda (v. 12-30).

Esse quadro cristológico — o foco em Jesus como o Messias de Deus, e, em seguida, em formar seu povo para ser como ele — é o que mantém os primeiros oito capítulos de Romanos firmemente unidos. O argumento de Paulo é enfaticamente messiânico, e, nesse sentido, enfaticamente político, e tem relação com o mundo atual, e não apenas com um céu distante. É um apelo enfático à "obediência da fé". Esse é um chamado claro e forte para que sejam parte de uma nova versão da própria humanidade, a cujo governo vindouro o mundo inteiro deverá se sujeitar, um governo cuja manifestação presente, em glória paradoxal, será, à semelhança da manifestação do próprio Jesus, marcada por amor abnegado, visto aqui na obra de lamento e intercessão cheia pelo espírito. O sofrimento e a glória, registrados nos perfis de Jesus que quatro contemporâneos de Paulo escreveriam, já eram marcas do povo que se parecia com o Messias, moldado à imagem do filho, conforme eles percebiam seu próprio chamado para viver no seio da família estendida de Jesus e a manifestar as características dessa família ao mundo.

À medida que a carta vai avançando a partir desse ponto, Paulo continua a moldá-la cristologicamente. Em Romanos 9:5, ele oferece uma nova declaração sucinta, apontando para o argumento específico que vai apresentar nos capítulos de 9 a 11. Ele apresenta outro sumário em 12:5, olhando para os capítulos de 12 a 16 como um todo. O verdadeiro final da carta, em 15:12, completando o círculo aberto em 1:1-5, tem Paulo citando Isaías 11:10, sobre a raiz de Jessé que se levanta para governar as nações, ecoando o grandioso capítulo em que o Messias davídico preside um mundo no qual o lobo se deita com o cordeiro, e uma criancinha os conduz.[9] Quando olhamos para trás em Romanos e percebemos a vastidão da reflexão messiânica — o evangelho, a cruz, o Messias, o corpo singular do Messias e, então, o Messias ressuscitado governando o mundo de Deus —, é incrível perceber como Paulo concentrou tudo isso em uma única declaração poderosa e cheia de significado bem aqui, no versículo 29. *Nós, os que cremos, nós, os que amamos a Deus, fomos designados para ser moldados de acordo com esse padrão, com essa realidade messiânica e com essa família que revela a glória*. Quanto mais o mundo se opõe, zomba e ameaça, mais se torna evidente que a mensagem está sendo comunicada de forma efetiva. E isso nos leva aos últimos nove versículos do capítulo.

Contudo, no momento, ficamos com os fortes golpes de martelo dados pelo versículo 30. Com frequência, comparo essas palavras aos acordes que nos atingem no final da Quinta Sinfonia de Sibelius.

> *Hous de **prohōrisen**, toutous kai **ekalesen**; kai hous **ekalesen**, toutous kai **edikaiōsen**; hous de **edikaiōsen**, toutous kai **edoxasen**.*
>
> Aqueles a quem **designou** antecipadamente, ele também **chamou**; aqueles a quem **chamou**, ele também **justificou**; aqueles a quem **justificou**, também **glorificou**.

Esse versículo, a síntese de toda a carta até agora — especialmente dos capítulos de 5 a 8 e, mais especificamente ainda, de 8:12 em diante! —, transmite a forte sensação de uma conclusão, celebrando a soberania

[9] Isaías 11:1-10.

divina que sustenta o pensamento de Paulo em geral e da carta aos romanos em particular. Parece que não há como parar esse Deus. Aqueles que creem, após responderem com fé ao "chamado", que, no final das contas, foi planejado por Deus há muito tempo, são declarados "endireitados". Isso não significa *simplesmente* que seus pecados foram perdoados para sempre, embora tenham sido. Isso significa que eles podem manter a cabeça erguida desde já, em seus pequenos apartamentos repletos de ratos do lado errado do poluído rio Tibre de Roma, ou nos aposentos dos escravos, nos fundos de alguma mansão, ou acampando em alguma sarjeta, ou ainda tendo sido expulsos de casa ou da cidade. Eles podem ter a certeza de que são o povo verdadeiro do único Deus criador; que esse Deus está executando seus propósitos e que, um dia, todo joelho se dobrará ao nome de Jesus. E, conforme o espírito testemunha a seus espíritos que eles são filhos de Deus, conforme o espírito geme com seus próprios gemidos, ansiando pela plena adoção na ressurreição vindoura, eles são chamados, como nós também somos, a uma longanimidade fiel.

Sugeri que essa curta passagem, nos versículos de 28 a 30, é basicamente uma teologia do Servo, focada em Jesus e, depois, ampliada para incluir todo o seu povo. Até aqui, no capítulo 8, vimos o mistério no qual o sofrimento parece não ser apenas algo pelo qual o povo de Deus terá de passar, mas *o resultado a partir do qual* os propósitos de Deus nascerão. De todas as raízes bíblicas para essa ideia, Isaías 40—55 se destaca, sobretudo porque Paulo, de forma explícita, caminhará nessa direção nos versículos de 32 a 35. E, no coração da nossa presente passagem, ele fala de ser conformado à imagem do filho, o representante do povo de Deus, primogênito de uma grande família. Tudo isso me diz que Paulo está pensando aqui em Isaías 40—55, especialmente nos Cânticos do Servo, sobre os quais ele baseou seu incrível poema sobre Jesus, igualmente repleto de referências a Adão, que encontramos em Filipenses 2. Por isso sinto-me encorajado a interpretar essa difícil passagem à luz de Isaías e a reconhecer que a linguagem que, em geral, é vista como uma referência à "predestinação para a salvação", em uma abordagem que gera enigmas bem conhecidos desde Agostinho até Calvino e além, é mais bem-compreendida como os propósitos de Deus *por meio* de seu povo para o mundo. "Tu és meu servo, Israel, em quem eu serei *glorificado*" (Isaías 49:3).

Tudo isso está ancorado na história do próprio Jesus. As doutrinas de Paulo nunca são apenas teorias vagamente apoiadas em uma cristologia abstrata. Elas são sobre o próprio Jesus vivo. No batismo, o pai declarou que ele é o filho amado, o Servo. Isso se repete na Transfiguração. Jesus foi designado com forte ironia nas palavras de Caifás, durante o julgamento ("o Messias, o filho daquele que é o Bendito?"),[10] e no título colocado na cruz, na qual, como rei dos judeus, Jesus cumpriu o papel para o qual ele, o filho eterno, tinha sido conhecido de antemão, preordenado desde antes da fundação do mundo. Assim, seu batismo foi o momento de seu *chamado* público; sua ressurreição foi quando Deus o *justificou*, declarando que ele realmente era seu filho; sua ascensão à soberania global, como lemos em Daniel 7, o estabeleceu *gloriosamente* como governante mundial desde aquele dia até o presente. (É claro que, como em João, a glória brilha por toda parte; mas essa parece ser a maneira de Paulo contar a história.)

Então, tudo o que Paulo diz sobre os seguidores de Jesus, tanto sobre as pequenas igrejas domésticas sitiadas em Roma como sobre nós hoje, enfrentando um mundo em desordem e lidando com uma igreja perplexa e, às vezes, até mesmo desobediente, lutando com os medos e anseios do próprio coração e da sociedade em um mundo perigoso — tudo o que Paulo diz sobre nós, ele diz porque somos o povo de Jesus. É "no Messias", como explicado aqui em Romanos 8, que não há condenação. É por causa dele que o espírito testemunha ao nosso espírito que nós somos filhos de Deus, levando-nos ao lugar no qual, no forte anseio que ultrapassará em muito o poder da

[10] Marcos 14:61, ecoando a confissão de Pedro em Marcos 8:29 e a voz celeste no batismo de Jesus (1:11) e na Transfiguração (9:7).

linguagem humana, encontramo-nos compartilhando o amor que passa do espírito para o pai e que volta ao espírito por intermédio do filho. Romanos 8:28-30 oferece uma grandiosa conclusão estrutural e lógica para o argumento de Paulo até aqui. Mas, para muito além da estrutura e da lógica, esses versículos nos apontam para a realidade indestrutível e inabalável do Deus triúno, cujo amor na criação e na redenção nos chamou, justificou e glorificou. Tudo o que resta, nos nove versículos finais do capítulo, é que Paulo celebre esse amor. E que nos juntemos a ele nessa celebração.

CAPÍTULO 8

ROMANOS 8:31-34: SE DEUS É POR NÓS

31O que diremos, pois, diante de todas essas coisas?
Se Deus é por nós, quem é contra nós?
32Deus, afinal de contas, não poupou seu próprio filho, mas o entregou por todos nós!
Como, então, não nos dará, com ele, gratuitamente, todas as coisas?
33Quem apresentará alguma acusação contra os escolhidos de Deus? É Deus quem os declara endireitados.
34Quem os condenará?

31ti oun eroumen pros tauta?
ei ho theos hyper hēmōn, tis kath' hēmōn?
32hos ge tou idiou hyiou ouk epheisato, alla hyper hēmōn pantōn paredōken auton, pōs ouchi kai syn autō ta panta hēmin charisetai?
33tis engkalesei kata eklektōn theou? theos ho dikaiōn.
34tis ho katakrinōn?

CHEGAMOS AGORA à parte final desse capítulo surpreendente e, portanto, à conclusão culminante dos capítulos de 5 a 8, a segunda seção principal de Romanos. No presente capítulo, vamos mergulhar nesses nove versículos, primeiro traçando uma visão geral dos versículos de 31 a 39 como um todo e, depois, mais especificamente, entrando nos detalhes dos versículos de 31 a 34. Então, em nosso capítulo final, vamos percorrer os cinco versículos restantes, o que possibilitará uma rápida recapitulação do capítulo inteiro e nos fará entender até onde chega o argumento de Paulo.

Esses, naturalmente, são alguns dos versículos mais famosos que Paulo já escreveu. Assim como 1Coríntios 13 é frequentemente lido em casamentos, essa passagem é, muitas vezes, lida em funerais. *Nada, em toda a criação, nada poderá nos separar do amor de Deus no Messias Jesus, nosso Senhor*. Isso é algo em que você pode se agarrar quando se achar navegando pelas perigosas e intensas curvas da vida. Em especial a última delas.

Mais uma vez, no entanto, essa passagem não é sobre "vida após a morte" ou mesmo sobre ressurreição, embora, naturalmente, esse continue a ser o horizonte final. Curiosamente, ela tampouco diz respeito a perdão dos pecados. Sim, Paulo fala da morte de Jesus em nosso lugar. Ele reafirma a justificação de Deus para seu povo fiel. Mas devemos observar que a lista de potenciais ameaças que aparece nos versículos 35 e 38 não inclui os pecados que ainda se apegam a nós ou as acusações e os julgamentos em que eles incorrem. Ele já lidou com tudo isso. É difícil entender essas coisas porque, como eu já disse, a tradição teológica ocidental tem *moralizado nossa antropologia*, de modo que a única questão na qual muitos cristãos estão interessados é como os pecadores podem chegar ao céu e evitar pecar nesse ínterim. Mas Paulo já deixou claro que aqueles que estão "no Messias", que são habitados por seu espírito, serão ressuscitados dos mortos. Ele já deixou claro que devemos viver de acordo com a mente do espírito. Esse foi o argumento dos versículos de 1 a 11. Desde então, o que o tem preocupado tem sido a *vocação* do povo de Deus, especialmente enquanto eles dão testemunho de Jesus nas terríveis circunstâncias que enfrentam com frequência.

Então, quando olhamos mais de perto, percebemos que a tarefa de Paulo aqui é *encorajar* os fiéis. Muitos deles pertenciam a pequenas igrejas domésticas espalhadas por Roma, geralmente nas partes menos salubres da cidade, ou até mesmo trabalhando como servos ou escravos em alguma casa rica, mas sempre enfrentando estigma social, ostracismo, perda do trabalho e dos meios de subsistência, dificuldades e pobreza, e, particularmente, perseguição frontal, com forte possibilidade de violência e morte, tanto nas mãos de justiceiros como do Estado, em sua repressão oficial . A questão que Paulo está levantando, como no versículo 37, é que *em* todas essas coisas nós somos mais do que vencedores, "completamente vitoriosos". Essa declaração é contundente. Significa não apenas vencermos uma batalha, mas estarmos em posição de controle total do campo de batalha.

Onde isso nos posiciona hoje? Nosso mundo é cada vez mais hostil à fé cristã genuína, no local de trabalho, nas pressões sociais e culturais, na vida pública, nos meios de comunicação escarnecedores e nos sussurros das redes sociais. A liderança da igreja tem de lidar com um revide irado sobre questões que a geração anterior sequer cogitaria. Novas moralidades são inventadas da noite para o dia, e a expectativa é que a igreja siga esse exemplo. Quando leio essa passagem: "Quem pode ser contra nós? Quem apresentará alguma acusação contra nós? Quem nos condenará?", vejo em minha mente não apenas pessoas de fora da igreja, zombando de nós por estarmos fora de sintonia com o tempo presente, mas também, infelizmente, alguns de dentro da igreja, que nos atacarão de repente por qualquer motivo — teológico, prático, pastoral ou político. Os conflitos de personalidade facilmente são revestidos de trajes teológicos ou litúrgicos. Ao clero, eu diria: certifiquem-se de que essa passagem esteja sempre em mente, refletindo a respeito dela em espírito de oração. Nunca se sabe quando o presbítero, o diácono ou o diretor da igreja, que você pensava serem seus aliados mais próximos, virão lhe dizer que eles e a igreja estão furiosos com algo que você acabou de fazer ou de dizer... E, claro, essa passagem não significa que nunca faremos nada de errado. Muitas vezes nós o faremos. Mas nos assegura que, merecendo ou não o que vier contra nós, *Deus é por nós e nada nos pode separar do seu amor no Messias*

Jesus. Isso vale para todos os membros da família do Messias. Mas suspeito que os ministros e os mestres, mais do que a maioria, precisam ser regularmente lembrados disso.

Dito isso, voltemos à nossa pergunta de abertura de sempre. Qual é o enquadramento, o início e o fim desse último parágrafo? A conclusão do argumento do capítulo e dos capítulos de 5 a 8 como um todo é, obviamente, a seguinte: *Deus é por nós*, versículo 31b; e, versículo 39, *nada nos pode separar do seu amor* no Messias Jesus.

O tema do "amor" de Deus aparece de repente no versículo 35. Ele não era mencionado desde 5:6-11. Mas as aparências podem enganar. Quando Paulo fala explicitamente do "amor" de Deus aqui, é como a melodia de um poema sinfônico que, quando finalmente é tocada na íntegra, percebemos que ela foi mencionada ao longo de toda a música. Algo semelhante acontece com o título cristológico "filho de Deus"; Paulo raramente usa esse título, mas, quando o faz (como no versículo 3, e agora, nessa passagem, no versículo 32 [seu próprio filho]), é algo explosivo. O mesmo acontece com o tema do *amor* de Deus. É aqui que vemos como Paulo amarrou os capítulos de 5 a 8, retornando a 5:6-11 em um grande arco. O amor — o amor de Deus por nós, em conjunto com o amor inspirado pelo espírito com o qual respondemos — tem sido o subtexto, o tema mais profundo, por toda parte.

Já expliquei como Paulo usou a narrativa da Páscoa e do êxodo para estruturar os capítulos 6, 7 e 8, fazendo com que a história do próprio Jesus se destacasse, algo que o próprio Jesus claramente desejava, tornando-o a encarnação da Páscoa suprema, o novo êxodo. Conforme Êxodo 2:23-25 nos mostra, a Páscoa e o êxodo aconteceram por causa da *fidelidade* de Deus às promessas que ele havia feito a Abraão. E, quando pensamos em *fidelidade à aliança*, estamos falando de amor. O tema declarado de Romanos é a revelação, na mensagem do evangelho de Jesus, da *dikaiosynē theou*, a "justiça" de Deus; mas, em Salmos e Isaías, essa expressão denota muito mais do que a "justiça" moralista que muitos costumam imaginar. A determinação divina em endireitar o mundo ("justiça") forma uma peça única com a determinação divina de ser fiel à aliança com Israel. A "justiça" que está envolvida é a firme intenção que Deus tem de endireitar todas as coisas — algo prenunciado quando Deus "endireita" os humanos pecadores por intermédio do evangelho, como um sinal, uma amostra e até mesmo o meio pelo qual acontecerá esse endireitamento cósmico definitivo. Todavia, por trás de tudo isso, está a aliança, que expressa, por meio de seu foco em Israel e, por fim, de maneira definitiva no Messias de Israel, o amor de Deus pelo mundo e pelas criaturas humanas que lhe pertencem. Isso não significa que Deus tenha uma mente metódica, desejando que tudo seja recolocado em seu devido lugar. Menos ainda é o caso de Deus ser simplesmente um juiz irado e severo. A questão é que Deus *ama o seu mundo*, especialmente as criaturas portadoras de sua imagem — na verdade, ele ama de maneira tão intensa e completa que não pode permanecer observando eternamente seu mundo em desordem e suas criaturas humanas arruinando a própria vida e a dos outros. Assim, em 5:6-11, Paulo afirma que a morte do Messias é o resultado e a evidência suprema do amor soberano de Deus. A cruz do Messias declara que *Deus é por nós*.

Consequentemente, nunca devemos permitir que a justiça e o amor de Deus sejam postos um contra o outro. Quando Paulo diz, em 1Coríntios 13, que "o maior deles é o amor", obviamente está falando da forma mais elevada da virtude cristã. Aqui em Romanos, ele está dizendo a mesma coisa, não apenas sobre o amor humano, mas também sobre o amor de *Deus*. Romanos se eleva acima das outras cartas como uma exposição completa do plano de Deus, sobre a criação e a nova criação, sobre os propósitos e as promessas divinos, focados em sua fidelidade à aliança, enraizados e fundamentados em seu amor. E Romanos 8 se eleva acima do restante da carta como o ponto em que tudo isso se torna explícito e é celebrado como tal — ainda que todas as evidências apontem em outra direção, enquanto o mundo tenta, com todas as forças, nos desviar do curso, valendo-se de tudo o que pode dar errado, sobretudo a oposição humana ao evangelho, talvez até mesmo vindo de dentro da igreja.

Isso não deveria nos surpreender. Como já observamos, logo após Deus ter dito a Jesus: "Tu és o meu filho amado", ele foi levado para o deserto para ser tentado pelo diabo. Assim que ele voltou de lá, anunciando que Deus estava finalmente se tornando rei, o inferno inteiro entrou em polvorosa, com os demônios gritando nas sinagogas e os fariseus e herodianos conspirando para matá-lo.

Todavia, como na história do evangelho, também na história daqueles que agora são moldados pelo evangelho o amor de Deus é a âncora. *Deus é por nós* — não é algo a ser dito de forma casual ou indigna, certamente não é uma licença para darmos pouca atenção à nossa própria fidelidade, mas algo que pode nos dar descanso quando as tempestades estiverem enfurecidas, para aquietar nosso coração quando tudo, aparentemente, estiver indo mal. Esse é o significado dessa passagem.

Essas reflexões iniciais surgiram de nossas observações sobre a estrutura dessa passagem e do seu lugar nos capítulos de 5 a 8 como um todo. E, enquanto estamos olhando para essa estrutura, devemos notar como cada parte do argumento desses capítulos termina com um resumo cristológico: 5:11, 5:21, 6:11, 6:23, 7:25a e, então, gloriosamente aqui em 8:39.

Se essa é a estrutura — o amor invencível de Deus —, de que modo esses nove versículos estão construídos? Nossa segunda pergunta tem sido, em geral, sobre as pequenas palavras de ligação, mas aqui não há sequência de *gar* e *de*, como na maior parte do capítulo. O único *gar* está no versículo 38: "Estou persuadido, *como podem perceber*", explicando os versículos de 35 a 37. A pequena palavra grega enfática *ge*, "de fato", rara em Romanos, une firmemente o versículo 32 ao 31. Além disso, a maior parte das conexões entre as diversas frases e expressões é feita por meio de inferências. Isso não é acidental. Passo a passo, Paulo vai completando o argumento que nos trouxe à grande conclusão do versículo 30. Agora, para celebrar o ponto ao qual o argumento chegou, Paulo muda desse cuidadoso estilo argumentativo para um modo retórico diferente.

Em vez de argumentar, o que Paulo faz é unir três melodias de estilo bastante marcante. Primeiro, temos uma série de perguntas retóricas. Em segundo lugar, temos três ecos ou citações diretas, uma de cada seção do cânon hebraico (algo que Paulo raramente faz; quando ele faz isso, certamente o faz por motivos especiais). Em terceiro lugar, temos duas listas de perigos em potencial, a primeira composta por sete perigos; a segunda, por dez. Esse também é o tipo de coisa que, nos dias de Paulo, os ouvintes perceberiam e desfrutariam. Além do mais, todas essas características retóricas se entrelaçam umas com as outras. Trata-se de uma escrita de alto nível literário. Muitos de seus ouvintes em Roma, conscientes da boa retórica, apreciariam isso e veriam o que Paulo estava fazendo.

O parágrafo inteiro, que é formado por esses nove versículos finais, está conectado com a narrativa do evangelho da ação de Deus em Jesus. Nesses versículos, Paulo está narrando, de forma dramática, uma miniatura da história de Jesus: o filho de Deus, que não foi poupado, mas crucificado, ressuscitou e ascendeu aos céus, onde agora intercede por seu povo assentado à direita do pai. Em todos os seus escritos, é somente aqui que Paulo oferece um resumo tão completo da história de Jesus. Então, se os esquemas retóricos (as três melodias interligadas que acabei de mencionar) fornecem a impressionante *forma* para o parágrafo, o próprio Jesus fornece o *conteúdo* central do texto. Que essa seja uma lição para todos nós, pregadores e professores!

Começaremos pelo princípio. "O que diremos, pois, *diante de* todas essas coisas?" — não, como na New Revised Standard Version, "o que diremos *sobre* isso?", como se Paulo estivesse simplesmente oferecendo alguns comentários sobre o que havia acabado de dizer, mas "o que nós *concluímos*" dessa linha de pensamento por meio da qual, até o versículo 30, Paulo mostrou a obra triúna de Deus? Essa pergunta retórica de abertura pode nos levar a esperar uma afirmação como: "estamos seguros para sempre no amor de Deus, conforme explicado". Isso seria verdade, mas Paulo não seria assim tão superficial. *Ele quer que seus ouvintes reflitam sobre tudo isso*, para que eles mesmos respondam às perguntas. Isso é o que a técnica de perguntas retóricas que encontramos nos versículos de 32 a 35 tem a intenção de fazer: obrigar o público a pensar rapidamente enquanto ele expande as respostas óbvias e avança rapidamente para outras questões.

Diferentes intérpretes e traduções chegaram a hipóteses variadas a respeito do exato funcionamento dessas perguntas retóricas (veja o Quadro 2).

Devemos lembrar que os primeiros manuscritos não tinham pontuação, nem mesmo intervalos entre as palavras. Então, os escribas e editores posteriores organizaram esses versículos de maneiras ligeiramente diferentes. Onde colocar os pontos de interrogação é uma das questões interpretativas mais relevantes. Em minha tradução, apresentei o que eu (e outros) considerei a melhor solução, mas é possível que Paulo tivesse mais pontos de interrogação em mente do que eu sugiro em meu texto. Por exemplo, você poderia ler o versículo 33 como duas perguntas, e não uma: quem apresentará alguma acusação? Será Deus, aquele que nos declara como estando endireitados? O mesmo acontece no versículo 34: Quem os condenará? Será o Messias Jesus, que morreu por nós? É assim que o versículo 35 funciona: "quem nos separará...? Será que isso envolverá sofrimento etc.?". As coisas se tornam ainda mais complicadas quando percebemos que os versículos 33 e 34 estão correlacionados, como acontece em Isaías 50:8: é Deus quem justifica, *portanto* [subentendido], quem condenará?

É impossível ter certeza aqui. No entanto, creio que provavelmente Paulo pretendia que as perguntas funcionassem da maneira que minha tradução as organiza. Isso faz com que as alusões bíblicas possam ressoar adequadamente e permite que a principal tática retórica de Paulo — as perguntas retóricas com suas respostas implícitas — forme a espinha dorsal de sua linha de pensamento, até que elas mesmas sejam ultrapassadas no versículo 35 pela pergunta e pela resposta sobre o poderoso e inabalável amor de Deus.

QUADRO 2: ROMANOS 8:31-34 EM VÁRIAS TRADUÇÕES DA BÍBLIA

KJV	*NVI*	*NJB*	*NRSV*
31Que diremos então acerca destas coisas? Se Deus é por nós, quem pode ser contra nós?	31Que diremos, pois, diante dessas coisas? Se Deus é por nós, quem pode ser contra nós?	31Depois de dizer estas coisas, o que podemos acrescentar? Se Deus é por nós, quem pode ser contra nós?	31O que, então, devemos dizer sobre estas coisas? Se Deus é por nós, quem é contra nós?
32Aquele que não poupou o seu próprio Filho, mas o entregou por todos nós, como não nos dará também com ele todas as coisas?	32Aquele que não poupou o seu próprio Filho, mas o entregou por todos nós — como não nos dará juntamente com ele, e de graça, todas as coisas?	32Uma vez que ele não poupou o próprio Filho, mas o entregou por todos nós, não podemos esperar que, com ele, Deus nos dê livremente todos os seus dons?	32Aquele que não poupou o seu próprio Filho, mas o entregou por todos nós, não nos dará também com ele tudo o mais?
33Quem imputará alguma culpa aos eleitos de Deus? É Deus quem justifica.	33Quem fará alguma acusação contra os escolhidos de Deus? É Deus quem os justifica.	33Quem poderá fazer qualquer acusação contra aqueles a quem Deus escolheu? Quando Deus concede justiça salvadora, quem poderá condenar?	33Quem trará acusação contra os eleitos de Deus? É Deus quem justifica.
34Quem é aquele que condena? Pois foi Cristo quem morreu, antes, que ressuscitou, e que até mesmo está à direita de Deus, que intercede também por nós.	34Quem os condenará? Foi Cristo Jesus que morreu; e mais, que ressuscitou e está à direita de Deus, e também intercede por nós.	34Não estamos certos de que é Cristo Jesus, que morreu — sim, e mais ainda, que ressuscitou dos mortos e está à direita de Deus — e que acrescenta o seu apelo por nós?	34Quem condenará? É Cristo Jesus, que morreu, sim, que ressuscitou, que está à direita de Deus, quem de fato intercede por nós.

Assim chegamos à majestosa pergunta retórica do versículo 31 e à sua resposta, no versículo 32: *ei ho theos hyper hēmōn, tis kath' hēmōn?* Se Deus é por nós, quem é contra nós? Boa parte do significado depende de quem é esse "nós"; não podemos simplesmente tirá-lo da cartola e aplicá-lo aleatoriamente a qualquer pessoa, como diria o ditado erroneamente atribuído a Voltaire, *Dieu pardonnera, c'est son métier* — "Deus perdoará, esse é o seu trabalho" —, como se pudéssemos apenas dar de ombros e deixar por isso mesmo. Não: o "nós" aqui é obviamente o povo descrito nos versículos anteriores, aqueles que, em seu sofrimento e esperança e em sua oração agonizante e inexprimível, estão sendo "moldados segundo a imagem do filho"; aqueles que estão *en Christō Iēsou* e, portanto, sabem que "não há condenação". Precisamos voltar a afirmar o óbvio: o fato de que Deus é "por nós" não significa que nunca pecaremos, que não receberemos multas por excesso de velocidade, que não seremos rejeitados em pedidos de emprego, que não adoeceremos gravemente, que as pessoas não nos interpretarão mal ou não deturparão nossas palavras. O restante da passagem deixa isso bem claro. A pergunta "quem é contra nós?" não significa que ninguém jamais *vai* se colocar contra nós, ou que ninguém jamais atrapalhará nosso avanço, mas que, quando o fizerem, saberemos que, porque Deus é por nós, qualquer oposição desse tipo será, em longo prazo, insignificante, por mais dolorosa e frustrante que possa ser naquele momento.

A resposta implícita à pergunta retórica de Paulo é: ninguém, certamente, ninguém! E ele confirma isso no versículo 32. Ele aqui traz à mente e entremeia no texto uma alusão a Gênesis 22, passagem em que Abraão se prepara para oferecer Isaque em sacrifício. Abraão não poupou seu único filho; e o que nos deixa impressionados é que agora isso também pode ser dito do próprio Deus. Então, Paulo, baseando-se firmemente nesse espantoso ato de amor divino, assegura aos seus ouvintes não que não haverá oposição alguma, mas que "todas as coisas" nos serão dadas. Ele não está dizendo que não haverá problemas. Ele está fazendo uma promessa magnífica que superará, em grande medida, todo e qualquer desafio que enfrentarmos.

Ao aludir a Gênesis aqui, Paulo introduz a primeira de três alusões bíblicas — da Torá, dos Profetas e dos Escritos, nesse caso, Gênesis, Isaías e Salmos. Referir-se a todas as três seções das escrituras dessa maneira era uma tática retórica rabínica, usando uma espécie de banquinho bíblico de três pernas para tornar o argumento triplamente seguro. Paulo faz isso apenas em momentos especiais. Ele usa esse artifício no clímax final de Romanos, 15:7-13, e no clímax de Gálatas, em 4:21-31.

Ele não está citando os textos fora de contexto apenas para reforçar seu argumento. Tampouco se trata apenas de decoração, introduzindo uma fraseologia canônica vagamente recordada, como um político de hoje que se vale de meia linha de uma obra de Shakespeare para dar aparência de respeitabilidade intelectual a um discurso. Não, Paulo faz isso como uma maneira de dizer que, com esse evangelho, estamos vivendo *kata tas graphas, de acordo com as escrituras*, não por causa de versículos desconexos aleatórios, mas, sim, imersos no fluxo do poderoso rio da escritura, com sua narrativa, vida e promessa se unindo em gloriosa e enfática consumação. Aqui, portanto, temos Gênesis 22; já nos versículos 33 e 34, temos Isaías 50, um dos Cânticos do Servo, tornando explícita a forma de Servo que molda o argumento anterior; por fim, no versículo 36, temos o salmo 44, um dos salmos clássicos de "sofrimento", a que Paulo já aludiu. Teremos de examinar cada um deles individualmente.

Penso que o relato de Gênesis 22, no qual Deus ordena a Abraão que sacrifique Isaque, é um dos momentos mais sombrios de todas as escrituras. Essa temática é abordada com frequência no mundo judaico de Paulo. Abraão, de forma obediente, amarra Isaque e o coloca sobre o altar; Deus intervém no último momento, oferecendo um carneiro como alternativa sacrificial. Deus, então, declara que, porque Abraão não poupou seu filho amado (a LXX é quase idêntica ao texto de Paulo aqui, efetivamente garantindo que ele pretendia fazer a alusão), ele o abençoaria enormemente, com sua semente herdando o mundo e possuindo as terras de seus inimigos. Alguns escritores judeus posteriores nomearam essa cena de "a amarração (*Aqedah*) de Isaque", e uma possível explicação para que esse tema tenha sido tão frequentemente explorado pelos judeus é que pode ter sido uma tentativa pós-cristã de dizer: "Nós temos um sacrifício tão bom quanto o seu". Mas, na tradição judaica que se desenvolve a partir daí, alguns rabinos associaram o *Aqedah* a outros momentos-chave: a criação do mundo, a noite da Páscoa e o Dia da Expiação. Ora, Romanos é sobre a nova criação, sobre a Páscoa definitiva e sobre Deus provendo para a expiação. Não devemos nos surpreender que Gênesis 22 chegue para completar esse conjunto.

É claro que, para Paulo, o quase sacrifício de Isaque não foi expiatório da maneira que alguns professores judeus posteriores o expuseram. Mas é bom lembrar que, no clímax de Romanos 4, o capítulo anterior que trata de Abraão, Paulo estabelece paralelo entre Jesus e Isaque, colocando o nascimento de Isaque ao lado da ressurreição de Jesus, ambos apresentados como uma vida dada por Deus a partir da morte. Naquele capítulo, ele se refere a Jesus como sendo "entregue" à morte, o mesmo verbo que aparece aqui, *paradidōmi*. E, de forma quase casual, ele menciona, no mesmo capítulo, que a promessa feita a Abraão era que ele "herdaria o mundo" (4:13), uma promessa que foi dramaticamente reafirmada em Gênesis 22:15-18, ampliando as várias declarações anteriores.[1] Logo, o que quero dizer é que Paulo vê Gênesis 22 como algo que aponta indiretamente para o cumprimento da aliança abraâmica na morte e ressurreição do filho amado de *Deus*, sobretudo com o propósito de unir a exposição da fidelidade de Deus à aliança, que ele oferece nos capítulos de 1 a 4, com a exposição da consequente segurança experimentada pela família da aliança de Deus, nos capítulos de 5 a 8.

A segunda metade do versículo 32, então, faz mais sentido do que seríamos capazes de perceber inicialmente. Uma leitura ocidental tradicional esperaria que Paulo dissesse que Deus, não tendo poupado seu

---

[1] Por exemplo, Gênesis 12:1-3; 15:18-21; 17:4-6; 18:18.

próprio filho, mas tendo-o dado por todos nós, nos salvaria de nossos pecados e nos levaria para o céu. Mas Paulo fala de Deus nos dando todas as coisas com ele (ou seja, com seu filho). Como ele disse no versículo 17, nós somos coerdeiros do Messias; e o ponto central recai, desse modo, sobre a herança, que é o mundo inteiro, resgatado e renovado. A promessa que acabamos de mencionar, sobre Abraão herdar o mundo, significa que a terra prometida era, em si mesma, um sinal prévio, como apontam os salmos messiânicos. Assim, por exemplo, no salmo 2, as promessas feitas a Abraão estão nitidamente focadas no Messias. Ele receberá as nações como sua herança e as partes mais distantes do mundo como sua possessão. É nesse ponto que Paulo se apoia em 8:17-27: a *herança* messiânica, agora compartilhada com todo o povo do Messias, é toda a criação libertada de sua escravidão à corrupção. Então, quando ele diz aqui que a vontade de Deus "nos dará, [...] gratuitamente, *todas as coisas*", isso é bem específico. Como em 1Coríntios 3:21-23, "tudo pertence a vocês", porque "vocês pertencem ao Messias; e o Messias pertence a Deus". E, no texto tipicamente paradoxal de 2Coríntios 6:10, os apóstolos "não tendo nada, mas possuindo tudo". Aquilo que ficou insinuado de maneira obscura em Gênesis agora é iluminado pela luz plena da nova criação do Messias. O povo do Messias herda o mundo, não da maneira que um imperador romano teria imaginado, por meio de conquista violenta, mas da maneira restauradora e fecunda prometida em Isaías, em Salmos e enunciada pelo próprio Jesus no Sermão do Monte e em outros lugares.

É para Isaías que Paulo segue nos versículos 33 e 34. O versículo 33 facilmente se apoia na exposição anterior de Paulo sobre a justificação, concluída em 8:1-11 e referida um pouco antes no versículo 30: aqueles a quem ele chamou, ele justificou, ou seja, ele declarou que eles estavam endireitados. Mas, se Deus fez isso, então qualquer acusação levantada contra seu povo pode ser deixada de lado (mais uma vez, é claro, sem nenhuma implicação de que eles são livres para se comportar mal): quem trará alguma acusação? A resposta implícita é ninguém, claro, porque Deus é o justificador, declarando que seu povo *já* está endireitado. Vemos aqui quão rica é a teologia da justificação de Paulo: para ele, a justificação não envolve simplesmente lidar com o pecado, mas capacitar seu povo a não sentir medo quando for colocado diante de qualquer outro Pôncio Pilatos no mundo. Paulo cita Isaías 50: se Jesus é o servo supremo do Senhor, então seu povo é o povo-servo e pode reivindicar as promessas feitas ao servo. O Servo de Isaías enfrentou acusações, violência e, finalmente, a própria morte. Lembrem-se dessas passagens quando vocês enfrentarem essas coisas, diz Paulo, e reivindiquem para si mesmos essas promessas.

O versículo 34, ainda seguindo Isaías 50, também é mais complexo. Ele abre uma janela repentina para a visão geral de Paulo sobre o ministério de Jesus ressurreto e ascendido aos céus, agindo continuamente em nosso lugar. Quem condenará? Condenar, obviamente, é um estágio posterior à atribuição de uma acusação, como vimos no versículo 33. Aqui, a acusação foi apresentada e, aparentemente, provada. A sentença (de condenação) está prestes a ser proferida, como na cena do julgamento em 2:1-16. Mas não: o versículo 1 do presente capítulo declarou que não havia "condenação" para o povo do Messias. Sim, o juízo final de Deus será justo, sem parcialidade. Mas aqueles que pertencem ao Messias já conhecem seu veredicto e sabem que esse veredicto foi a seu favor, porque Deus ressuscitou Jesus dos mortos, declarando que sua morte realmente lidou com os pecados e que, nele, a nova criação foi inaugurada. Sob essa perspectiva, todas as condenações secundárias possíveis para aqueles que estão "nele" podem ser consideradas irrelevantes e postas de lado.

Então, quem nos condenará? Tal como acontece na história narrada em João 8:1-11 de Jesus e os homens apanhados em hipocrisia (essa história costuma ser chamada de "a mulher apanhada em adultério", mas você entende o que quero dizer), Jesus pergunta à mulher: "Ninguém te condenou?". "Ninguém", responde ela, espantada e perplexa. Jesus se colocou na frente dela — e não por acaso João 8 termina com pessoas pegando pedras para atirar em Jesus. Por isso, perguntamos mais uma vez: quem nos condenará? Quando pensamos em Jesus e temos essa passagem de Paulo em mente, vislumbramos uma teologia da expiação alcançada messianicamente que é maior e inclui mais elementos do que costumamos imaginar. Certamente, a razão pela qual não há condenação é porque Jesus, em sua morte, foi o lugar e os meios pelos quais o pecado foi condenado na carne. É isso que Paulo diz em 8:3. Mas, para Paulo, como em Hebreus, a "expiação" não é simplesmente sobre a morte de Jesus. No culto sacrificial levítico, como recuperado nos próprios dias de Jesus, a morte do animal não era o ponto central. O ponto central era que o sangue do animal, liberado na morte, era o agente de limpeza dado por Deus para limpar o Templo e seu mobiliário de todos os vestígios de morte e de tudo o que a acompanha, especialmente, é claro, o próprio pecado. E isso é feito para que a glória divina, a presença viva do criador vivo, possa continuar habitando com seu povo. Assim, quando chegamos a esse ponto culminante da carta, Paulo vê, de maneira semelhante a Hebreus, não apenas a morte de Jesus, mas também sua ressurreição, sua ascensão e sua obra contínua de intercessão como o quadro mais completo da expiação. A referência bem anterior ao sangue sacrificial de Jesus, em Romanos 3:24-26, não está longe de seu pensamento nesse momento. Jesus é o grande sumo sacerdote, provendo, com seu sangue derramado, a purificação definitiva, o que permite a Deus habitar com seu povo. Jesus é, ele mesmo, o grande sacrifício, a oferta pelo pecado, a garantia de nossa união com Deus por meio de seu espírito. Jesus é o intercessor sacerdotal supremo.

Isso, então, nos proporciona uma base rica e complexa sobre a qual estabelecermos nossa segurança plena, em especial quando nos sentimos ameaçados e estamos mais necessitados dela. Essa garantia não diz respeito apenas à salvação final, mas nos acompanha em cada passo que damos na jornada até esse objetivo. Sim, nós temos a certeza de que o Messias morreu por nós. Mas também temos a certeza, e temos de contar essa história a nós mesmos repetidas vezes, caso saia de nosso campo de visão, o fato de que há "muito mais" que isso: ele foi ressuscitado dos mortos. Esse "muito mais" sugere que a cruz só significa o que significa porque Jesus foi ressuscitado corporalmente. Se não tivesse sido, como Paulo afirma em 1Coríntios 15:17, ainda estaríamos em nossos pecados. A derrota da morte é o sinal da derrota do pecado. A ressurreição, portanto, oferece um tipo próprio de garantia. Como em Romanos 6, o Messias e o povo batizado em seu nome já estão no âmbito da ressurreição. Tendo morrido para o pecado, não estamos presos em uma terra teológica sem dono. Aguardamos a ressurreição corporal final, mas já estamos "no Messias". Sua ressurreição é parte da verdade sobre quem nós já somos. Por isso já temos a "glória", embora ela se manifeste de forma paradoxal.

E por isso a ressurreição dá uma resposta específica à pergunta retórica: "Quem nos condenará?". O povo do Messias deve responder, com total confiança: "O que você quer dizer com 'condenação'? Ele já ressuscitou dos mortos, e, nele, nós já ressuscitamos dos mortos". Para tornar isso ainda mais incisivo, Paulo avança para além da própria ressurreição, até o ministério em curso do Jesus ascendido aos lugares celestiais. "Quem os condenará?" é a pergunta retórica, e o povo de Jesus responde: "Como pode haver condenação se o Messias Jesus está à direita do pai, intercedendo por nós?".

Suspeito que muitos cristãos contemporâneos falem da boca para fora a respeito da ascensão de Jesus. Alguns a interpretam vagamente, como se ela sugerisse que Jesus, tendo vindo do céu, retornou para lá, e que nós o seguiremos. Espero que agora já esteja claro quão inadequada e enganosa é uma visão desse tipo. Para outros, toda essa história de ascensão continua a ser um enigma, porque nós sabemos que Jesus não era um astronauta primitivo que foi para algum outro lugar dentro do nosso cosmo. Mas nós não temos (porque nunca fomos ensinados) uma metafísica bíblica clara segundo a qual possamos entender a sobreposição do céu e da terra e, portanto, imaginar qual seria o *propósito* da ascensão, ou seja, que Jesus está lá para interceder em nosso favor diante do pai.

Para sermos claros, no mundo bíblico do antigo Israel e no mundo judaico de Jesus e Paulo, a percepção de que há uma sobreposição céu/terra significa que o "céu" não está muito longe. O céu e a terra devem trabalhar juntos. Somente a idolatria e a rebelião humanas, em conluio com as obscuras potências anticriacionais, fizeram parecer diferente. Assim, o céu não está separado da terra, como em algumas filosofias que muitos no mundo moderno adotaram ou presumiram sem pensar. O céu, como eu já disse muitas vezes de forma coloquial, é o gabinete do diretor-geral; é o lugar a partir do qual a terra é administrada. Essa é a tarefa de Jesus neste momento, como ele afirmou em Mateus 28:18. Já existe um ser humano sábio e obediente no comando do universo. É disso que a criação sempre precisou. Regozijamo-nos porque isso já é verdade em Jesus. Toda a criação está ansiosamente esperando para que isso se torne integralmente verdade também em nós. Enquanto isso, antecipamos esse momento por meio de nossas perplexas orações de lamento apresentadas em 8:26-27.

Quando Paulo acrescenta que Jesus agora está à direita do pai, essa é uma das várias recuperações cristãs primitivas de um dos textos favoritos da igreja, Salmos 110:1 ("YHWH disse ao meu Senhor: 'sente-se à minha direita até que eu faça dos seus inimigos o estrado para os seus pés'"). De acordo com Marcos 14:62, o próprio Jesus associou esse texto a Daniel 7, em que "aquele como um filho do homem" é elevado, no grande desenlace apocalíptico, para se sentar à direita do Ancião de Dias. A imagem de Daniel prevê o triunfo final do braço direito de Deus contra todas as forças das trevas, os monstros das profundezas. Esse é o cumprimento *tanto* dos propósitos de Deus para a humanidade — Daniel 7 é como uma versão de Gênesis 1 em formato de pesadelo, com a figura humana sendo encarregada dos animais selvagens — *como* do propósito de Deus para o Messias, *e também* do propósito de Deus, se podemos dizer isso, para si mesmo, para a segunda pessoa de seu próprio ser. Desde a Criação, incluindo a criação dos seres humanos à imagem de Deus, o propósito divino sempre foi que o criador viesse habitar, estar em casa, dentro do próprio mundo.

No capítulo 5, Paulo já havia falado de Jesus como o verdadeiro ser humano, o último Adão. Lá, ele insiste (embora de maneira densa e alusiva) que, com a exaltação de Jesus, a vitória do reino foi conquistada, uma vitória agora a ser compartilhada com todos os irmãos e irmãs redimidos de Jesus. Mais uma vez, aparece o grande arco de pensamento que vai do capítulo 5 ao capítulo 8; é assim que funciona toda essa seção. Paulo apresenta o mesmo tema por um ponto de vista diferente, em 1Coríntios 15. Isso não é surpreendente, uma vez que esse capítulo inteiro de 1Coríntios, uma exposição completa da ressurreição, lida com a ideia do primeiro Adão e do último Adão. Paulo também entremeia esse tema na imagem do céu e da terra que ele descreve em Efésios 1.

Aqui, Jesus é o braço direito de Deus no céu. Ele está lá, no comando. "Quem condenará?", essa é a pergunta retórica. "Ninguém", Paulo espera que seus ouvintes respondam, pois Jesus, o Messias, é o homem à direita de Deus. Jesus é o ser verdadeiramente humano, fazendo o que Deus sempre quis que os seres humanos fizessem, ou seja, governando o mundo como o agente de Deus obediente e portador da imagem divina. Aqueles que reconhecem Jesus como seu irmão mais velho, como no versículo 29, podem e devem se alegrar com isso. Nosso irmão, o principal membro da nova família, está à direita de Deus.

Mais particularmente, para nosso deleite e alívio, ele está *intercedendo em nosso favor*. Trata-se de um encorajamento maravilhoso, precisamente quando, em assuntos grandes ou pequenos, aparentemente nos vemos sob condenação. (Mais uma vez, isso não quer dizer que nunca entenderemos as coisas de maneira terrivelmente equivocada, de modo que tenhamos de ser repreendidos e restaurados ao caminho correto.) A pergunta de Paulo: "Quem os condenará?" tem uma resposta implícita, "ninguém" — porque ali está Jesus, de pé à direita do pai, dizendo: "Pai, quanto a isso, tem piedade da minha irmã mais nova, do meu irmão mais novo". (No salmo 110, em Daniel 7 e em outras partes do Novo Testamento, ele está *assentado* à direita de Deus. Mas, como na visão de Estêvão em Atos 7:55-56, ele está aqui *em pé* para interceder.)

Essa imagem de pai e filho é a realidade que mostra a caricatura naquelas pinturas medievais em que, de uma forma trágica, temos um pai severo e zangado, de um lado, e um filho bastante cansado e frágil, de outro. Não: semelhante ao versículo 32, o pai entregou o filho exatamente para esse propósito, e o filho e o pai agora estão trabalhando juntos. Jesus é o verdadeiro ser humano portador da imagem divina, refletindo no coração do pai os louvores, as orações e as necessidades prementes de sua família humana e propagando a seu povo o amor salvador e protetor do pai. Ele não está tentando persuadir o pai a agir contra sua própria natureza ou seu propósito. Ele está lá para implementar essa natureza e esse propósito, que sempre foi um amor de autodoação.

Conforme refletimos sobre o significado da ascensão de Jesus, sinto-me compelido a fazer um adendo sobre o atual calendário litúrgico cristão. É bem possível que alguns leitores não usem um calendário litúrgico, embora eu suspeite que a maioria observa, pelo menos, o Natal e a Páscoa. Mas, em muitas igrejas, incluindo a minha, o último domingo do Advento, no fim de novembro, é rotulado de "festa de Cristo, o Rei". Essa inovação moderna ameaça minar a verdade vital que Paulo está ensinando aqui, talvez por isso valha a pena explicar o que está acontecendo.

A ideia de chamar um domingo em particular de "festa de Cristo, o Rei" foi idealizada pelo Papa Pio XI, em 1925. Por razões que eram óbvias na Europa daqueles dias, ele queria que pregadores e professores enfatizassem que a lealdade a Jesus Cristo vinha acima de todas as outras alianças políticas e culturais. Ora, o dia que o Papa Pio escolheu para isso foi o último domingo de outubro. Se você observa um calendário litúrgico, sabe que esse é um momento em que nada de especial está acontecendo, bastante tempo depois do dia de Pentecoste, mais longe ainda da Páscoa, cedo demais para o Advento e mais ainda para o Natal. Mas, então, o Papa Paulo VI, ainda em 1970, transferiu essa recém-inventada "festa de Cristo, o Rei" para o último domingo antes do Advento. E a maioria das igrejas não romanas, incluindo a minha (em que as pessoas interessadas em liturgia costumam estar ansiosas por copiar Roma nesse aspecto), aceitou passivamente essa proposta, sem se dar conta do efeito que ela surtiu. A ideia original do Papa Pio para uma festa de Cristo, o Rei, não a colocava no contexto de uma *história*. Era apenas um tema adicional no qual deveríamos pensar. Mas colocá-la onde ela agora se encontra traz implicações importantes para todo o funcionamento da narrativa cristã. O que fica implícito mina completamente a verdade que Paulo aborda nesse parágrafo.

Eu fiz essa observação no livro *Surpreendido pela esperança* e em outros lugares, mas Romanos 8 me encoraja a enfatizar duas coisas em particular. Primeiro, *nós já temos uma festa de Cristo, o Rei*. Chama-se Dia da Ascensão. Na liturgia, sobretudo no calendário, mais é menos. Acrescentar algo significa tirá-lo de outro lugar. Ter esse dia extra significa que a Ascensão, por implicação, se concentrará apenas na partida de Jesus, e não em sua posse como braço direito de Deus, governando e intercedendo. Em segundo lugar, situar essa nova "festa" no final do calendário, imediatamente antes do início do Advento, *transmite a mensagem clara de que a instalação de Jesus como o verdadeiro Senhor do mundo ainda não aconteceu*, algo que contradiz Mateus 28, em que essa realidade *já* está presente. O calendário da igreja é um dom maravilhoso no ensino da fé. Se modificarmos sua forma, acabaremos ensinando algo diferente. O reino *já foi* inaugurado. Jesus já está à direita de Deus, reinando e intercedendo.

Dito tudo isso, a coisa mais importante sobre os versículos 33 e 34 é como Paulo retoma e desenvolve Isaías 50. Isaías 50:4-9 constitui o terceiro e penúltimo Cântico do Servo, no qual o Servo, embora reclamando de maus-tratos, aprendeu a confiar no fato de que a vontade de Deus está prosperando. Essa é exatamente a questão que Paulo está levantando em tal passagem. "O Senhor [YHWH] me ajuda", diz o Servo, "não serei constrangido. Firmei meu rosto como uma dura rocha e sei que não ficarei decepcionado" (Isaías 50:7). (Lembramos que, em Romanos 1:16, como parte de sua declaração introdutória para toda a carta, Paulo afirmou: "Não me envergonho das boas-novas", provavelmente aludindo a essa passagem.) Então, chegamos a Isaías 50:8-9:

> Aquele que me justifica está perto.
> Quem contenderá comigo?
> Juntos estamos de pé.
> Quem são os meus adversários?
> Que eles me confrontem.
> É o Soberano Deus YHWH quem me ajuda;
> quem me declarará culpado?
> Todos eles se desgastam como um tecido;
> as traças os consumirão.

Essa é uma passagem gloriosa, em que o servo passa pelo sofrimento e encontra uma confiança e uma segurança duramente conquistadas. E é exatamente isso que está acontecendo em Romanos 8. Sem dúvida, Paulo estava bem ciente de que essa referência a Isaías estava intimamente atrelada à história de Abraão, à qual ele acabara de aludir no versículo 32. Em Isaías 51:2, apenas quatro versículos após a passagem que Paulo está citando aqui, Deus diz: "Olhem para Abraão, o pai de vocês, e para Sara, que os deu à luz; pois ele era apenas um quando eu o chamei, mas eu o abençoei e fiz com que ele se tornasse muitos". É exatamente esse o argumento de Paulo. As coisas podem parecer sombrias, mas lembre-se de como Deus sempre agiu. "YHWH confortará Sião", continua Isaías em 51:3. "Ele confortará todos os lugares assolados dela e fará o seu deserto como o jardim de YHWH." Aí encontramos mais uma extensão do tema da "terra prometida": a Abraão, uma terra foi prometida como o primeiro passo, e, no fim, o mundo inteiro. "Alegria e felicidade serão achadas nela; ações de graças e o som de canções."

Paulo não *cita* essa última parte, Isaías 51:3; ele simplesmente a põe *em prática*. No final desse capítulo sobre a nova criação, ele celebra o fato de que a promessa abraâmica foi cumprida por intermédio do próprio Servo sofredor e justificado, e que, portanto, o povo servo, o povo do Messias, pode confiar em sua própria justificação. Não há condenação para o povo servo do Messias, embora muitas vezes pareça que essa condenação é precisamente o que está acontecendo agora, ou que está prestes a acontecer. Nosso chamado, quando estivermos nessa situação, é para permanecermos na humildade e na esperança — não há sinal de arrogância na confiança do Servo de Isaías! — e nos apegarmos a essa declaração inicial do versículo 31, alicerçada na "não condenação" de 8:1: *Se Deus é por nós, quem é contra nós?*

Tudo isso aponta para os versículos finais do capítulo e da seção, que analisaremos no último capítulo deste livro.

CAPÍTULO 9

ROMANOS 8:34-39: NADA PODE NOS SEPARAR DO AMOR DE DEUS

34É o Messias, Jesus, que morreu ou melhor, que foi ressuscitado, quem está à direita de Deus e que também intercede a nosso favor!

34Christos Iēsous ho apothanōn, mallon de egertheis, hos kai estin en dexia tou theou, hos kai entyngchanei hyper hēmōn.

35Quem nos separará do amor do Messias?
Sofrimento, ou miséria, ou perseguição, ou fome, ou nudez, ou perigo, ou espada?

35tis hēmas chōrisei apo tēs agapēs tou Christou? thlipsis ē stenochōria ē diōgmos ē limos ē gymnotēs ē kindynos ē machaira?

36Como a Bíblia diz:

> Por sua causa temos sido mortos o dia todo;
> somos considerados ovelhas destinadas ao abate.

36kathōs gegraptai hoti

> *heneken sou thanatoumetha holēn tēn hēmeran,*
> *elogisthēmen hōs probata sphagēs.*

37 Não! Em todas essas coisas, somos
completamente vitoriosos por meio
daquele que nos amou.

*37 all' en toutois pasin hypernikōmen
dia tou agapēsantos hēmas.*

38 Estou persuadido, como podem
perceber, de que nem morte nem
vida, nem anjos nem governantes,
nem o presente, nem o futuro,
nem poderes,

*38 pepeismai gar hoti oute thanatos
oute zōē oute angeloi oute archai
oute enestōta oute mellonta
oute dynameis*

39 nem altura ou profundidade, nem
alguma outra criatura, nada poderá
nos separar do amor de Deus que
está no Messias Jesus, nosso Senhor!

*39 oute hypsōma oute bathos oute tis
ktisis hetera dynēsetai hēmas chōrisai
apo tēs agapēs tou theou tēs en
Christō Iēsou tō kyriō hēmōn.*

ROMANOS 8 TERMINA com uma nota de maravilhosa confiança. Refletindo sobre isso, percebi que obter confiança há muito tempo tem sido o objetivo não somente dos teólogos, mas também dos filósofos e cientistas. "Como podemos *saber*?" tem sido a questão de muitos. Como podemos ultrapassar impressões enganosas e evitar fantasias subjetivas para obter crenças significativas e, em seguida, crenças *verdadeiras*?

Ao longo dos anos, os filósofos procuraram encontrar um caminho para esse tipo de confiança epistemológica. "Penso, logo existo", afirmou Descartes (*cogito, ergo sum*). Boa parte do pensamento ocidental posterior tentou construir sobre esse conceito, com resultados questionáveis (para dizer o mínimo). O falecido bispo Lesslie Newbigin, olhando para uma das principais cadeias de supermercados da Inglaterra, costumava dizer que, em nossos dias, o lema de Descartes tinha degenerado em *Tesco, ergo sum*: "Compro, logo existo". Mas a resposta de Paulo, dada em alto e bom som nesses versículos finais de Romanos 8, é muitíssimo mais profunda: *amor, ergo sum*. Sou amado, logo existo.

Argumentei em outro lugar que o evangelho nos compele a *uma epistemologia do amor*. Quando falo de amor, não estou me referindo apenas a um sentimento, que tende a solapar o mundo externo para atender aos próprios desejos. Quero dizer "amor" no sentido que os primeiros cristãos passaram a ver a palavra *agapē*: o amor como a doação generosa que se estende com prazer para afirmar a realidade daquilo que é conhecido e amado. Aqui não é o lugar para desenvolver mais essa ideia.[1] No entanto, quando no versículo 38 Paulo diz "estou persuadido", *pepeismai*, aparentemente não está apenas resumindo o argumento específico dos capítulos de 5 a 8 e de todos os capítulos anteriores de Romanos, mas também olhando para o mundo da vida intelectual da antiguidade. Ele está dizendo aos filósofos, tanto quanto ao *establishment* político e religioso: *aqui é onde podemos ficar de pé.*

O amor do qual ele fala nessa passagem é o amor do Deus criador, ancorado, naturalmente, em Jesus. Paulo enumera no versículo 35 as coisas que poderiam dar muito errado para nós e, nos versículos 38 e 39a, as forças que se alinham contra nós. Isso seria suficiente para abalar a confiança da maioria das pessoas. Mas o próprio evangelho, a mensagem sobre Jesus crucificado, ressuscitado e ascendido, intercedendo por nós, mantém nossos pés firmes, apesar de tudo: o amor de Deus no Messias, Jesus nosso Senhor.

Isso fornece a óbvia análise inicial desses últimos cinco versículos: eles começam e terminam com o amor de Deus. A resposta à pergunta: "Quem nos separará do amor do Messias?", feita no versículo 35, é a declaração expandida do versículo 39: nada em toda a criação será capaz de nos separar do amor de Deus no Messias, Jesus, nosso Senhor.

Como nos versículos de 31 a 34, Paulo progride do início ao fim do parágrafo não por meio de um argumento formalmente cuidadoso, do tipo que vimos anteriormente no capítulo, mas pelo dispositivo retórico das listas: as sete ameaças potenciais e reais no versículo 35 e os dez grandes poderes dos versículos 38 e 39a. Ele situa a primeira lista

---

[1] Veja meu *História e escatologia: Jesus e a promessa da teologia natural* (São Paulo: Thomas Nelson Brasil, 2021), espec. cap. 3, 6 e 8.

no mapa da expectativa bíblica quando cita o salmo 44 no versículo 36, dizendo então que "aquele que nos amou" (v. 37) nos capacita não apenas a vencermos tais ameaças, mas também a derrotá-las por completo. O versículo 38, no qual encontramos o único *gar* ("porque") da passagem, explica isso pela convicção de Paulo, baseada firmemente na revelação do amor de Deus no Messias, de que nenhuma força na terra ou no céu pode nos separar desse mesmo amor. Desse modo, a passagem forma um todo claro, apontando novamente para Romanos 5:1-5, a abertura dessa seção como um todo. Nossas duas primeiras perguntas exegéticas de sempre (o início e o fim da passagem, e as conexões que ligam os versículos) são, portanto, facilmente respondidas.

Nossa terceira pergunta, o mundo no qual os ouvintes de Paulo receberiam essa mensagem, também é bastante clara. A questão da confiança era vital para os ouvintes de Paulo em Roma — como é, a propósito, para muitos dos seguidores de Jesus hoje. A questão de Paulo aqui não diz respeito apenas a saber se Deus cuidará ou não de seu povo após a morte deles; é claro que ele cuidará. Ele já afirmou isso. Também não se trata simplesmente de saber se alguém é capaz de se apegar a Jesus com fé quando coisas ruins estão acontecendo, embora isso também tenha sido e continue a ser importante. A questão envolve um problema mais sutil: as pessoas na cultura de Paulo, como também hoje, podem muito bem interpretar as coisas ruins que acontecem com o povo de Deus como sinais de que Deus está zangado com elas, que elas fizeram algo de errado. Como acontece com os consoladores de Jó, muitos nos dias de Paulo, e também nos nossos, presumem que, se alguém está em sintonia com Deus, não terá problemas. Assim, se houve ou se há catástrofes e problemas óbvios, isso deve significar que as pessoas envolvidas, ou mesmo todo o movimento, obviamente saíram dos trilhos.

Nos últimos anos, o mundo ocidental tem encarado essa questão de frente. A pandemia do coronavírus levantou essa questão de uma forma que, para muitas pessoas, parecia novidade, ainda que seja óbvio que, de uma forma ou de outra, o problema está presente sempre que os seres humanos adoecem. Agora a nova situação geopolítica, quer foquemos na Rússia e na Europa Oriental, quer na China e em seus vizinhos, voltou a trazer esse questionamento à tona. Até muito recentemente, os políticos e pensadores ocidentais consideravam que o mundo estava funcionando muito bem, que a democracia liberal estava obviamente se tornando uma crença universal, de modo que as coisas estavam praticamente ajeitadas. (Azar do Afeganistão, do Iêmen, do Sudão, da Síria, e assim por diante, sem nem pensar na Coreia do Norte, em Taiwan e outros lugares distantes; mas o fato é que a arrogância ocidental reduziu esses lugares a uma condição de insignificância.) Então, como devemos olhar para um mundo em desordem?

No mundo de Paulo, os pensadores sérios devem ter feito perguntas semelhantes. Guerras e rumores de guerras continuavam. No século que se seguiu ao assassinato de Júlio César, o ainda jovem império romano construiu para si uma fachada de ser não apenas impenetrável, mas também benevolente, trazendo "salvação", paz e prosperidade para o mundo. Mas a maioria das pessoas não se deixou enganar pela retórica. O mundo judaico em particular tinha boas razões para se sentir ansioso, especialmente depois que o imperador Caio Calígula quase conseguiu colocar uma enorme estátua de si mesmo no Templo de Jerusalém. Coisas semelhantes já haviam acontecido antes. Os tumultos antijudaicos eram deprimentemente comuns, até porque os judeus tinham a permissão de Roma para se ausentar dos cultos locais normais, levando muitas pessoas a suspeitarem que eles eram desleais às comunidades à sua volta ou a culpá-los por acontecimentos ruins — um incêndio, uma inundação ou uma derrota na guerra. Da mesma forma, muitos judeus, cientes da profecia de Daniel sobre os 490 anos entre o início do exílio babilônico e a vindicação final enviada pelo céu para o povo de Deus, tinham expectativas de que, mesmo que as coisas ficassem muito ruins ou perigosas, Deus certamente interviria e agiria de forma definitiva. Por todas essas razões, os ouvintes de Paulo perceberiam as duas listas de perigos e forças hostis como ameaças reais e presentes.

No contexto dessas preocupações mais amplas, o que acontece quando a confusão que vemos no mundo parece estar refletida ou encarnada em nossas próprias comunidades e em nossa vida pessoal? Paulo tinha enfrentado esse desafio quando alguns em Corinto começaram a ver com maus olhos seu estranho modo de vida, em especial as perseguições e os perigos que ele havia suportado, questionando se Deus permitiria que um apóstolo de verdade passasse por esse tipo de situação. A segunda carta aos coríntios fornece uma réplica gloriosa e irônica. Espancamentos, prisão, naufrágio e coisas do tipo, insistia Paulo, na verdade eram as *marcas definidoras* do apostolado genuíno. A carta aos romanos foi escrita não muito tempo depois de 2Coríntios, e Paulo talvez estivesse bastante ciente de que, no contexto vulnerável dos grupos cristãos em Roma, alguns possivelmente tivessem sofrido de maneira semelhante, incluindo, talvez, os cristãos judeus que haviam sido expulsos da cidade por Cláudio, voltando para lá no governo de Nero. Nesse ínterim, outros cristãos, mesmo os cristãos gentios que se estabeleceram após a partida dos judeus, poderiam se tornar "consoladores de Jó" e considerar que os judeus em questão obviamente haviam desagradado a Deus. (Isso faz parte da situação que Paulo aborda explicitamente no capítulo 11 e, outra vez, nos capítulos 14 e 15.)

Portanto, acredito que, nessa passagem, Paulo não está simplesmente falando sobre a "garantia da salvação final" — a boa notícia de que nem mesmo a própria morte pode quebrar o poder do amor de Deus no Messias Jesus. Ele também está lidando com a questão da garantia *penúltima* — que faz parte igualmente da doutrina da justificação. Essa é a garantia que cada grupo e cada indivíduo cristão devem oferecer uns aos outros. Devemos ver as desgraças e tristezas uns dos outros não como sinais do desagrado de Deus e, portanto, de nossa virtude ou espiritualidade superior, mas como parte do chamado a participar dos "sofrimentos messiânicos", em que — como nos versículos 26 e 27 — o espírito, estando presente no coração da dor e da perplexidade, clama ao pai.

É claro que, como eu já disse, isso não significa que as comunidades e os indivíduos cristãos tenham se tornado incapazes de cometer erros e sair dos trilhos. Infelizmente, podemos cair em pecado, tomar decisões imprudentes, abraçar heresias. Por vezes, isso produzirá um desastre externo; outras vezes, resultará em uma vida mais fácil. Uma igreja mundana já não desafia a comunidade mais ampla que a cerca. Um cristão comprometido pode muito bem ter abandonado a escada íngreme da vocação e se contentado com uma subida mais suave. Mas aqueles que se recusam a simplesmente escorregar para as formas de pensar do mundo podem muito bem enfrentar problemas reais de um tipo ou de outro.

Paulo lida diretamente com essa questão no versículo 36, ao citar o salmo 44. Esse é um dos grandes salmos de queixa, vindo logo na sequência do lamento duplo dos salmos 42 e 43. No salmo 44, o salmista celebra as grandes promessas de Deus, mas reclama de que elas não estão se cumprindo. Tudo deu errado — embora o povo sofredor de Deus *não* tenha sido desleal à aliança. Eles não adoraram ídolos. Eles permaneceram fiéis — *e mesmo assim* todas essas coisas aconteceram com eles. Assim, conclui o salmista, de forma enfática, tudo isso está acontecendo "por amor de ti". Nem por um minuto o salmista supõe que Deus talvez não esteja mais no comando. Ele reconhece que coisas mais misteriosas, mais obscuras e mais profundas devem estar acontecendo abaixo da superfície.

Paulo já aludiu ao salmo 44 em Romanos 8:27, no qual ele repete a afirmação de Salmos 44:21 de que Deus, que "conhece os segredos dos corações", está, portanto, bem ciente da lealdade contínua de seu povo. Naquela passagem anterior, Paulo havia falado de Deus como aquele que perscruta os corações e que sabe o que o espírito está pensando, quando a oração de seu povo consiste apenas em gemidos inexprimíveis a partir de sua própria dor e da dor do mundo. Assim, com Romanos 8:17-27 (de certa forma) bem diante de nós, Paulo agora cita o próximo versículo do salmo 44, com o fim de apontar para a crença de que os graves problemas do povo de Deus são, de alguma forma, "por amor a Deus". Como vimos ao longo dos versículos de 17 a 30, o argumento parece ser que aqueles que enfrentam problemas graves estão, de alguma forma, compartilhando os sofrimentos redentores atuais do Messias. Esse é um ponto ao qual voltaremos em breve.

Não devemos permitir que esse parágrafo glorioso e retoricamente embasado seja ignorado, como se Paulo estivesse simplesmente dizendo: "Tudo vai ficar bem; na verdade, nada mais importa". É claro que, de certa forma, ele *está* dizendo isso. Mas ele está dizendo tais coisas (para enfatizar novamente esse ponto) em um mundo no qual a desgraça e o desastre seriam frequentemente tomados como um indicador de desfavor divino. Não, diz ele; isso faz parte de nossa vocação. Não é apenas algo que temos de aturar para chegarmos à nossa própria salvação. Como já vimos nos versículos de 18 a 30, somos chamados a suportar, no espírito, a dor do mundo, a permanecer naquele lugar para que o espírito de Deus também possa gemer ali. Em outras palavras, isso faz parte do nosso ministério *salvífico* no mundo e para o mundo. Paulo deve, por assim dizer, *aplicar o fato único da crucificação de Jesus ao sofrimento atual do povo de Jesus enquanto nos colocamos em oração, como é dito nos versículos 26 e 27, no coração do mundo sofredor.* Ele está insinuando, como em Colossenses 1:24, que, quando o povo sofredor de Deus participa dos sofrimentos messiânicos, participa também dos meios pelos quais a morte vitoriosa de Jesus é aplicada ao mundo. Isso não quer dizer apenas que o sofrimento e os problemas podem ser — e, na verdade, serão — superados, em última análise, na ressurreição de toda a nova criação. A questão é que, com o espírito gemendo em nós, somos chamados a participar do plano de salvação de Deus para o mundo inteiro.

Lembremos como essa passagem funciona. Como eu disse no capítulo anterior, os cinco versículos finais não têm muitos conectivos para apontar o caminho. O *alla* no início do versículo 37 demonstra que, ao contrário do que o versículo 35 poderia ter deixado implícito, esses problemas não são apenas coisas desagradáveis que temos de suportar, mas, na verdade, constituem o cenário para uma vitória maior do que poderíamos ter imaginado — assim como a cruz do Messias não foi simplesmente um evento terrível a ser corajosamente suportado, mas, sim, sua vitória como rei acima de todos os poderes. Sim, diz o versículo 36, esse é um lugar profundamente desagradável para estarmos, *mas* — *alla* — em todas essas coisas somos mais do que vencedores. Essa vitória maior, na qual a oposição inteira não apenas é derrotada, mas também varrida para fora do tabuleiro, é explicada com o *gar* do início do versículo 38. No versículo 37, essa "supervitória" pode parecer contraintuitiva, mas está baseada no amor inabalável do próprio Deus, a respeito do qual Paulo foi totalmente persuadido.

Como vimos, esse amor é a estrutura que enquadra esses cinco versículos. Eles abrem com o versículo 35, que destaca "o amor do Messias". Eles terminam no versículo 39, com "o amor de Deus que está no Messias Jesus, nosso Senhor". O versículo 37 forma uma espécie de marcador intermediário entre ambos, com a oração "por meio daquele que nos amou" apontando, ao que parece, de volta ao versículo 35. E, com isso, essa seção principal da carta, capítulos de 5 a 8, retorna ao ponto de partida. Em Romanos 5:6-11, o amor de Deus se manifesta ativamente na morte de Jesus, juntando-se a 5:1-5, trecho no qual o amor a Deus foi derramado em nosso coração pelo espírito, gerando, no meio do sofrimento, a paciência que produz a esperança que não desaparece. Essa é a grande afirmação à qual Paulo finalmente retorna.

Assim, como parte do refinamento de sua retórica, Paulo oferece duas listas impressionantes (e bastante paulinas!). No versículo 35, ele lista sete coisas ruins que podem acontecer com você. Então, nos versículos 38 e 39, ele enumera nada menos do que dez estruturas de poder que podem ser colocadas contra você. Esse "sete mais dez" indica, dentro dos pressupostos da retórica antiga, uma espécie de completude. Esses problemas e ameaças representam todas as coisas que o mundo, a carne e o diabo poderiam atirar contra você.

Na verdade, os versículos de 31 a 39 reúnem a escritura como um todo, a experiência humana como um todo, o mundo hostil como um todo e o evangelho vitorioso como um todo. A questão é que nenhuma dessas coisas — nem os acontecimentos do versículo 35, nem as forças e potências dos versículos 38 e 39 — pode "nos" *separar* do amor moldado pelo Messias de Deus. Mais uma vez, o "nos" aqui são aqueles "no Messias", as pessoas em cujos corações o espírito testemunha que são filhos de Deus e geme com a dor que elas sentem nas profundezas obscuras do mundo. E Paulo finalmente torna explícito — pela primeira vez desde 5:6-10 — que tudo isso diz respeito ao *amor*.

Suspeito que não dedicamos tempo suficiente para refletir sobre o significado de tudo isso. Aqueles que pregam com regularidade ou que ouvem discursos evangelísticos "normais" sabem muito bem que "Deus amou o mundo dessa maneira". Existe sempre o perigo de que ambos tomemos isso como certo e reduzamos o "amor" a um sentido geral de benevolência. Temos de sair um pouco da zona de conforto aqui. Uma maneira de fazer isso é olhando para duas coisas que, em geral, não aparecem no radar do cristianismo ocidental contemporâneo.

Primeiro, muitos nos dias de Paulo acreditavam que a cidade de Roma tinha um nome secreto. Ninguém poderia pronunciá-lo, para que a cidade, tendo seu segredo revelado, não ficasse exposta a um ataque hostil. Isso pode soar como algo extraído de *Harry Potter*; mas, na verdade, um bocado de *Harry Potter*, sobretudo os feitiços, está enraizado no mundo clássico. Existem boas evidências de que muitos não apenas presumiram que Roma tinha um nome secreto, mas também acreditavam que o nome em questão era "Roma" escrita ao contrário. Roma em latim também é *Roma*: então, escrita ao contrário, é *Amor*. E *Amor* também é o latim para "amor".

Veja bem, os romanos acreditavam (bem, isso é o que eles diziam a si mesmos de vez em quando — quantos realmente acreditavam é difícil saber) ser descendentes de Eneias, que escapou da pilhagem de Troia, como contado no épico de Virgílio, *Eneida*. E Eneias, supostamente, era filho de Vênus, a deusa do amor. Portanto, é bem possível que Paulo, tendo chegado ao ápice de sua retórica teológica e escrevendo para pessoas fluentes tanto em latim como em grego, quisesse recuperar o amor, *agapē* em grego, *Amor* em latim, não como o nome secreto da cidade pagã, mas como a verdade mais profunda sobre o Deus criador. Lembrem-se do modo subversivo com que Paulo abre a carta. Ele fala do evangelho de Deus, as "boas-novas" — e, na época, "boas-novas" era uma palavra associada às realizações de César Augusto, saudado como o filho do divino Júlio, o *kyrios*, o Senhor. Mas *essa*, sim, é a verdadeira boa notícia; e ela aconteceu por intermédio do verdadeiro "filho de Deus", Jesus, que, por meio de sua ressurreição, foi destacado como filho de Deus e senhor do mundo inteiro. E, enquanto a retórica imperial da época falava com frequência sobre César fornecendo "resgate", "salvação", "justiça" e "paz", Paulo declara que a verdadeira justiça de Deus foi revelada no evangelho de Jesus, trazendo salvação genuína e resultando em paz genuína. Tudo se encaixa. Aqui, no ápice da primeira metade da carta, Paulo se debruça sobre a realidade suprema: não Roma, não *Amor* em latim, mas o amor invencível e inabalável do único Deus verdadeiro.

Não causa admiração que os governantes e as autoridades dos dias de Paulo tenham revidado de todas as maneiras possíveis. Tal é o contexto dessa passagem final.

Assim, a primeira coisa a considerar sobre o destaque que Paulo dá ao "amor" é o confronto direto que isso tem com a ideologia romana. Mas, em segundo lugar, considere que, nos versículos 35 e 37, Paulo fala do amor *do Messias*, "o amor de Cristo", nas traduções normais. Isso é algo surpreendentemente inusitado. Em 2Coríntios 5:14, ele diz que "o amor do Messias nos faz seguir em frente. Temos a plena convicção de que um morreu por todos e, portanto, todos morreram" . Em Gálatas 2:20, ele diz que o filho de Deus "me amou e deu a si mesmo por mim". Em Efésios 3:19, ele fala de conhecer o amor do Messias que ultrapassa o conhecimento. Em Efésios 5:2, o amor do Messias é o modelo para o amor na comunidade; em 5:25, mais especificamente, é o amor dos maridos pelas esposas. (Há uma referência extra: em 2Tessalonicenses 2:13, Paulo fala da igreja como "amada pelo Senhor".) E essas são todas as referências. É consideravelmente mais comum que

Paulo se refira ao amor de Deus pai, o amor que *enviou* o filho para morrer. E, quando ele fala de *graça*, refere-se à "graça do Senhor Jesus", não do Messias. Então, por que Paulo fala do amor *do Messias* aqui, entrelaçando com firmeza esse amor com o amor de Deus que aparece na última oração ("o amor de Deus que está no Messias Jesus")?

A ideia específica do amor do Messias não vem das escrituras de Paulo, tampouco dos textos judaicos posteriores que conhecemos. Você pode pesquisar de Gênesis a Malaquias e vasculhar textos intertestamentários, como os pergaminhos de Qumran ou o *Salmos de Salomão*. Você encontrará muita coisa sobre o Messias e sua obra vindoura: ele tem a tarefa de derrotar os pagãos, construir o Templo, estabelecer um reino de justiça, sabedoria e paz, e assim por diante. Mas, em todos esses textos — em Salmos, Isaías ou qualquer outro lugar —, não há nada que sugira que, se e quando um Messias aparecesse, agiria imbuído de *amor*.

O mais próximo que temos são passagens como o salmo 72, em que o rei vindouro fará justiça aos pobres e necessitados, embora não haja menção a "amor" propriamente dito. O Servo de Isaías terá uma morte cruel, mas redentora, mas o profeta não diz que o servo estava agindo em amor. Quando o filho do homem for exaltado para se sentar ao lado do Ancião de Dias, ele governará os monstros e destruirá seus regimes mortais, mas Daniel nunca sugere que isso seria resultado de seu amor. Mas o amor do Messias está no centro da presente passagem e, portanto, no ápice retórico da carta até agora. De onde vem essa ideia?

A resposta impressionante deve estar no grande tema bíblico do amor do próprio YHWH, o Deus de Israel, o criador. A ideia do amor do Messias, inserida em um contexto bíblico tão rico quanto esse, deve significar (como em 5:6-11) que o Messias é a encarnação pessoal do Deus de Israel. YHWH ama seu povo; o Messias reveste esse amor em carne e sangue humanos. Esse tema do amor de YHWH por seu povo permeia muitas partes do Antigo Testamento. Pense em Deuteronômio, em que a razão da vocação, da proteção e da libertação de Israel da escravidão não é porque Israel é maior, mais numeroso ou mais forte do que as outras nações, mas simplesmente porque Deus o ama. Nós também o encontramos ao lado do tema de julgamento e resgate de Israel, especialmente em Oseias, mas, em seguida, também em Isaías 40—55 (como já devíamos imaginar!). É aí que o poderoso amor de Deus resgata Israel da Babilônia. O tema, então, é repetido de vários ângulos em alguns dos grandes salmos, em que o *hesed* de Deus, seu amor fiel e firme, dura para sempre. E, em Deuteronômio, Isaías e Salmos, falar do amor de Deus é falar da *aliança*: a lealdade inabalável de Deus a seu povo e a renovação dessa aliança que Deus faz por intermédio do Messias.

Pois bem, como alguns leitores talvez saibam, os estudiosos, vez ou outra, projetaram sobre Paulo categorias modernas. Desde o filósofo alemão Hegel, o pensamento europeu tem sido dividido entre aqueles que pensam que o mundo avança por uma evolução constante e aqueles que pensam que os eventos importantes acontecem por meio de revoluções repentinas que invadem essa narrativa suave. Então, projetando retroativamente essa antítese do século 19 — uma ideia ridícula, na verdade, mas foi assim que aconteceu —, a última geração afirmou que a teologia de Paulo não pode ser "aliancista" *e* "apocalíptica" ao mesmo tempo, atribuindo, de forma absurda, à "aliancista" o sentido de "evolutiva", e vendo "apocalíptica" como "revolucionária". Essas categorias modernas agora se juntaram a outras que os estudiosos usaram na análise de Paulo, como "forense", que significa "pertencente ao tribunal".[2] Mas, em Romanos 8 e em muitos outros lugares, encontramos a aliança com Israel, agora centralizada no Messias, lado a lado com o surgimento repentino do poderoso amor salvador de Deus por meio de novo êxodo messiânico. Afinal, o próprio êxodo original, embora tenha sido um novo acontecimento depois de gerações de escravidão, aconteceu porque Deus se lembrou de sua aliança com Abraão, Isaque e Jacó (Êxodo 2:23-25). "Apocalíptico" e "aliança de

[2] Sobre tudo isso, veja meu *Paul and his recent interpreters* (London: SPCK; Mineápolis: Fortress), cap. 3, 4, 6, 7 e 8.

fidelidade" estão firmemente unidos no pensamento israelita e judaico antigo, ainda que a filosofia do século 19 tenha separado um do outro. E uma das maneiras de comunicar tudo isso no mundo de Paulo era falar, como ele faz em Romanos 1:15-17, da revelação (em grego, o *apokalypsis*) da *justiça* de Deus ao mundo. Por isso, algumas vezes, traduzi *dikaiosynē*, um termo-chave paulino, não como "justiça", que tem sua própria história enganosa na teologia relativamente moderna, mas como "justiça da aliança", que reúne as categorias "aliança" e "forense", de acordo com o hebraico *tsedaqah*, que costuma estar por trás do uso que a Septuaginta faz de *dikaiosynē*. Como eu já disse, temos de esquecer nossas categorias modernas, que costumam refletir fragmentos da filosofia pós-iluminista. Temos de deixar de dar respostas do século 19 às perguntas do século 16 e começar a dar respostas do século 21 às perguntas do primeiro século. Precisamos aprender a pensar como judeus do primeiro século, embebidos da Bíblia e centrados no Messias. Pode parecer surpreendente para alguns, mas essa é a única base sólida a partir da qual podemos compreender e abordar o novo mundo dos nossos dias.

Então, o que é exatamente esse "amor" de que Paulo fala tão apaixonadamente? As pessoas costumavam dizer que a palavra *agapē* era um tipo especial de amor "cristão". Isso não é verdade. A Septuaginta usa essa palavra para tudo — desde o amor de Deus por Israel até a luxúria destrutiva que Amnom sente por Tamar.[3] Então, por que os primeiros cristãos dão tanta ênfase a *agapē*, recuperando o tema específico (e não o fenômeno linguístico) associado ao hebraico *hesed* ("misericórdia", "bondade amorosa", "generosidade" e assim por diante)? Eles — em particular João e Paulo — usam a palavra para denotar o tema bíblico do amor divino gratuito, da fidelidade de Deus à sua aliança, de sua determinação em cumprir o propósito da aliança em prol do mundo — e a forte certeza que eles tinham de que esse propósito se cumprira em Jesus.

[3] 2Samuel 13:1,4,15.

Mas, para dizer mais uma vez, o pensamento bíblico e judaico nunca vincula isso ao Messias e às tarefas que lhe eram atribuídas. O mais próximo disso talvez esteja em Isaías 40—55, trecho em que o profeta fala do poderoso amor salvador de YHWH e depois fala, em paralelo, do "braço de YHWH" — que, no capítulo 53, parece ser identificado com o Servo. Essa referência é oblíqua, e não explícita, mas poderíamos sugerir que o sofrimento do Servo é exibido como a demonstração surpreendente e inesperada do amor divino em ação.

Há, no entanto, três outras respostas convergentes sobre a razão pela qual Paulo fala especificamente do amor *do Messias*.

Primeira resposta: o pensamento cristão primitivo começou com uma reflexão sobre a ressurreição do Jesus crucificado. Aos primeiros seguidores de Jesus, esse evento pareceu de maneira tão óbvia e absoluta a inauguração do esperado novo êxodo, a nova criação, que eles foram obrigados a interpretar todo o acontecimento, a cruz e a ressurreição juntas, como a revelação prática do amor divino há muito prometido. Se esse foi o novo êxodo, deve ser porque o Deus de Israel, o criador, havia finalmente se lembrado da misericórdia prometida. Ou alguém poderia dizer que, se a nova criação de Deus havia realmente começado, o pecado teria sido derrotado, e *essa finalmente era a verdadeira manifestação do amor divino salvador*. Como Paulo declara em 2Coríntios 5, *no Messias, Deus estava reconciliando o mundo consigo mesmo*. Deus havia prometido agir em amor reconciliatório, e ele havia feito e estava fazendo isso *em* e *por meio de* Jesus, o Messias de Israel. No próprio cerne da cristologia primitiva, está a noção de que o plano de Deus para si mesmo e o plano bíblico de Deus para o Messias de Israel convergem em um só de uma forma que não era evidente nas leituras judaicas contemporâneas das escrituras, mas que se tornou óbvia à luz de Jesus. Assim, a própria motivação do Messias para ir à cruz poderia apropriada e fulgurantemente ser caracterizada como o *hesed Adonai* de Deuteronômio e Isaías, a bondade amorosa do próprio YHWH. Os estudiosos algumas vezes observaram que, quando Paulo fala da relação da igreja com Jesus, esse quadro é modelado na relação de Israel com YHWH descrita nas escrituras.[4] Isso vem à tona no versículo 35, em que Paulo transpõe a doutrina bíblica do amor de YHWH para a realidade recém-revelada do amor do Messias.

Essa resposta teológica à nossa pergunta pode ser concretizada com mais duas respostas pessoais.

A segunda resposta é que os primeiros seguidores de Jesus não separavam a ressurreição de Jesus da memória que eles tinham dele antes da morte. Os evangelhos falam de Jesus olhando com amor para o jovem rico; de Jesus tocando os impuros, trazendo cura e esperança; de Jesus chorando no túmulo de Lázaro; e, de modo geral, de uma postura que poderíamos chamar de bondade soberana presente em tantas coisas que ele fez. Seus seguidores mais próximos sabiam que tipo de pessoa ele era. Quando a ressurreição revelou — como as pistas que ele mesmo tentou dar durante a última ceia! — que sua morte deveria ser vista como o grande ato de resgate do novo êxodo, eles passaram a falar com naturalidade da crucificação de Jesus como o ato supremo de amor. "Ele sempre havia amado o seu povo que estava no mundo", diz João (13:1); "e ele os amou até o fim". Essa memória trouxe brilho à interpretação que os discípulos fizeram de sua morte.

A terceira resposta diz respeito à *consciência presente* da igreja a respeito da pessoa do próprio Jesus. Aquela misteriosa presença, por vezes evasiva, por vezes preocupantemente poderosa e desafiadora, sempre foi amorosa. Sua presença como a igreja contou sua história; sua presença prometida e experimentada no partir do pão; sua presença misteriosa que eles encontraram no ministério para com os pobres, tudo isso exalava o sentido de sua soberana, autossacrificial e amorosa amizade. O Jesus que foi experimentado como um homem de amor antes de sua crucificação era conhecido pessoalmente como o Senhor amoroso na vida íntima de oração de seus seguidores. Paulo junta todas essas coisas: o "filho de Deus que me amou e deu a si

---

[4] Por exemplo, C. Tilling, *Paul's divine christology*, 2. ed. (Grand Rapids: Eerdmans, 2015 [2012]).

mesmo por mim" (Gálatas 2:20). A memória e a experiência coincidem com as promessas bíblicas do amor salvador de YHWH, para produzir — menos de vinte e cinco anos depois da morte de Jesus! — esse tema notável do amor pessoal e autossacrificial do Messias.

Desse modo, temos aqui uma inovação radical no pensamento messiânico judaico. Estou sugerindo que a única explicação para isso é que os primeiros seguidores de Jesus puderam vê-lo como Messias, como a corporificação em forma humana do Deus de Israel. O amor de Deus revelado na eleição deuteronômica e depois no resgate prometido por Isaías foi unificado no Messias de Israel. É claro que essa passagem de Romanos foi planejada para trazer conforto e segurança; mas, embasando isso, está a revolucionária teologia da encarnação proposta por Paulo. Quando juntamos isso à pneumatologia que apareceu anteriormente em Romanos 8, o capítulo inteiro se apresenta como uma das maiores exposições do pensamento trinitário que jamais houve na história cristã. Como toda teologia verdadeiramente trinitária, ela não assume a forma de uma teoria fria, mas, sim, de gratidão e lealdade, de fé e esperança, oferecendo o amor como a resposta. É um grito de louvor, um canto de alegria.

Assim, podemos finalmente percorrer esses versículos e ver como funcionam. Paulo enumera, no versículo 35b, os perigos físicos e ameaças que ele mesmo havia enfrentado — ou, no caso da espada, que ele esperava encontrar —, e que seus ouvintes poderiam muito bem enfrentar em breve, se é que já não os tivessem enfrentado. Ao repetir a palavra grega de letra única *ē*, normalmente traduzida por "ou", Paulo dá um impacto sonoro extra que a mera repetição do "ou" nas tradições modernas não conseguem transmitir muito bem: *thlipsis ē stenochōria ē diogmos ē limos ē gymnotēs ē kindynos ē machaira*. "Sofrimento, ou miséria, ou perseguição, ou fome, ou nudez, ou perigo, ou espada": essa é uma lista e tanto, mesmo em uma tradução menos estridente.

Os dois primeiros pontos, "sofrimento" e "miséria", são termos mais amplos. O primeiro denota dor física; o segundo, desafios sociais e culturais, como a perda de emprego ou de moradia. Depois, há perseguição. Paulo já havia experimentado muita perseguição, e ele era capaz de ver a perseguição que se aproximava cada vez mais da comunidade de Roma. A fome, o próximo item da lista, era algo que acontecia com alguma frequência no mundo de Paulo, como em meados do ano 40, enquanto ele esteve em Antioquia, ou pouco tempo depois, quando estava escrevendo sua carta aos coríntios. Nós, em alguma medida, ocidentais confortáveis, nunca passamos por uma verdadeira escassez de alimentos, embora muitas pessoas em nosso mundo passem por isso o tempo todo. Bastaria apenas que uma guerra interrompesse as linhas de abastecimento normais ou que uma ou duas colheitas de insumos importantes fracassassem. "Nudez", o próximo item da lista, talvez seja como alguém vem a ficar depois de um naufrágio ou de um espancamento público; isso, portanto, provavelmente acompanha a menção ao "perigo", como ocorre em 2Coríntios 11, capítulo em que Paulo lista os perigos variados e muitas vezes humilhantes que ele enfrentara em suas memoráveis viagens. A palavra grega *machaira*, traduzida aqui por "espada", refere-se a uma espada curta usada para execuções e não à espada mais longa (chamada *xiphos*), utilizada em operações militares. Nesse caso, enfrentar a "espada" significa ser morto, não aleatoriamente em batalha, mas de forma deliberada, pelo carrasco oficial.

Como, então, interpretar esses problemas? Muitos nos dias de Paulo teriam dito, sem hesitação, que esses eram sinais de que Deus ou os deuses estava(m) irado(s). Você deve ter feito algo terrivelmente errado. Às vezes, as pessoas dizem esse tipo de coisa hoje, citando o profeta Amós e até mesmo Deuteronômio, para tentar adivinhar os pecados que alguém teria cometido a partir das dificuldades que está enfrentando. Mas Paulo tem uma visão diferente. Quando, no versículo 36, ele cita Salmos 44:22, está descartando e redirecionando qualquer sugestão de que esses problemas possam ser um sinal de desagrado divino. Pelo contrário, declara o salmista: "Tudo isso nos sobreveio; entretanto, *não* te enganamos, nem fomos infiéis à tua aliança" (Salmos 44:17). Nessa fase de Romanos 8, poderíamos ter sido tentados a tratar essa inusitada citação de Salmos como um texto de prova descartável, mas isso certamente não é verdade aqui. Como Paulo sugeriu nos versículos 17 e 18, Israel e agora os seguidores de Jesus devem *compartilhar os sofrimentos do Messias*. O *heneken sou* que aparece no versículo citado por ele é crucial: é "por sua causa". É "por amor de ti", diz o salmista com ousadia, e Paulo agora faz eco, dizendo que "somos considerados ovelhas destinadas ao abate". Paulo escolheu esse texto especificamente porque tal passagem insiste que esses sofrimentos, longe de serem um sinal da ira divina, são, na verdade, a maneira de o *propósito* esboçado em 8:18-27 se revelar na prática.

Além disso, esse versículo ecoa de perto a situação do Servo de Isaías, conforme apresentado na Septuaginta. Salmos 44:22, aqui citado, diz que temos sido considerados *hōs probata sphagēs*, "ovelhas destinadas ao abate". Se olharmos para Isaías 53:7, encontraremos o Servo sendo conduzido como um cordeiro ao matadouro (*hōs probaton epi sphagēn*). Os sofrimentos aos quais Paulo se refere devem, portanto, ser vistos como *as aflições messiânicas*. Não são apenas "coisas desagradáveis que devemos suportar". Como em 8:17-18, essas coisas fazem parte das vocações redentoras e devem ser abraçadas para que o amor do Messias e a oração do espírito sejam conhecidos nos lugares escuros da terra. É aqui que as chagas de Jesus encontram as chagas do mundo. A pregação e o ensino brandos e relaxados por vezes levam os cristãos a suporem que podemos evitar nos envolver com tudo isso, mas foi o próprio Jesus quem disse que tais coisas aconteceriam àqueles que decidissem segui-lo.

Para qualquer um que conheça Romanos, o uso que Paulo faz aqui da palavra "considerados", ou "contados", como em algumas traduções, ecoará Romanos 4 e 6: "considerado justo" pela fé, "considerem-se mortos e ressuscitados" no batismo no Messias. Ora, aqueles que estão "no Messias" são "considerados ovelhas destinadas ao abate". Parte do que Deus declara na justificação e no batismo inclui dizer que nós seremos ovelhas para o abate.

Mas a escuridão, os gemidos, nada disso tem a última palavra. O versículo 37 começa, como observamos, com *alla*, "não!" — em outras palavras, não deixe que essas coisas todas dominem seu horizonte! *Em todas estas coisas* somos superconquistadores, *hypernikōmen*. Em contexto militar, essa palavra poderia falar de uma vitória que fosse além do normal, uma vitória fora do comum, em que o inimigo foi completamente aniquilado. Imagino que Paulo queira dizer que o cristão não apenas é capaz de "suportar", mas que, com sua participação na obra do Servo, nos sofrimentos messiânicos, nós somos chamados não apenas a "estar bem no final", mas a sermos os meios pelos quais a dor e a ira do mundo possam ser exauridas e derrotadas. Nossos próprios períodos de escuridão, lutas e orações inarticuladas expressas em gemidos dizem respeito a essas coisas. Afinal de contas, Jesus não venceu seus sofrimentos apenas resistindo e orando por seus torturadores. Ele venceu a própria morte morrendo, e esse foi seu supremo ato de amor. Nós somos chamados a ser superconquistadores "por meio daquele que nos amou".

Essa maneira de explicar as coisas aparece em paralelo com Filipenses 4:13, "tenho força para todas as coisas", *en tō endynamounti me*, "naquele que me dá poder". O *poder* do Messias em Filipos; o *amor* do Messias em Roma. Força para lidar com o que está acontecendo; amor, pronto para adentrar em oração nos lugares escuros, a fim de levar a luz e a cura de Deus a esses lugares.

A razão para essa análise extraordinária e para essa confiança extraordinária em seu funcionamento é dada pelo *gar* do versículo 38, *pepeismai gar*, "[pois] estou persuadido". Como dizem meus amigos americanos, Paulo "calculou bem". E entendeu. Após listar sete possíveis ataques ou desastres no versículo 35, ele agora lista dez fontes das quais esses ataques podem vir; e declara que nenhum deles pode se interpor entre o crente e o amor de Deus no Messias Jesus.

A lista de dez é organizada principalmente em pares, com a única exceção sendo "poderes", que é contrabalançado pela amplitude da expressão final: "nem alguma outra criatura". Os três primeiros pares são "morte" e "vida"; "anjos" e "governantes"; "presente" e "futuro". Em seguida, Paulo insere "poderes", colocando mais um par na sequência, "altura" e "profundidade"; por fim, o destaque final, "nem alguma outra criatura". De modo geral, esse é o equivalente cósmico a dizer "norte, sul, leste, oeste". Paulo está listando todas as possibilidades.

Então, o que cada uma delas significa? Morte e vida são os dois estados básicos em que podemos estar e também os misteriosos poderes estão por trás de cada um deles. Anjos e governantes são os verdadeiros poderes do céu e da terra. O presente e o futuro são os dois fusos horários que enfrentamos; Deus já lidou com o passado na cruz, mas o presente é perigoso, e o futuro é incerto. Poderes podem ser quaisquer outras forças que sobraram depois de anjos e governantes. Altura e profundidade provavelmente remetem a toda a amplitude do cosmo, às diferentes alturas que uma estrela ou planeta podem atingir, de onde podem exercer influência maligna.

Parte do argumento de Paulo — e isso parece ser demonstrado por "nem alguma outra criatura" — é que todas essas coisas são, em rigor, *criaturas*, parte do mundo *feito por* Deus. O evangelho, portanto, diz respeito ao amor encarnado *do próprio criador.* É claro que é possível que esses elementos da criação, em si mesmos ou à medida que possam ser tomados e utilizados por poderes mais sombrios do que eles próprios, possam realmente tentar nos separar do amor divino e messiânico, agora ou no futuro. Isso faz parte do "gemido da criação", o estado desconjuntado da boa criação de Deus que faz parte da longa origem da idolatria e da injustiça humanas (Romanos 1:18). Os versículos de 19 a 25 de Romanos 8 falam da criação sendo resgatada de sua escravidão à decadência, sob a condição de que o povo de Deus seja ressuscitado dos mortos. Isso nos oferece a resposta definitiva para o problema e, consequentemente, para todos os problemas que possam aparecer nesse ínterim causados pelo estado atual das "criaturas".

O próprio Paulo experimentou as maneiras pelas quais os poderes da era atual tentam nos separar do amor de Deus. Temos em mente, em especial, os problemas que ele sofreu em Éfeso, aos quais ele alude em

2Coríntios 1. Mas, se é isso que essas forças estão tentando fazer, elas fracassarão. Nada pode — nem vai — nos separar desse amor. Nós, para quem o amor humano envolve rotineiramente a separação — por viagens, trabalho e, por fim, pela própria morte —, podemos achar difícil imaginar um amor que ofereça a garantia de ser eternamente inabalável. Mas é isso que o evangelho oferece.

Conforme juntamos os fios do argumento de Paulo, talvez seja necessário destacar que ele está convencido de tudo isso, e nós também deveríamos estar, por causa da *ressurreição do filho de Deus crucificado*. Alguns tentaram fazer com que tudo dependesse da cruz. Isso ocorreu, em parte, porque um liberalismo mais antigo não queria ter a ressurreição na história. Também receio que outra razão seja uma espécie de visão de túnel, centrada particularmente na doutrina da expiação que alguns pastores e pregadores desenvolveram. Para essa doutrina, a ressurreição talvez não pareça muito necessária. Mas, como vimos, é a ressurreição que declara que a cruz foi uma vitória — na verdade, *a* vitória. É na ressurreição que o Deus criador declarou publicamente que Jesus crucificado e ressuscitado era seu filho, o Messias de Israel e o Senhor do mundo.

No final das contas, é nesse ponto que a carta começa (1:3-5). É bom refletirmos sobre esse grande arco de pensamento tendo chegado ao final do capítulo 8, o ponto intermediário da epístola e a conclusão de seu argumento mais profundo. A abertura da carta anuncia o evangelho de Deus, finalmente revelando (1:16-17) a fidelidade de Deus à aliança, razão pela qual o evangelho é o poder de Deus para a salvação. Isso abre o argumento principal da carta. Os seres humanos falharam, por causa da idolatria e da injustiça, em sua vocação de serem os portadores da imagem divina, refletindo Deus na criação (1:18—2:16). Israel também falhou, como os profetas continuamente apontaram (2:17-29), fazendo com que a humanidade inteira fosse para o banco dos réus sem ter nada a dizer em sua própria defesa (3:10-20). Mas Deus permaneceu fiel (3:1-9), vindo na pessoa do Messias como o único israelita fiel, para oferecer a Deus a obediência que era a vocação de Israel, mas na qual, como a escritura testificara, Israel havia fracassado. O resultado é a criação, por meio do evangelho, de uma única família de pecadores perdoados, formada tanto por judeus como por gentios, marcada pela fé que ecoa a fidelidade do próprio Jesus. Deus declarou, com base na morte de Jesus, que eles já estão endireitados; seus pecados foram tratados; eles fazem parte da família abraâmica (3:21—4:25).

Assim, de 5 a 8, Paulo pode espalhar o mapa dos propósitos de Deus. As duas metades do capítulo 5 (versículos 1-11; 12-21) oferecem uma visão geral antecipada do destino final de seu argumento. Os capítulos de 6 a 8 recontam a história do êxodo, agora do ponto de vista do novo êxodo realizado por Deus por intermédio de Jesus e do espírito. O capítulo 8 retoma a introdução e fecha o círculo aberto em 5:1-11. A justificação leva à glória, marcando o caminho do sofrimento e da esperança, sustentados pelo amor de Deus dado pelo espírito (5:1-5, apontando para 8:1-30); tudo isso está enraizado na ação de Deus, que demonstrou, de forma absoluta, seu amor sacrificial no Messias (5:6-11, apontando para 8:31-39). É aí que termina a primeira metade de Romanos.

O amor vitorioso da aliança de Deus é, então, muito mais do que um sentimento religioso ou um "sentido generalizado do transcendente", ou qualquer coisa parecida que os pregadores sem um entendimento claro às vezes dizem. Quando Paulo fala de "segurança", de "estar persuadido", ele não está sugerindo que, para acreditar, você tem de fechar um olho e ignorar realidades desconfortáveis. Não é que ele tenha, por assim dizer, convencido a si mesmo de uma mentira e agora precise continuar fingindo que está tudo bem, mesmo que não esteja. Sua convicção, sua persuasão, sua segurança, tudo decorre do acontecimento central das boas-novas da própria Páscoa. Se Deus realmente ressuscitou Jesus, o Messias, dentre os mortos... esse é o ponto de partida de tudo o que ele diz.

Alguns anos atrás, ouvi esse conceito ser maravilhosamente articulado em um cenário surpreendente. Começamos nossa jornada por

Romanos 8 pensando em Romanos como uma grande cidade, e em nós mesmos como motoristas de táxi que precisam aprender a contornar a cidade. Um desses taxistas da vida real estava me levando para pegar um trem em Londres. Eu tinha vindo de uma reunião da igreja e ainda estava usando meu colarinho clerical. O motorista, uma alma alegre, olhou para mim de cima a baixo e perguntou sobre um dos debates polêmicos que estavam acontecendo na igreja. Então, ele colocou o dedo na realidade suprema. "O que eu sempre digo", disse ele, "é isto: *se Deus ressuscitou Jesus Cristo dos mortos, então todo o resto é apenas rock 'n roll, não é?*". Em poucas palavras, essa é a doutrina da segurança de Paulo. *Nada, em toda a criação, pode nos separar do amor de Deus no Messias, Jesus, nosso Senhor.*

APÊNDICE 1

ESCATOLOGIA ROMANA INAUGURADA: O REGRESSO DA ERA DE OURO (A ERA DE SATURNO)

Vergílio, *Éclogas* 4.11-41

Mas, para ti, filho, a terra ainda não plantada derramará os seus primeiros belos dons [...] espontaneamente, derramará para ti um berço de flores resplandecentes. Espontaneamente, as cabras trarão para casa seus úberes inchados de leite, e o gado não temerá os enormes leões. Também a serpente perecerá, e perecerá a planta que esconde o seu veneno [...] A terra não sofrerá com o rastelo, nem a videira com o gancho de poda; o lavrador robusto, também, agora soltará seus bois do jugo.

Vergílio, *Eneida* 6.789-94

E este é, na verdade, aquele que tantas vezes ouvis, prometido a vós, Augusto César, filho de um deus, que voltará a estabelecer uma era de ouro no Lácio, no meio de campos outrora governados por Saturno. Ele avançará o seu império [...] para uma terra que está para além das nossas estrelas, para além do caminho do ano e do sol.

Calpurnius Siculus, *Éclogas* 1.33-99

Alegrai-vos, povo meu [...] A era de ouro da paz sem problemas nasce de novo [...] os tempos felizes são governados por um jovem [i.e., Nero] que conquistou a vitória ainda nos braços de sua mãe. Quando ele mesmo reinar como um deus [...] a paz aparecerá [...] e a misericórdia terá despedaçado as armas da loucura. A paz plena virá sobre nós, uma paz que trará de volta um segundo reinado de Saturno.

FONTES

Minor Latin Poets, vol. 1, traduzido para o inglês por J. W. Duff e A. M. Duff, Loeb Classical Library (Cambridge: Harvard University Press, 1968).

Virgílio, *Eclogues; Georgics; Aeneid I-VI*, traduzido para o inglês por H. R. Fairclough, rev. por G. P. Goold, Loeb Classical Library (Cambridge: Harvard University Press, 1999).

APÊNDICE 2

ESCATOLOGIA HEBRAICA: A ERA MESSIÂNICA E/OU A VINDA DA GLÓRIA DE DEUS

Isaías 11:1-10

Sairá um broto da linhagem de Jessé, e um ramo crescerá das suas raízes. O espírito de YHWH repousará sobre ele [...] o lobo viverá com o cordeiro, o leopardo se deitará com o cabrito, o bezerro, o leão e o animal cevado juntos [...] Não haverá ferimento nem destruição em todo o meu santo monte; porque a terra estará cheia do conhecimento de YHWH como as águas cobrem o mar. Nesse dia, a raiz de Jessé será um sinal para os povos [LXX *ho anistamenos archein ethnōn*, como em Romanos 15:12]; as nações recorrerão a ele, e **a sua morada será glória** [MT *kabod*; LXX *timē*].

Isaías 35:1-6

O deserto e a terra seca se alegrarão [...] e verão **a glória de YHWH,** a majestade do nosso Deus. Fortalecei as mãos fracas e firmai os joelhos fracos. Dizei àqueles que têm corações temerosos: sede fortes, não temais! **Eis aqui o vosso Deus.** Ele virá com vingança, com terrível recompensa. Ele virá e vos salvará. Então os olhos dos cegos serão abertos.

Isaías 40:4-5,10

Todo vale será levantado, e toda montanha e todo monte serão rebaixados [...] Então **a glória de YHWH** será revelada, e todos os povos o verão reunidos, pois a boca de YHWH falou [...] Vede, o Senhor YHWH vem com poder, e seu braço governa por ele; seu galardão está com ele, e sua recompensa, diante dele.

Isaías 60:1-3,19

Levanta-te, resplandece, pois a tua luz chegou, e **a glória de YHWH** subiu sobre ti. Porque as trevas cobrirão a terra, e as trevas espessas os povos; mas YHWH se levantará sobre ti, e **a sua glória aparecerá sobre ti**. Nações virão à tua luz, e reis ao resplendor da tua aurora [...] O sol não será mais a tua luz de dia, nem para brilho a lua te dará luz de noite; mas YHWH será a tua luz eterna, e **o teu Deus será a tua glória**.

[Veja também, por exemplo, os salmos 96 e 98; Isaías 2:2-4; 55:1-13; Miqueias 4:1-5 (a renovação da criação); o salmo 72 (renovação do mundo sob o verdadeiro rei que traz justiça); Ezequiel 43 (a **glória** divina regressando ao templo).]

Salmos 8:1,4-6

Ó YHWH, nosso soberano, quão majestoso é o teu nome em toda a terra! [...] O que são os seres humanos para que te preocupes com eles, e "o filho do homem" para que com ele te importes? Tornaste-os um pouco inferiores a Deus [ou: anjos], e os coroaste com **glória** e honra [LXX: *doxa kai timē*]. Deste-lhes domínio sobre as obras de tuas mãos; puseste todas as coisas debaixo dos seus pés.

[Veja mais em 1Coríntios 15:27; Efésios 1:22; Filipenses 3:21; Paulo conecta intimamente essa passagem com Salmos 110:1 e Daniel 7:27.]

BIBLIOGRAFIA

Obras mencionadas no texto

BROWN, P., *The ransom of the soul: afterlife and wealth in early western Christianity* (Cambridge: Harvard University Press, 2015).

JACOB, H. G., *Conformed to the image of his Son* (Downers Grove: IVP Academic, 2018).

KEESMAAT, S.; WALSH, B., *Romans disarmed* (Grand Rapids: Brazos Press, 2019).

KUGLER, C., *Paul and the image of God* (Lanham: Lexington Books/Fortress Academic, 2020).

NEWMAN, C. C., *Paul's glory-Christology: tradition and rhetoric* (Leiden: Brill, 1992).

TILLING, C., *Paul's divine Christology*, 2. ed. (Grand Rapids: Eerdmans, 2015 [2012]).

Obras relevantes de N. T. Wright

2021 *Galatians*, Christian formation commentaries (Grand Rapids: Eerdmans).

2023 *Gálatas: comentário para a formação cristã* (São Paulo: Thomas Nelson Brasil).

2020 *Interpreting Paul: essays on the apostle and his letters* (London: SPCK; Grand Rapids: Zondervan).

2019 *History and eschatology: Jesus and the promise of natural theology*, Gifford Lectures 2018 (Waco: Baylor University Press; London: SPCK).

2021 *História e escatologia: Jesus e a promessa da teologia natural* (São Paulo: Thomas Nelson Brasil).

2018 *Paul: A biography* (San Francisco: HarperOne; London: SPCK).

2018 *Paulo, uma biografia* (São Paulo: Thomas Nelson Brasil).

2016 *The day the revolution began: reconsidering the meaning of Jesus' crucifixion* (San Francisco: HarperOne; London: SPCK).

2017 *O dia em que a revolução começou* (Brasília: Chara).

2015 *Paul and his recent interpreters* (London: SPCK; Mineápolis: Fortress).

2013 *Paul and the faithfulness of God*, Christian origins and the question of God 4 (London: SPCK; Mineápolis: Fortress).

2021 *Paulo e a fidelidade de Deus* (São Paulo: Paulus).

2013 *Pauline perspectives* (London: SPCK; Mineápolis: Fortress).

2007 *Surprised by hope* (London: SPCK; San Francisco: HarperOne [ed. americana, 2008, subtítulo *Rethinking heaven, resurrection and the mission of the church*]).

2021 *Surpreendido pela esperança* (Viçosa: Ultimato).

2005 *Paul: fresh perspectives* (London: SPCK; Mineápolis: Fortress).

2009 *Paulo: novas perspectivas* (São Paulo: Loyola).

2004 *Paul for everyone: Romans*. 2 vols. (London: SPCK; Louisville: Westminster John Knox).

2021 *Paulo para todos: Romanos*. 2 vols. (São Paulo: Thomas Nelson Brasil).

2003 *The resurrection of the Son of God*, Christian origins and the question of God 3 (London: SPCK; Mineápolis: Fortress).

2020 *A ressurreição do Filho de Deus* (São Paulo: Paulus).

2002 "Romans", in the *New Interpreter's Bible*, ed. por L. E. Keck et al. (Nashville, TN: Abingdon), vol. X, p. 393-770.

1991 *The climax of the covenant: Christ and the law in Pauline theology* (Edinburgh: T&T Clark; Mineápolis: Fortress [ed. americana, 1992]).

SOBRE O AUTOR

TOM WRIGHT é professor pesquisador emérito de Novo Testamento e Cristianismo Primitivo na Universidade de St. Andrews, Escócia, e pesquisador sênior em Wycliffe Hall, Oxford. Antes disso, foi bispo de Durham (2003-2010), teólogo canônico de Westminster (2000-2003), decano de Lichfield (1994-1999), confrade, tutor e capelão do Worcester College, Oxford (1986-1993), professor assistente de Língua e Literatura do Novo Testamento na Universidade McGill, Montreal, professor honorário de Montreal Diocesan Theological College (1981-1986), confrade e capelão do Downing College, Cambridge (1978-1981) e pesquisador júnior do Merton College, Oxford (1975-1978).

O professor Wright é autor de mais de oitenta livros, incluindo *The New Testament and the people of God* [*O Novo Testamento e o povo de Deus*] (1992), *Jesus and the victory of God* [Jesus e a vitória de Deus] (1994), *The challenge of Jesus* [O desafio de Jesus] (2000, 2015), *The New Testament for everyone commentary library* [Biblioteca de comentários do Novo Testamento para todos] (18 volumes, 2002-2014), *The resurrection of the Son of God* [A ressurreição do Filho de Deus] (2003), *Paul: fresh perspectives* [Paulo: novas perspectivas] (2005), *Scripture and the authority of God* [*As Escrituras e a autoridade de Deus*] (2005, 2013), *Evil and the justice of God* [O mal e a justiça de Deus] (2006), *Simply Christian* [Simplesmente cristão] (2006), *Surprised by hope* [Surpreendido pela esperança] (2007), *Justification: God's plan and Paul's vision* [Justificação: o plano de Deus e a visão de Paulo] (2009), *Virtue reborn* [Virtude renascida] (2010), *Simply Jesus*

[*Simplesmente Jesus*] (2011), *The New Testament for everyone* [O Novo Testamento para todos] (2011), *How God became King* [*Como Deus se tornou Rei*] (2012), *Creation, power and truth* [Criação, poder e verdade] (2013), *Paul and the faithfulness of God* [Paulo e a fidelidade de Deus] (2013), *Pauline perspectives* [Perspectivas paulinas] (2013), *Surprised by Scripture* [Surpreendido pela Escritura] (2014), *Paul and his recent interpreters* [Paulo e seus intérpretes recentes] (2015), *The Paul debate* [O debate sobre Paulo] (2015), *God in public* [Deus em público] (2016), *The day the revolution began* [O dia em que a revolução começou] (2016), *Spiritual and religious* [Espiritual e religioso] (2017), *Paul: a biography* [*Paulo: uma biografia*] (2018), *The New Testament in its world* [*O Novo Testamento em seu mundo*] (com Michael F. Bird, 2019), *History and eschatology* [*História e escatologia*] (2019), *Broken signposts* [*Indicadores fragmentados*] (2020), *On earth as in heaven* [*Na terra como no céu*] (2022) e *The New Testament for everyone* [*O Novo Testamento para todos*] (3. ed., 2023).

ÍNDICE DE REFERÊNCIAS BÍBLICAS E DE FONTES ANTIGAS

Nota: As referências a Romanos 8 não foram incluídas.

1Coríntios

2Coríntios

Gálatas

Efésios

Filipenses

Este livro foi impresso pela Vozes, em 2024, para a
Thomas Nelson Brasil. A fonte do miolo é Chaparral Pro.
O papel do miolo é avena 70g/m^2.